石田孝喜著

京都　高瀬川

――角倉了以・素庵の遺産――

思文閣出版

（三条上ル辺り／明治末年頃）

◆高瀬川と市電◆

（四条上ル辺り／明治30年頃）

高瀬川と木屋町通（明治40年頃）

（七条上ル辺り／明治末年頃）

◆曳き船の様子◆

（伏見辺り／明治末年頃）

はじめに

京都の高瀬川は、鴨川の水を利用した運河であった。その始まりは、慶長一六年(一六一一)、角倉了以によって開削され、京都の中心部と伏見港を結ぶ一〇・五キロの運河が、同一九年に完成した。

伏見からは淀川を経て大坂に通じ、さらに西国航路と結んだので、高瀬川のもたらした経済効果は莫大なものであった。

さらに、多くの日常貨物の上下や、人々の移動のために、高瀬川の起点、終点だけでなく、流域の開発はめざましく、近世京都の帝都としての町づくりと、経済的発展に大いに寄与したものである。

しかし、やがて他の運送手段の進歩に押されて、遂に大正九年(一九二〇)に三〇〇余年の運河としての使命を終えた。

だが依然として、その清流は絶えることなく、特に中心部を流れるあたりは環境が整備され、近代都市の新たな景観として、人々の憩いの場となっている。

近世京都の歴史を語る上に、欠くことのできない高瀬川であるが、この川に関する資料は、大変少ない上に、まとまった研究が見られないのは誠に残念なことである。筆者は京都の高瀬川に限りない愛着と関心を持って三〇年余、ここに機会を得て、角倉同族会理事の吉田周平氏の御同情と絶大な御支援を得て、高瀬川の拙文を見事にまとめて頂き、さらに大和文華館・林進先生の御世話で、思文閣出版で刊行して頂くことになりました。誠にありがたいことであります。

かつて、今までの資料調査などに、種々御協力、御助言を賜わった左記の方々にも、心から御礼申しあげる次第です。

須賀隆賢氏、寺井万次郎氏、瀬尾謙一氏、角倉平治氏、角倉隆嗣氏、四海信弘氏、南波松太郎氏、寺尾宏二氏、室賀信夫氏、矢守一彦氏、林屋辰三郎氏、岩田豊樹氏、高田正一氏、山内吉之助氏、以上故人となられた方。

さらには、現在も種々御教示を頂く伊東宗祐氏、大塚隆氏、岡本明郎氏、湯口誠一氏、水谷瞭氏、吉田周平氏らの現役で活躍の諸氏。

京都府立総合資料館、京都市歴史資料館、京都大学附属図書館、岡山博物館、神戸博物館、千光寺、正行院、瑞泉寺、角倉同族会。

目次

京都　高瀬川——角倉了以・素庵の遺産——

第一章　高瀬舟は行く

高瀬川の出発点、木屋町二条の川の中に置かれた、酒樽・米俵・炭俵が山と積まれた高瀬舟を見て、「どうしてここに、こんな舟が」と、不思議に思われる人は多いだろう。どう見ても浮かんでいる様子はない。わずか一〇センチほどの水深では、手漕ぎボートでも浮かぶことはできない。

しかし、この川は大正九年（一九二〇）に舟運が終わるまでの三一〇年間ほど高瀬舟が上下して、物や人を運び続けたのである。その当時は高瀬川の水量も多く、水深も三〇センチ以上あったと言い、川幅も今より一メートル以上広かった。現在見られる高瀬舟は、復元の二代目で、舟を曳く人の姿は造られていないけれど、上流に向かって運漕するかたちで川底に固定されて展示されている。本来はこの辺りで岸へ着けるか、西側に現存する「一の舟入」へ入って、南岸の浜（人家の進出で、今は見られない）へ着岸して、荷揚げをした上で、再び荷物を積み、方向転換して、下流へ下って行くわけである。

一の舟入前に置かれた高瀬舟の初代は、昭和五〇年（一九七五）七月一五日に、高瀬川保勝会（高田正一会長・平成六年寂）の手で保津川下りの舟を改修復元されたもので、長さ一一・四メートル、幅二メートルであった。

やがて、舟の傷《いた》みがひどくなったので、同じく、高瀬川保勝会によって、昭和五九年七月一〇日に二代目高瀬舟が復元披露された。

今回は文献に基づき、兵庫県浜坂町の造船所で、二〇〇〇万円をかけて建造されたもので、全長一一・二メートル、幅二・三二メートル、一五石積である(平成一〇年に一部補修)。

それでは、どうやってこの狭い川を、この舟が山ほどの荷を積んで、伏見の浜から、京都の中心、二条まで上がってきたのであろうか。二〇年ほど前までは、高瀬舟運を実際に見た古老の方々の話を聞くこともできた。そこでそれを加味し、昔の記録などをもとに、高瀬舟運の片鱗を再現してみよう。

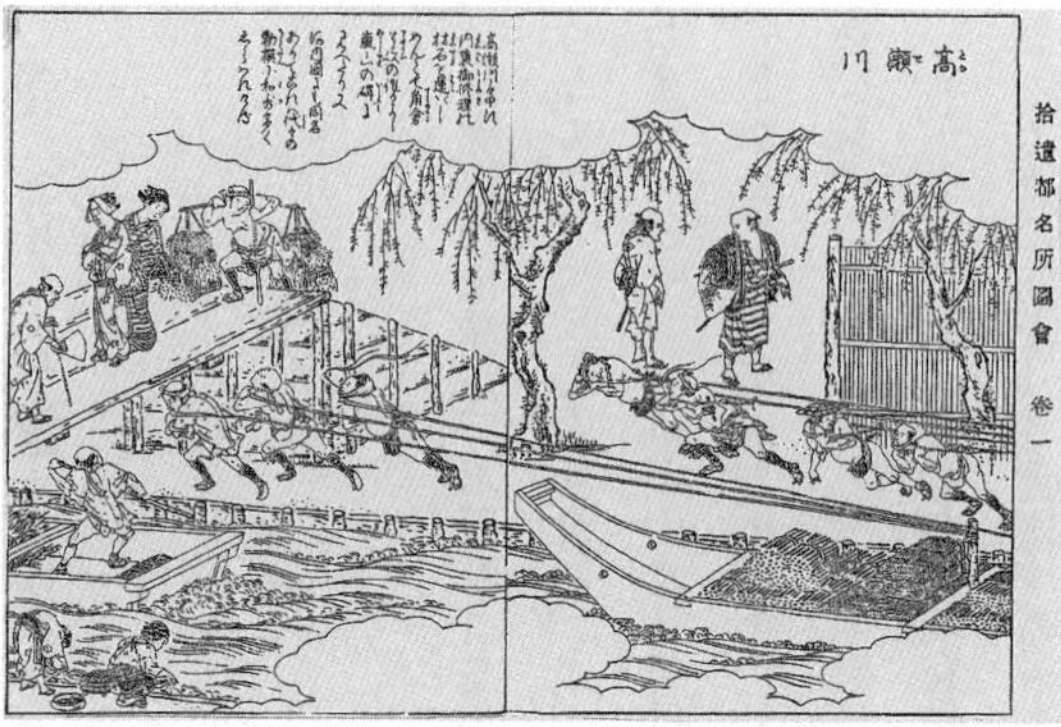

図1　描かれた高瀬舟(『拾遺都名所図会』)

高瀬の上《のぼ》り舟の出発点は、高瀬川が宇治川の派流と合流する、伏見の三栖浜である。

大坂から淀川をさかのぼってきた三〇石船などの積荷を、夜のうちに積み替えた高瀬船は、一列に京を指して、三栖浜《みすはま》から上流に並ぶと、大変な長さになる。

話によれば少なくとも、七〇〇メートルほど上流、大信寺付近の川端に、その先頭の舟が舫《もや》い、後に続く高瀬舟は数珠繋《じゅずつな》ぎに一五、六隻が、次々に船尾と船首を棕櫚縄でつながれて一夜を明かす(このような船団は、何組もつくられる)。舟はいずれも水量の豊かな時は、満杯の一五石(二・二五トン)の荷を積んだままである。

(高瀬舟の運航は、雨が降っても休まない。冬も夏も、水量が涸れて、舟が通航できない時は別として、それぞれ水量に応じて、舟番所の指図によって、積載量の調節をおこなった。通常、冬川は夏川より一〜二割余計積む。また下《くだ》り舟は、上り舟の半分の積荷であった)

夜が明けると、高瀬船の集団は、先頭から船頭衆(一艘に一人)と常雇の加子(曳き子)数人に曳かれて、上流へ向かって出発する。

ゆっくりと上流へさらに一六〇〇メートルほど上ると、安楽寿院の塔を左に見て、川は右へ曲がり、竹田村の長左衛門橋にたどりつく。この間の上《のぼ》り勾配はゆるく、出発時の人数だけで曳き上って行くことができる。

長左衛門橋(竹田の古老は、長右衛門橋と呼ぶ)の東側には船番所(竹田の関所)があって、この付近の川端には、引き綱を輪にして肩にかけ、弁当をもった村人たちが出てきて、立ち並び、曳き子として雇われていった。

舟曳きの要領は古老(竹田の地主、農業、山内吉之助氏談、故人)の話によると、次の如くである。

「曳き綱は長いものですから、素人では一寸曳けんのどす。こつがあるのどすわ。曳くのに上手にゃらんと、綱が上下にゆれたりして、水につかったりした挙句曳き手が川へはまったりするのどす。舟の動きと曳き手の力の入れ方が合わんと、曳き綱が揺れるために、初めての人は川にはめられてしまうわけどす。綱は常時ピンとしていなければなりません。舟一艘に一人ずつ雇われてゆくのどすが、舟は一三艘なり、一五艘なりが一組になって繋いで行きよるわけですが、その先頭には五人の者が先曳きといって、五人並んで曳いたのどす。あとの舟には一人ずつ付いたのどす。

曳き子も慣れた人は、常べったりに行ったもんどすが、大勢おると人が余るよって、アブれるわけどす。そうすると「今日はボケター」と言いながら、弁当さげたまま帰って来る人もあるわけです。まあ一〇時頃ともなると、たいてい舟も上がってしまいますし、ボケてかえってくる人を見ます。

曳き綱は大方一〇間の余(二〇メートル)もあったでしょうか、大人の小指の太さ位どした。麻の苧をなって作ったもので、肩にかけるところは、輪のようにして、幅広く編み、最近までありました荷車のひき綱の、肩に当たるところと同じようにしてありました。

船頭の綱は短うおして、舟のへさきや、桿(引き柱・曳き綱をつける柱)の立ってるあたりに、櫂を横に挟みまして、これに綱をからませて、舟が岸から離れた折は、綱をこの櫂の端近くまで巻いたものを引っぱり、舟が近いときは、櫂の柄近くを押す。丁度、舟の岸側に角が出たように、櫂が支えられ、それに巻きつけた綱を船頭が曳いたり、或いは櫂を押したりして、前方の曳き子の力で、舟が岸へ寄るのを直しながら上《のぼ》っていったわけどす。

鴨川の横断のところは、本流へ杭を打ち、土俵を積んで堰止めていたのどすが、そのところを「ヨナ」と呼んでいました。大水などで積んだ土俵がながれてしまうと、「ヨナが流れた」と言っていました。それから舟が水の多い時に、高瀬から外れて、小枝(鴨川本流)の方へ流れ込んでしまいますことを、今は忘れましたが「ナントカ」と特別な言い方をしていました。「高瀬舟がナントカなった」と皆が言いもって、見に行ったものどす。

ですから鴨川を渡るときは、慎重にやったものどす。一艘ずつ何人もかかって綱を手繰って、上流へと渡し、再び船団を組んで曳き上《のぼ》って行ったのどす。

帰り(下り)の舟は別々どす。もう舟はつながって下《くだ》ることはありません。曳いて行った人は船頭と共に舟に乗って帰ってきます。早い人は三時頃には帰ってきました。

舟は、雨の日でも上ってゆきました。私等子供の時分(明治二〇年生れ)には、毎日上って行きました。私がそして二〇歳ぐらいになった頃には、だんだん少のうなったのどす。終いぎわには、肥え舟が多かったのです。大体この竹田村は高瀬と縁が深いのどす。前にも言ったように、曳き舟に出てゆく男手の他にも、女子供の世帯であっても、草鞋をこしらえまして、浜に持っていって船頭衆に売りました。この草鞋も、高瀬の船頭用のものは、足半《あしなか》とゆうて大体がつま先に力を入れて、舟を曳いて上がるためか、草鞋の緒が、(普通は片足の分で前指から来る緒が)左右一箇所、両脇へ留めるようになっているのが、船頭用のは、特別に、左右とも、二箇所宛留めがついており、それを、きびす(かかと)に食い込まぬように履いたものどす」

さて、竹田村で曳き子を雇い、船団を整えた高瀬舟はいよいよ京の町をめざして、残る九キロの道のりを、舟を曳き上って行く。

舟を曳く力に無駄のないように、力を合せて大きな掛け声でリズムをとって歩む。その掛け声は「ホーイ・シ」「ホーイ・スイー」「ホーイ・ホーイ」などと周囲の人の耳に届いたようである。よく、ヨーイ・ショ、セーノなどと二音節に分けて、力を合わせるが、前節の低音でひっぱる声は遠くまで響くが、後節の短い摩擦音は、近くにいる人の耳には入るが、遠くの人には聞こえない。従って高瀬舟の掛け声は一般には「ホーイ・ホーイ」と伝えられている。但し、河畔で営業していた人たちは、「ホイシ」の船頭さんと呼んでいた。

曳き子の衣裳はまちまちであったろうが、船頭は紺色のはんてんにパッチ、そして足半の草鞋《わらじ》という格好

図2　曳き舟の様子（伏見辺り／明治末年頃）

で櫂を握って舟を操って上ってくる。半天の背中には、白糸で種々の紋が縫いとってある。船団の先頭と各々の舟には曳き子が地を這わんばかりに身体を傾けて力一杯に綱を曳いて行く。

朝早く、六〜七時頃伏見を出発して、八時か九時頃には、もう七条近くまで上ってくる。

この辺りの川幅は七〜八メートル、水深二〇〜三〇センチの川の中を高瀬舟は、荷物を山と積んで上って来る。

船は時には浅いところに当たると、ジャリジャリと底が砂をかんで止まってしまう。しかし船頭たちは慣れたもので、船に備えた長板を二枚、上流の川中に上手に立てて、流を止め、水かさの上がったところでパッと切って落す。待ち構えていた船頭、曳き子は、「タ、、、、」とけたたましい異様な叫び声を張り上げながら、綱を曳き、棹で押して水の勢いに乗り切って進む。七条から五条までは直線が多いが昇り勾配はきつい。

木屋町通に入ってくると、炭屋、材木屋、酒屋、米屋、運送屋などが軒を連ね、川沿いには、それぞれの店の倉庫や土蔵が建ち並ぶ。橋は高く作られていて、ふねの荷物が橋桁にあたらぬように、また舟を曳く船頭たちがくぐれるようになっていた。

万寿寺辺りと、四条下ル船頭町には舟廻し、四条から上流には各所に浜がありほとんど一〇〇メートル置きに舟入があって、舟の待機や、方向転換の場所となり、舟入沿いには浜があって、荷揚げ、荷積みが成された。

高瀬舟の船団が、荷下《お》ろしを終える頃には、昼時になったものである。

木屋町の三条下ルには、大きな肥問屋があって、町中から集めた肥を、自前の舟に載せて竹田方面の農家の浜まで運んでいた。

町の人たちは、その代償物として、年末になると、家族一人につき、もち米一升を貰うことになっていた。また小便の方は大根、水菜、京菜など、旬のものと引きかえに汲んだものである。

下りの舟は、上りの半分の積荷を運び、右の肥問屋以外は、大体夕方一回と決まっていた。水量の少ないときは、やはり板で水を溜め（御池下ルに堰止めの石が見える――九六頁の図35参照）、出発のとき板を外す。水勢に乗った舟は、滑るように下っていく。下るときは船頭も船に乗って、棹でかじをとって行く。

かくして、毎日のように京の町へ諸物資を運び上げ、そして京の産物を運び下った高瀬舟の活動のおおよそは、知っていただけたと思う。

では次章から、高瀬川の発祥について考えてゆこう。

第二章　鴨川と高瀬川

上京区の今出川通は、東は銀閣寺近くから始まり、西は西大路白梅町にいたっている。

この今出川通が鴨川を渡るところに架かっている橋は、賀茂大橋である。橋上に立って、北方上流を眺めると、すぐ目前の下鴨神社の森を中心に、左に賀茂川が、右に高野川が流れて来て、橋のすぐ上手で合流し、その剣先の姿が鮮やかに望まれる。

ここから川の名は「鴨川」と変わり、約二三キロ流れて、下鳥羽で桂川と、大山崎で宇治・木津両川と合流し淀川となる。

なお、賀茂川の源は、雲が畑から桟敷岳におよび今出川の上流約三〇キロの北山一帯である。

平安京の誕生以来、この川のはんらんは、京都の町の人々をさんざんに苦しめた。(1) そこで江戸時代から現代にいたるまで、政治をおこなう人たちは、水害をさけるために数々の工事や対策をおこなった結果、いま賀茂大橋から上流の賀茂川を眺めると、上賀茂辺りからまっすぐに流れ下る様子は、右手の高野川とは異なった姿で見られるのは、そのためである。

さて、頭をめぐらして、下流を眺めると、川の流れは一五〇〜二〇〇メートルごとに堰き止められている。(2)

賀茂大橋の下流三〇〇メートルにある堰《せき》は、鴨川となってから三つ目であるが、このところは大きく深く水を湛《たた》えている。東岸に一条通と精華女学院がある。この堰で止められた鴨川の水は右岸水辺に鉄柵をめぐらした取入口から暗渠に流れ込んでいる。(3)

ここが現在の高瀬川の水源となる取入口である。暗渠の中を人目につかぬままに流れ下った水流は、二条大橋の上流、二八〇メートルの地点で、「みそゝぎ川」と記されたトンネルから流れ出ている。

みそゝぎ川になって鴨川の右岸を並行してながれる清流は、二条大橋をくぐる頃には、鴨川の本流とはかなりの水位の差が出ている。

もともとは二条下ルに樋の口(水の取り入れ口)があり、鴨川から分かれた水が、直接高瀬川に流れ込んでいたが、鴨川の洪水対策で、川床の掘り下げがなされた結果、高瀬川の水も上流から分流して、導かれるようになった。(4)

さて、みそゝぎ川は、二条大橋下ル辺りで、水位を保つために、一旦堰き止められ、橋上から見ると水流は二筋に分かれているが、堰の手前でまた一つの流れとなり、多くの水量が穴をくぐるように右手に曲がり、西側の網を張った邸内に落ち込んでいく。ここが高瀬川の取り入れ口で、古図には木製の水門が描かれ樋ノ口と記されている。

樋ノ口から流れ込んだ水は、昔は樋ノ口屋敷、現在は、寿司の店(二条苑)の庭を流れ、渓流さながらに東から西へ豊かにながれて、木屋町通の下をくぐり、いよいよ高瀬川の出発点へ流れ出てくる。

高瀬川の本流は、二条木屋町から始まる。延々一〇キロの運河のスタート地点である。

高瀬川が二条辺りで鴨川からの分流として始まっている姿は、その創始期からであったと考えられる(二一七頁の図9参照)。

そして、高瀬川は鴨川と並行して、すぐ西側を（四〇～七〇メートル、六条以南は一〇〇メートルほど離れて）流れている。

なお、その間にも、四条下ル団栗橋辺りと、五条大橋北側辺りでは、不足した水量を、直接鴨川から補うために、高瀬川は鴨川に接近して造られている（巻末折込「東高瀬全部実測図」参照）。五条以南は、市街地南方の田園地帯をめぐる用水路を拡げて、高瀬川にしたために、その水路は迂回したかたちとなっていた。やがて九条方面の田畑を潤した高瀬川の水流は、東九条松ノ木町で鴨川に流入し、二条で分かれて約五キロほどで、再び鴨川へ戻ることになる。

この合流点の下手で、鴨川を土俵で塞き止めて（福稲高原町西方）溜まった水を、稲荷から竹田方面の用水

図3　剣先き（賀茂川と高野川の合流点）

図4　高瀬川水源取水口（一条西岸）

図5　みそそぎ川下流（暗渠からの出発点）

路に取り入れていた流れがあった。これも拡幅して、高瀬川として活用したわけである。

そして、この流路の終点、すなわち高瀬川の終点は、伏見三栖浜《みすはま》であり、もはや鴨川でなく、宇治川の派流域であるから、宇治川へ流入した高瀬川の水が再び鴨川と会うのは、大山崎の三川合流点にいたってからである。

高瀬川の二条から伏見にいたる長さは、次の如くである。

二条から鴨川九条までの水路の長さは、四八三八メートル。鴨川横断水路が一一五メートル、鴨川以南三栖までが五六〇六メートルと実測されるので、昔の高瀬川の長さは、一〇、五五九メートルということになる。川幅は、およそ七メートル余りであった(四四頁参照)。

(1) 白河法皇が「私の思う通りにならぬものが三つある。その第一は鴨川の水、そしてすごろくのさいの目、それに山法師の三つである。」といった。平安時代には防鴨河使《ほうがし》を設け、江戸時代にもたびたび川幅の整備・変更、堤防工事などがなされた。
江戸時代には、嵯峨角倉家が賀茂川堤奉行に任ぜられている。
(2) この堰き止めの様子は上流を見ると、階段状に見える。一般に土止め「トンド」と称し、鴨川の七条以南まであり、水流の調節と、川床の荒れるのを防ぐ役目を果たしている。一種の砂防ダムといえよう。
(3) 取入口から暗渠に入った水は、約一一〇〇メートルを右岸鴨川公園(テニスコート・運動場・花壇等)の下を流れ、頼山陽ゆかりの「山紫水明の処」の足もとの鴨河原の地中を流れ下っている。
(4) 昭和一〇年六月二九日朝、連日の豪雨のため、京都市内の河川は洪水を起した。鴨川も沿岸市域に水が溢れ、橋梁もほとんど流失した。民家、寺社等も浸水し、交通機関も被害を受けた。市は直ちに復旧工事に着手したが、鴨川の根本的改修計画が建てられ、川幅の拡張、川床の一・五〜三メートルの掘下げ、勧進橋以南の川道の付け替え等が逐次実施された。

第三章　高瀬川の開削

一　角倉了以とその業績

高瀬川は角倉了以という人が開いた運河で、慶長一六年(一六一一)に着工し同一九年に伏見まで通じた。それ以前に了以が河川開削に、卓越した手腕を発揮した次第は、後節に述べるとして、了以の為人《ひととなり》について、考えてみよう。

系図によると、角倉氏は宇多帝の流れを引き、本姓は吉田氏である。近江源氏の佐々木氏の出で、宇治川先陣争いで有名な、四郎高綱の弟、六郎巌秀が近江犬上郡吉田に住み、以来吉田氏を称した(一七頁参照)。巌秀の子孫九世目が徳春と言い、江州から京へ出た。徳春は、号を仁庵といって、医術に長じ、足利義持に仕えて法印に叙せられた。その晩年に嵯峨角蔵の地に閑居して、以来、子孫がここに栄え角蔵を称した。当時、京都の四隅にそれぞれ官倉があり、西にあったのを角蔵といった。徳春がこの地に住み着いたので、かく称したのである。徳春を角蔵の祖と称する(のち、所司代板倉勝重［一六〇三〜一九在任］のすすめで、蔵の代わりに倉の字を用い、角倉と書くようになったという)。

徳春の子、宗臨(林)は父の職をついで、足利義政に仕え、宮内卿法印に叙せられた。その子宗忠もまた、

図6　角倉了以木像（嵐山・大悲閣蔵）

医家をつぎ、この人は了以の祖父にあたるが、永正一八年（一五二一）正月に御所へ参入して「大夫」として能七番を演じた。また天文年間には、時の幕府から帯座の座頭職を許されている。

宗忠の子、宗桂（了以の父）は、天文八年（一五三九）に、天竜寺の長老策彦《さくげん》に従って、明に渡っている。宗桂は、かの地で医術を極め、名声をあげ「意庵」と称された。天文一六年に再び策彦とともに明へ渡り、皇帝に薬を進め、名声愈々上がり、かの地の医学書を持ち帰り、わが国の医学の発展につくした。宗桂は元亀三年（一五七二）一〇月二〇日に没した（法名、養徳院故法印日華子宗桂居士）。その頃、京都の様子はどうであったかというと、応仁の乱（一四六七〜七七）以降、洛中の廃亡はもとより、学問の道も廃《すた》り切っていた。

江村専斎（一五六五〜一六六四）の『老人雑話』にも、

「老人少年の時、京中にて四書素読教ふる人なし、公卿の中、山科殿知れりとて三部を習ひ、孟子に到りて本を人にかし置きたりとて、終に教へず、実は知らざるなり」

とあるように、文運の衰退を示している。また、「当時妙心寺の南化、天竜寺の策元、尤も名あり」と記され、京都五山他の僧侶等に学問の道が遺されていた様子が知られている。

吉田宗桂が策彦（元）に従って明に入ったという事実の前に、遣明船の仕立てに協力したスポンサーとして

図7　角倉氏系図（宇多源氏・佐々木氏・吉田氏）

家紋＝扇地紙鳩酸草《かたばみ》　替紋＝四つ目結

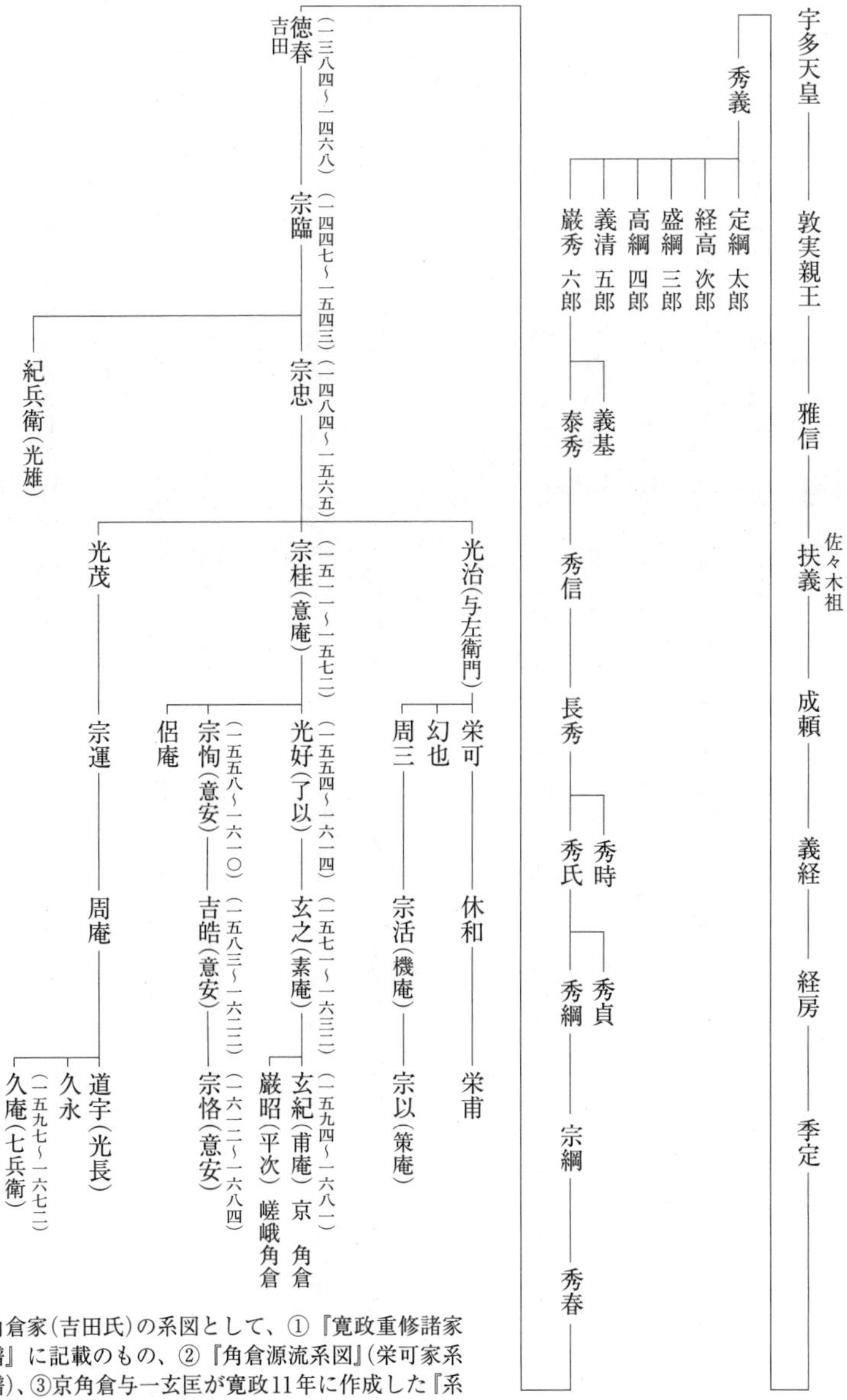

角倉家（吉田氏）の系図として、①『寛政重修諸家譜』に記載のもの、②『角倉源流系図』（栄可家系譜）、③京角倉与一玄匡が寛政11年に作成した『系譜』（吉田家文書）などがある。

の角蔵家の立場と、一方、宗桂自身が策彦に弟子入りして、学問の道に入り、ともに海外の知識を求めたということは、当時の富裕階級としては珍しい向学心のあらわれであったろう。

宗桂に三人の息子があった。

光好(了以)、天文二三年生れ(一五五四〜一六一四)、宗恂、永禄元年生れ(一五五八〜一六一〇)、侶庵(一五?〜九五)の三人である(侶庵の下に四人の女子があった)。了以の弟宗恂が家業をつぎ、父の号意庵(のち意安)を名乗り、又玄子《ゆうげんし》と号した。

彼は始め、豊臣秀次に仕え、のちに家康に仕えて禄五〇〇石を受けた。宗恂の後は、子の如見子がつぎ、以降、子孫は幕府の医師をつとめた。宗恂(意安)の博学を示す話は、『東照宮御実紀付録巻二三』と『寛政重修諸系譜第四二七』に詳しく記されている。

なお『台徳院御実紀巻十二・慶長一五年四月』に「〇十五日医員吉田意安宗恂、京の宅にて没す。歳五三。其子如見吉皓に家つがしめられる。(中略)あらわす所素問講義、難経注疏、重編医経小学、纂本草、運気図、漏刻図等、世につたふ(後略)」とある。

吉田意安宗恂の著書として伝えられるのは次の如くである。

①『運気論一言集』 天文九年(一五四〇刊)、我が国初の運気論注釈書
②『医方大成論抄』五巻 天正三年(一五七五)序文
③『本草序列抄』七巻 元和九年版(一六二三)、寛永一八年版(一六四一)、曲直瀬道三講義の研究
④『歴代名医伝略』二巻 慶長二年版(一五九七)、寛永一〇年版(一六三三)
⑤『医学雑書』(写本)

⑥『修製纂類』(写本)
⑦『万病回春抄』(写本)
⑧『漏刻算』(写本)　慶長一五年以前の執筆、⑲とともに宗恂が最初期の数学者である証となる
⑨『古今医案』三三巻　文禄五年(一五九六)頃刊、藤原惺窩の序文のみ現存す
⑩『薬性纂類』一八巻
⑪『重編医経小学』一二巻
⑫『素問講義』上編六巻
⑬『難経註疏』四巻
⑭『運気諸論図』
⑮『漏刻図』
⑯『枢要図』
⑰『親類書控』(写本)
⑱『医学正伝首書』(現存せず)
⑲『三尺求図数求路程求山高遠法』(写本)　吉田宗恂校・吉田如見考とあるが、宗恂の著と考えられる
(故下浦康邦氏「吉田・角倉家の研究」より、⑨〜⑯及び⑱現存せず)

父宗桂が二度の渡明により持ち帰った医学書類をもとに、研鑽を積んだ宗恂は、医学、天文、科学、数学の分野に右の如き数々の著書を遺した。宗桂以来のこれらの書籍は、意安歴代の蔵書として、「吉田称意館蔵書」と称され、今も内閣文庫ほかの図書館に所蔵されている。

右の宗恂の兄が光好で、小名を与七と言い、剃髪後、了以と名を改めた。彼こそ後年、河川開削に腕を振るった人である。

富裕の名家、吉田家四代目宗桂の長子として天文二三年（一五五四）に生れた了以は（系図・系譜等に生年月日は記されていない。慶長一九甲寅年七月一二日病死、歳六一とある）、長じて従兄弟の栄可の娘を妻にした（当時、栄可の家は、角蔵の地で土倉業を営み、豊臣秀吉とも接して、その援助を得て繁昌していた）。時に了以はまだ一七歳であった。

了以は父の家業である医者としても、また学者としての道を歩むこともなく、実業の方にその足跡を残した。

豊臣の統治下で、了以の事跡を見出すことはほとんどできないが、文禄元年（一五九二）秀吉の朱印状を得て、京都の角蔵、茶屋四郎次郎、伏見屋が、長崎の港から南蛮貿易に乗り出したという記録がある（『長崎志』）。この頃四〇歳近くの働き盛りの了以は、専《もっぱ》らその方面で活躍していたのであろう。

慶長八年（一六〇三）以降は徳川氏の朱印を得て、安南等へ船を出した。朱印船は元和、寛永時代まで続き、了以の晩年までその名で朱印状が出されているが、了以自身の実際の渡航は、いつなされたのか不明である。『系譜』や『台徳院殿御実記巻二七』などの記録によって、了以（光好）の業績をたどってみよう。

光好は、はじめは与七と称した。彼は、父祖の業、医家をつがず、算術、地理を学んでその道に精通した。はじめは織田家に仕えたが、弟宗恂が徳川家に仕えた縁で、しばしば出入りし、家康公・秀忠公にも目見えた。

慶長八年（一六〇三）上意により、安南へ渡海して交易した。同一〇年上意を受けて、翌年にかけて、丹波の国世木庄殿田村から保津・嵯峨にいたる、大井(堰)川の三里(一二キロ)の水路の河中に大石の多い難所を切り開き、川普請を行い、慶長一一年八月から高瀬舟の通行が始まった。

慶長一一年の三月に着工し、八月に完成したこの川の流れの拡張と、川瀬の整備の状況は、嵐山大悲閣に建てられた「嵐山源姓吉田氏了以翁碑銘」の銘文により詳しく知ることができる。(1) 右の碑は、寛永六年(一六二九)一一月に、林道春の選文により、同七年七月一二日に了以の嗣子玄之によって立てられたものである。

なお工法のうち、水面上の石を烈火にて焼砕したという点は、岩石を火薬で破砕したとする説があるが、火薬が貴重品である点と、使用法は未熟であったろうし、さらに岩石上で火を焚き、充分熱したところで、水を注ぐことによって岩を砕く方法は、石器時代よりの伝承方法であるので、烈火の意味はなお考える必要があろう。

かくして丹波と京都が水路で結ばれ、世人は舟運の便を受けた。そして角蔵家は、幕府の許可を得て、往来の船から通行料を得たのである。

慶長一二年(一六〇七)、徳川家康は了以に富士川の開削を命じた。(2)

富士川は古来、甲信駿三か国を結ぶ、文化交易のルートとして重要な役割を果たしてきた。

大命を受けた了以は、鰍沢《かじかざわ》~岩淵間一八里の水路を整備開削し、慶長一七年正月に竣工した。鰍沢・青柳・黒沢の三河岸に集められた米は、河口岩淵までを一二時間で下り、荷上げの後、蒲原浜まで陸路一里を牛馬で駄送し、さらに清水湊(向島)から四〇〇石積みの廻船で、江戸の浅草・蔵前へ納米された。富士川舟運の廻米輸送期は、一〇月から翌年二月に限られ、その他の下り荷の中には穀類、薪炭のほか農産品、木製品などがあった。

上《のぼ》り荷は諸商品、魚類、塩が主で、上りには四日を要した。輸送に当たった舟は、「笹舟」「高瀬舟」と呼ばれ、船数三〇〇艘、最盛期には八〇〇～一〇〇〇艘もあった。

富士川舟運も、明治末の鉄道開通で、その歴史を閉じた。

慶長一二年（一六〇七）、家康は了以に信州諏訪より遠州掛（懸）塚の間に舟を通ぜよと命じた。

角倉家には、この時の家康と秀忠の朱印状が残されていた。一四代角倉与一玄匡が寛政一一年に書き残した系譜に記されている（吉田周平文書）(3)。

了以は、翌一三年に、信州諏訪湖に発し、遠州灘にいたる天竜川の開発に当たった。

天竜川は諏訪湖を水源とし、長野・愛知・静岡県下を流れ、太平洋に入る二一五キロの大河である。初め一〇キロほどは塩嶺山地と守屋山地の間を流れる渓谷である。辰野町から飯田市天竜峡にいたる七七キロの流域は、東方は赤石山脈とその前山の伊那山脈、また西方は木曾山脈にはさまれ、天竜川の両岸は河岸段丘で、伊那盆地を形成する。飯田市の南部から赤石山系の山地に入り天竜峡に始まり渓谷の間を曲流して一〇〇キロを流下し静岡県二俣にいたる。この間に今は泰阜・平岡・佐久間・秋葉・船明《ふなぎら》などのダムがある。二俣以南河口にいたる二八キロは平野部の沖積地帯である。諏訪湖の水面は水準七五九メートルであるから、天竜川の全流路の平均勾配は、一万分の三五となる。

（京都の高瀬川のかつての流路は一〇、五五九メートル。落差二八メートル。勾配一万分の二六であるから、天竜川は長さで約二〇四倍、勾配一・三五倍）

天竜川の舟運開発が、江戸末期に及んだのも、むべなるかなと思われる。

二　高瀬川の始まり

京都の高瀬川は、高瀬舟が通じたので高瀬川と呼ばれるようになったという。他にも日本全国に「高瀬川」という川はたくさんある。(4)

江戸時代に描かれた「川絵図」の類には、舟を曳く浅瀬の川の状況を総称して、一般に高瀬と表示されている。

京都に高瀬川が掘られるきっかけは、大仏殿の再興であった。徳川家康の腹臣・本多佐渡守正信は、かねてから大坂城中に数多《あまた》ある金銀財宝を費消させて、豊臣家の勢力をそぐことの必要性を家康に進言した。家康も心中思うには、豊臣家の忠臣・片桐市正の機略をば、大仏再興の奉行として京都にとどめ、大坂方の離反を図ろうと着々準備し、反片桐の将・大野修理亮治長を駿府に召して、大仏殿再建のことをすすめた。慶長一三年(一六〇八)九月のことである。(5)

『角倉与一玄匡の系譜』に曰く、

「慶長一三年戊申年京都大仏殿御造営御入用之大材木伏見より牛馬に而運送難相成候に付右運送被仰付川筋を見立京都賀茂川の水を堰分け新川を付右御材木運送御用相勤申候」

陸路、大材の運搬に、五人の壮丁が力を合わせ掛け声かけても難しく、牛馬の力をもってても、とても運び切れなかった巨木を鴨川の水路を整備し、水に浮かべて運び、難所は轆轤《ろくろ》で曳くなどをして、難なく六丈の段差と二里(八キロ)余の道程を克服し得たのである。右はまだ高瀬川が掘られる前に、了以によって、鴨川運河が掘られて、材木輸送にあたったことを記しているわけである。(6)

図8　竜車
（山科区・京の田舎民具資料館蔵）

なお右の事業に関する技術上の疑問点は、大悲閣客殿にあるチーク材板碑に刻まれた「子元行状記」の文によって理解を深めることができる。(7)

つまり伏見から洛東大仏までの川筋を掘り直し、流れを堰き止めて十数か所のダム状の溜りを作り、閘門開閉によって水位を調節して、竜車（図8）で蓄水し、轆轤で巨木を操り、楽々と上流へ運んだ様子がしるされている。

なお了以碑の中に、大仏殿下の地（水準三二メートル）と伏見（三栖一丁目水準一四メートル）の地の高さの差が六丈（一八メートル弱）とあるが、その正確さに驚くとともに、如何にして計測したのであろうか、あるいは右の鴨川運河の十数箇所の閘門の水位差の集計をもとに算出したものであろうか、またはすでに、了以の弟に宗恂という数学者がいたことによって、土地の高低差の測量など簡単なことであったかも知れない。

なお明治以後の諸書の高瀬川に関する記述に、右の標高差を六尺と記すものが多い。いつからかく誤られたのであろうか。

了以はさらに願い出て、大仏より上流、二条まで舟を溯航させた。鴨川運河の延長である。

おそらく二条から五条辺りまで、鴨川の支流や本流が、いくらでも舟の通行を可能ならしめていたのであろう。そこで淀・鳥羽から大仏殿下までおよんだ溯行法を応用した上に、さらに艜船《こうせん》といって、底の平たい船を使うことにより、浅瀬も航行できるようにした。(8)

今に見られる洛中洛外図屏風等に、五条大橋辺りに舟の往来する場面があるが、水を良く湛えた川の中を行く舟が活写されている。

慶長一六年(一六一一)一一月二九日、了以の息子与一(玄之)は、駿府に徳川家康を訪ねて、鴨川の疎通と大仏殿の完成とを報告している。『駿府記』の述べるところによると、御所造営のための材木もまた、引き続いてこの川を利用して運んだようである。この年の三月に後水尾天皇(一〇八代)即位の儀式があり、それがために禁中造営の工事がなされた。(9)

今も瑞泉寺文書及び角蔵文書として残る、所司代板倉伊賀守勝重宛の片桐且元書状にも、三条まで舟の往来がはじまったことを喜んでいる。(10)

三　了以と高瀬川の開削

慶長一六年に了以はさらに幕府に申請して、運河の開削を願い出た。この結果できあがったのが高瀬川であるが、了以が改めて新しい運河を掘ろうと考えるにいたった状況を推理してみよう。

周知の如く、鴨川はふだん静かに流れているが、一朝大雨ともなれば、大量の水が土砂石木を巻き込んで、一気に押し流す暴れ川になる。

従って、想像すると、了以の苦心の作である三条以南、鳥羽にいたる約九キロにおよぶ水路の構造物、すなわち土手や水門など、そして貴重な器材・竜車・轆轤などとともに、舟や積荷なども一切合財、集中豪雨後の洪水にあっては、ひとたまりもなく押し流されてしまったであろう。

洪水の引いた後には、上流から押し流されてきた岩石や木の根、土砂等が川床一面に散らばるばかりで、すでに、水平な水面を維持する堤も閘門もなく、水を掻《か》き上げる竜車や、巨材を曳く轆轤もあとかたもなく流失してしまい、鴨川の流れはもとの自然のままに、淵となり瀬を作り、曲りくねって流下しているばかりである。

ただ上流二条辺りから本流と分かれて、四条辺りで再び本流に合流しているお土居の外側を流れる水路は、洪水の奔流に傷《いた》めつけられたあとも少ないようである。

また、五条（大仏橋）辺りから、西方へ分かれて取水され、お土居の外縁沿いに、七条から塩小路方面へ流れている用水路は、鴨川が洪水の時には、取入口の水門が閉じられたので、流路も沿岸も荒れたあともなく、今は澄んだ水がのどかに流れ下っている様子は、鴨川の荒れ果てた姿とは、全く対照的であった。洪水のたびに荒れ果ててしまう鴨川本流に造られた運河は、もはや了以にとって、再構築する魅力はなくなったであろう。

そして今は、百姓の利用する用水路でしかないが、大水の時は水門を閉めて奔水の流入を防ぎ、また平時も水門の調節で水量の加減ができるし、田畑沿いに回る水路は、多少の迂回は仕方ないが、その代りに、一々上流下流の水位調節のために、閘門の開閉をしなくても、水の流れは自然に途絶えることなく、静かに流れ続けている様を見て、この用水路を広げて、鴨川運河の代りにしようと了以は考えた。その着想は抜群のひらめきであった。

幕府の許可を得た了以は早速、工事を始めた。

川を広げ、曳き舟のための船頭（綱）道を河岸につけ、まずは終点の三条上ル西側に舟入を作り、傍らに屋敷を構え、屋敷の前の河岸には生洲《いけす》を設けることを許した。

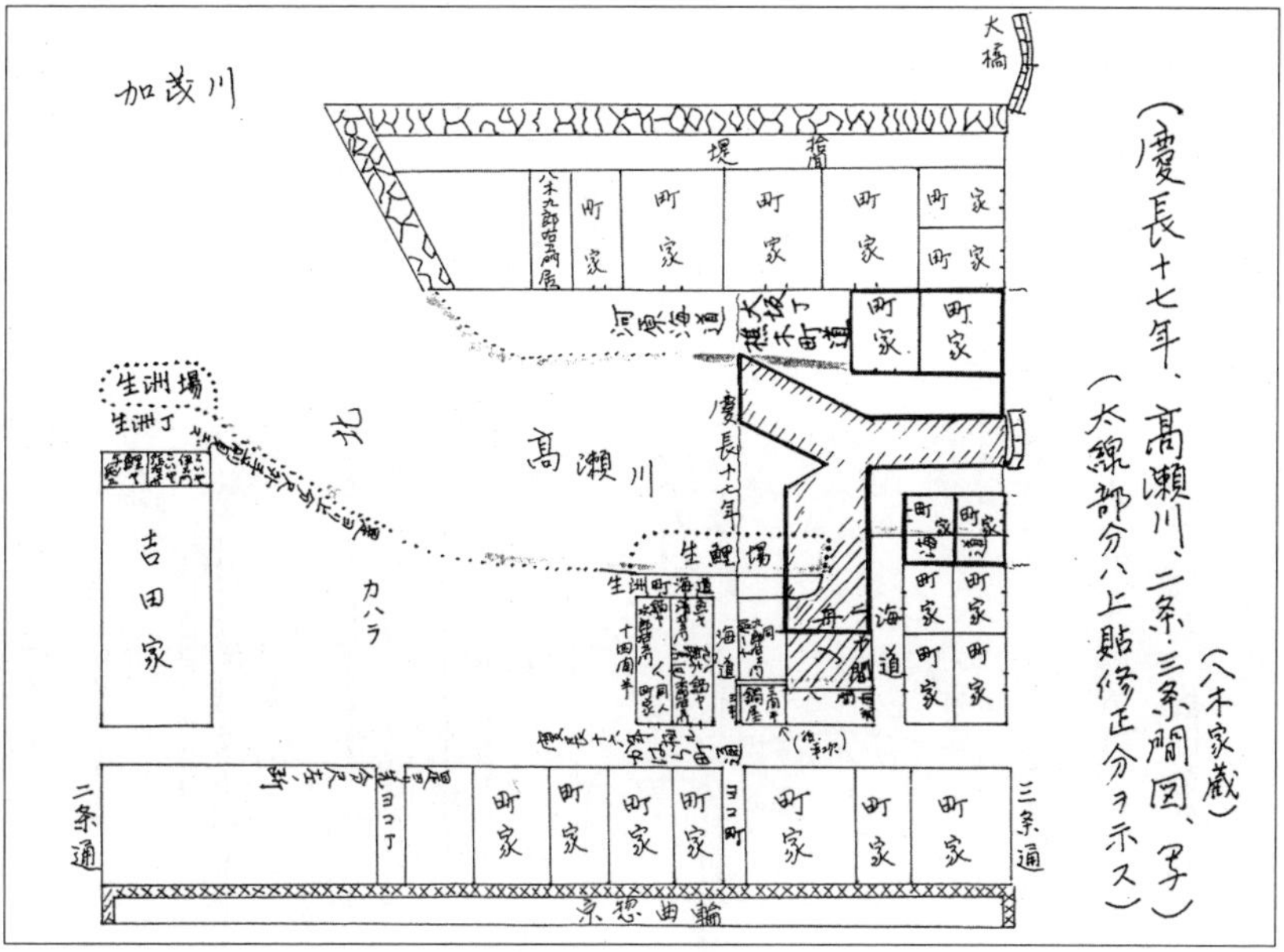

図9　八木家図

この高瀬川草創期の三条付近の様子は、角倉家創業以来の番頭をつとめた八木家に伝わる文書の中に、慶長一七年、二条～三条間図として描かれている(図9)。

その初期以来、高瀬川は、二条で鴨川から水を取り入れているが、当時のこの流れは、一旦四条下ル辺りで、鴨川に合流するかの如く描かれている古地図が多い(明暦三年図では仏光寺辺りで、寛文八年図では高辻下ル辺りで合流し、寛文一二年図では五条まで高瀬川の流路が現れる)。

しかし高瀬川本流としては、水量を維持するために二条～五条間の当初の姿は、たとえ鴨川の河川敷内を流下するにしても、鴨川本流とは別の西側に並行した水路(元はお土居の外堀であったと思われる)を拡げて、形をととのえ、かつ四条下ル団栗辺りなどでは、必要に応じて、鴨川本流から水の補充もおこなった。

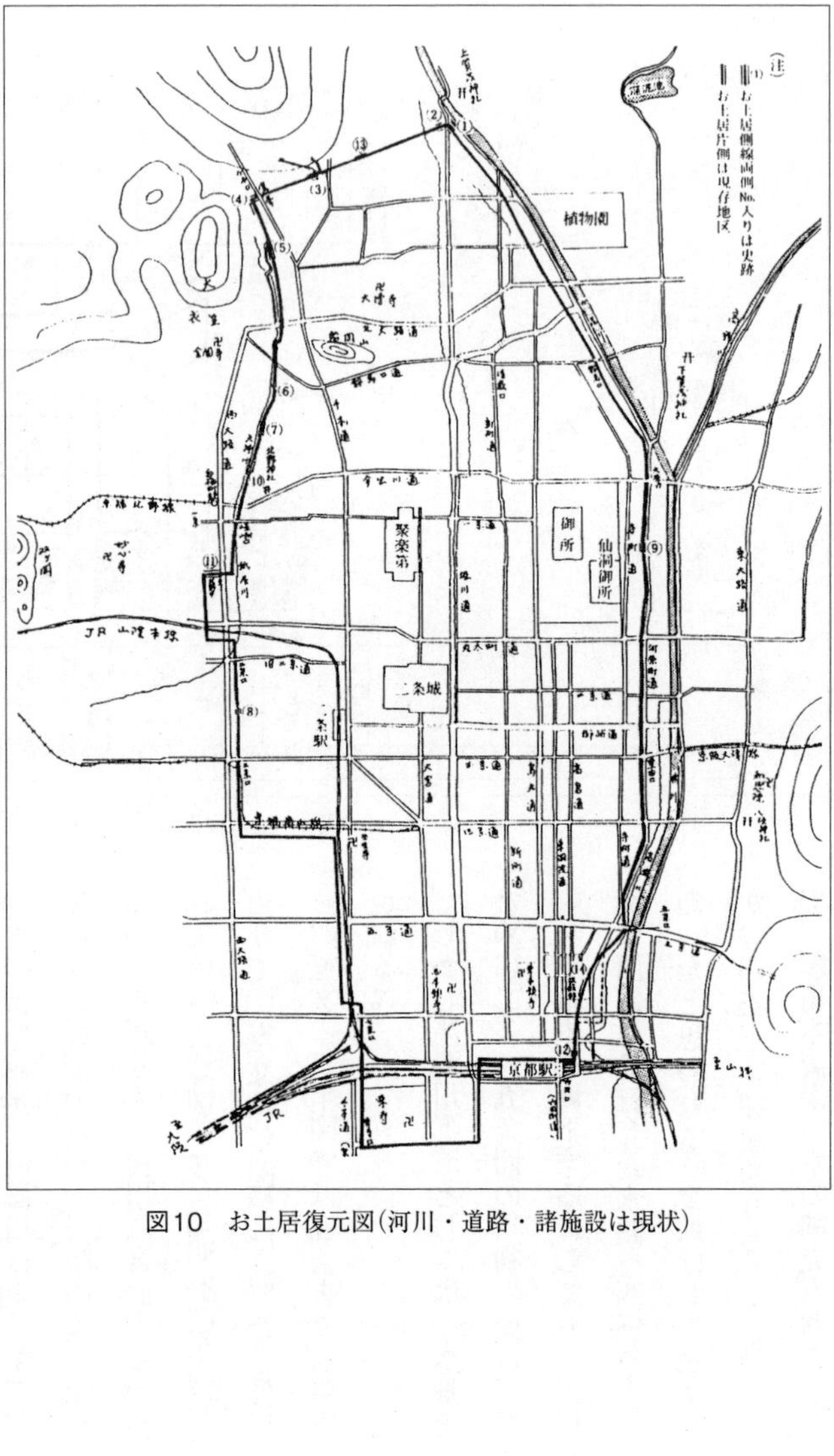

図10　お土居復元図（河川・道路・諸施設は現状）

なお、お土居と高瀬川については、その建設年代に二〇年のひらきがある。豊臣秀吉により、鴨川に三条大橋が架けられたのは、天正一八年（一五九〇）正月であった。秀吉が故郷の輪中を思わせるような、京都の周囲を囲む大きな土手（お土居と称し、周囲の延長二一キロ余）を築かせたのは、翌天正一九年閏正月から二月にかけてであった（図10）。

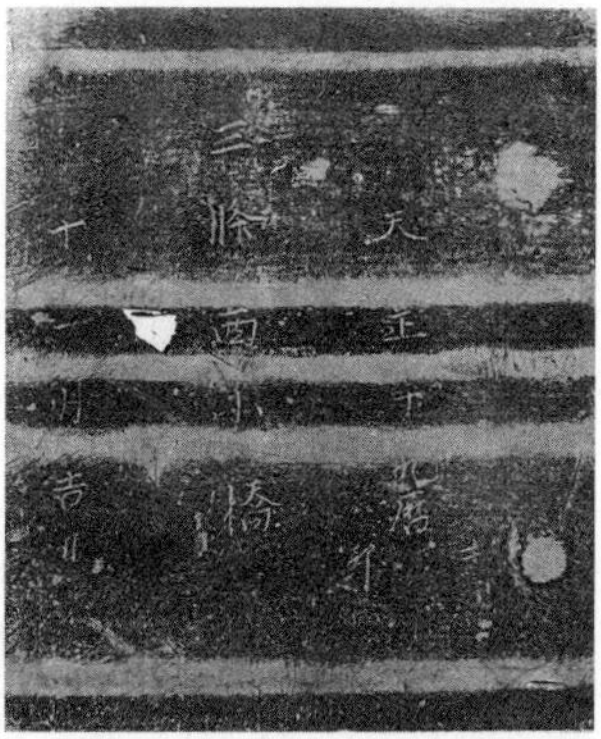

図11　三条小橋擬宝珠拓本

明治初年、石橋に改築された際に取りはずされ、その時に採拓された拓本が、三条大橋西の内藤箒店の仏壇上に飾られている。

「天正一九暦辛卯
三条西小橋
十一月吉日」

（京都新聞社撮影／一九七五年一〇月）

そして、三条小橋が架けられたのは、同じく天正一九年一一月であった(11)。古来の三条小橋の存在を証明する唯一の証拠は、今では、三条大橋西入りの内藤箒店に残る、擬宝珠の拓本だけである（図11）。

さて右の小橋が架けられたということは、橋の下には水流があったはずである。そこでなぜ川の流れができたかを考えると、それはこの年の初めに造られたお土居の材料の土砂が、鴨川沿いのこの辺りは、おそらく鴨川の河川敷から採取されたであろう。

そのときできた窪地の連続は、鴨川の西側に堀状に続き、そこへ鴨川の水が流れ込んだと考えられる。

そしてこの分流上に、小橋が架けられたのは、大橋建設の一年一一か月後、天正一九年一一月であった。鴨川の二条から四条までの間には、本流と分流に囲まれた中之島ができた。右の分流は、高瀬川が掘られる二〇年前に出現して、のちに高瀬川の母体となった川である。

さて、了以により開削された頃の高瀬川の姿に話を戻そう。

五条以南の高瀬川は、鴨川五条辺りで取水し、七条から塩小路辺りの田畑を潤す用水路（お土居東側の水路）を拡張し、鴨川からの取水口には門樋（観音開きにし、閉じていれば、上流からの流入を遮断することもできる水門）を作り、また余剰水の排出口（今も五条下ル交番の前の川中に見られる閘門）を設け、洪水に備えた。[12]

そして、七条から塩小路をへて九条下手で鴨川に流入していた高瀬川の流路は、農業用水路を活用した関係で、西へ曲り、東へ行きなどして、はなはだしい迂回路を示していた。

しかし、現在は、江戸期から、明治・大正・昭和と幾度もの流路変更の結果、その実体はすでに見ることはできないが、仮りに七条〜九条間を直進したとすると、一四〇〇メートルの距離が、二一一九メートルと五〇パーセントも流路はのびている。従来、これを説明するのに「水量を保つために、迂回させた」とされてきたが、勾配のきつさは、五条〜七条間が最も大であって（一万分の六三）、しかも、ほぼ直進する水路である。七条から鴨川合流点までは、もし最短距離を直進しても（勾配一万分の五三）、五条〜七条間より緩やかである。その上に、五割方長い距離を迂回するので、勾配は一万分の三四となっている。従って旧来の説が誤りであることがわかる。ちなみに、二条〜伏見間の標高と区間距離及び区間勾配を列記してみよう。[13]

高瀬川絵図（京都府立総合資料館蔵『東高瀬全部実測図』）の七条より南の部分を見ると（図12）、川から沿岸の田へ、用水を注ぐ口が幾つもあり「九条領へ取る」「用水」等と、枝分かれした小水路が描かれている。さらに同様の水路があり、悪水抜きと記されている。川中の「悪水抜」の文字に惑わされて、従来諸書に「高瀬川には、川の水を浄化する装置がつけられていた」と説明されているが、これも明らかな誤りである。悪水抜きとは、農業用語で、田畑に導かれた用水が田畑を還流して、その水が再びもとの川に戻る口を称して

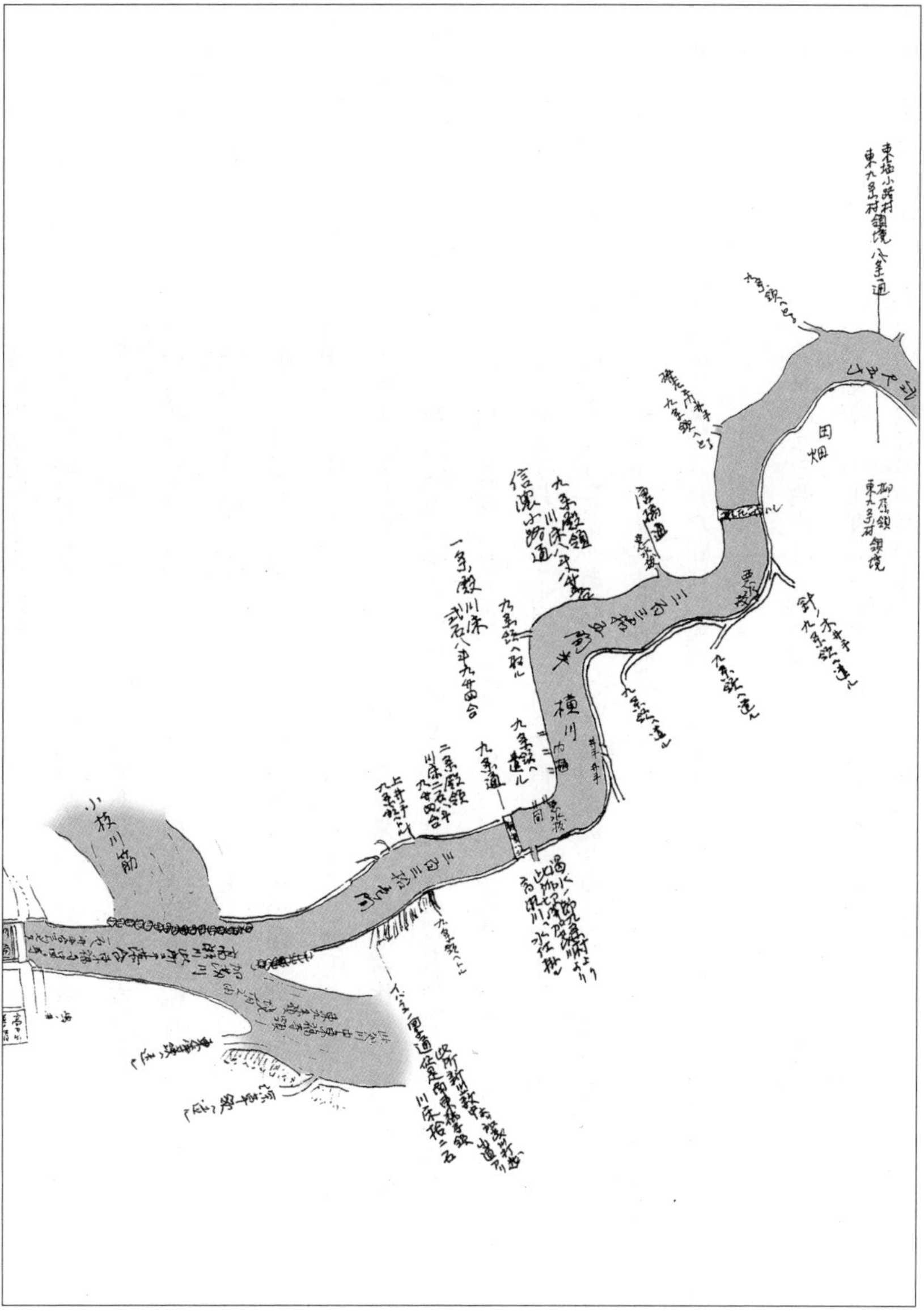

図12　『東高瀬全部実測図』(部分)

いう言葉であって、決して河川の水を浄化する装置ではない。

さて、七条から塩小路、東九条と京都市街地南東部の農耕地域をめぐった高瀬川は、東九条南松ノ木町で鴨川の本流へ戻る。二条に発してから四・八キロ余りの流路である。そして、水量を増した鴨川からは、再び稲荷領や、竹田村方面へ用水が取り入れられていた。そこでこの用水路も拡幅し、運河として利用した結果、高瀬川はおのずから鴨川を横断するというかたちになったのである。

鴨川から東岸福稲方面に取り入れられた水は、稲荷領・竹田領の田畑の間を流下して、竹田村の南で、七瀬川と合流し、伏見城の外堀の役を果たしつつ、やがて三栖で宇治川に合流して高瀬川は終わる。(14)

右の九条以南の水路を、高瀬川の延長線として拡張利用した結果、二条から伏見の城下町に直結し淀川に連絡した。そして淀川をへて、瀬戸内海へ続く西国航路と称された経済の大動脈としての使命は、この経路の構想が纏まったときに高瀬川に課せられたのである。但し、竹田以南の高瀬川の完成は、慶長一九年(一六一四)の秋であったから、角倉了以の死(七月一二日)の直後である。以上は、従来の高瀬川についての諸論と異なる。筆者の推定による部分も多々あるが、これらの根拠となる文書を逐次あげて考えてみよう。

なお史書によると、慶長一六年二月、幕府は堤防道路を制定したとあり、同年六月、山城国諸河川の堤防を修理した。右の工事が鴨川に実施された際に、鴨川の今出川上流の改修と高瀬川の着工も同時に行われた可能性もある。

天正年間から、ボチボチ人家が立ち始めた二条河原町辺りに始まる鴨川西岸の一帯も、堤を整備して河原町通ができたのは、慶長一六年から一七年にかけてである。二条から四条へかけて高瀬川の開削による土砂等が積まれて、従来のお土居の根方のいわゆる犬走りが、一層幅を増したことにより河原町通が出現したのであろう。

四　最も古い高瀬川の開削願い

今まで述べて来た了以の業績を年代順にしてみると、
慶長九年(一六〇四)、了以、保津川(大井川)開削の許可を徳川幕府に願い出る。
慶長一一年、大井川を開削し舟運を通ず。
慶長一二年、了以、富士川の水路を開く。
同年、天竜川の船路見立を仰付かる。
慶長一四年、方広寺大仏殿再興工事始まる。
慶長一五年六月、鴨川運河工事開始、了以、大仏殿工事の資材を鴨川により運ぶ。
慶長一六年、大仏殿完成し、三条から鳥羽までの鴨川運河が完成した。
慶長一六年、了以はさらに申請し、新運河(高瀬川)開削の許可を願い出る。
慶長一八年、竹田方面の高瀬川開削。
慶長一九年、高瀬川、二条より伏見まで全川開通。

となる。だがここに驚くべき文書の存在がわかった。それは、平成四年(一九九二)一月刊行の『史料京都の歴史13・南区篇』(平凡社)所収の東九条村五〇「田中(健)家文書」であって、慶長二年(一五九七)二月角倉氏が高瀬川新設にあたり、東九条村に誓約した文書である(次頁参照)。まさに高瀬川の創始の歴史を考え直さねばならぬような文書であるが、今はただ、こんな誓約書が、早くも豊臣政権下にあって、角倉氏から出されていたと叙述するほかに手はない。

後年、角倉氏は徳川家に仕えるに際し、織田・豊臣氏には、あえて仕えずと明言しているけれど、それは保身上の方便であって、事実、秀吉政権下に、角倉家は朱印船貿易に従事していたし、慶長三年一二月二〇日には、洛西梅津の西・東散所民たちが(梅津・太秦・川島)、京都奉行前田玄以の下知状により、吉田栄可に対する債務の返済を厳命されている『田中光治文書』など、豊臣家とのつながりは大いにあった。もっとも同年八月一八日、秀吉は死去しているので、政権移動期の町衆の微妙な対応がうかがえる。

[田中(健)家文書　慶長二年二月]

一札

一、此度東九条村領之内井手筋松原迄有之候ニ付、川端広ケ四間、綱道両川(側)《ママ》壱間宛当村御役人御対談被仕、御得心之上、御本所様方え御願被下、高瀬開発之儀被為仰付、難有奉存候。然上は後々ニ至ル迄田地養水随分無滞高瀬川え取込、末々御領分之田畑え水御取可被下候。若及旱水候ハヽ高瀬上下御差留メ被成、御用水御手遣無之候様ニ被成可被下候。其時一言之子細申間敷候御事。

一、右高瀬開発仕候義及後々ニ御村方差遣成義候ハヽ、何時成共井手御奉行所え御願被成、元之井手筋ニ可被成候事。

一、五条橋下水、御高水之節ふき切候而、東九条村田地田畑荒地ニ罷成候ハヽ、右地面御役人中立会之上、元之地面此方より其年々年貢御上納可仕候。右之通り相違無御座候。為後日之如件。

角倉

名判

慶長二年酉二月

長谷川勝左衛門尉　殿

木崎　新左衛門尉　殿

西村　源太夫　　殿

（右は、農業用水路を開削して、高瀬川にしようとする計画の許可願書の中で最も古い文書である。）

五　高瀬川の規模

高瀬川は現在も京都市中を、昔の流路通りにながれている。しかし、鴨川を横断する形はもう見られず、七条以南塩小路までの流路も、河原町通（国道二四号線）の南進拡幅工事の完成によって、やがて消え去る運命にある。そうなると、運河として働いた高瀬川は、二条から七条下ル辺りまでしか残らないということになってしまう（一七五頁の図96参照）。

高瀬川の活躍期の規模と流路を知るためには、古文書・古地図によって知るのが最適である。近年は、公的機関による工事記録も詳細に調べればわかるであろうが、なかなか難しい点が多い。そして江戸時代の工事記録などは、ほとんど見ることができない。

（1）古文書に見る高瀬川の規模

『角倉文書』（慶長一九年頃、『京都の歴史4』）は、高瀬川の規模を次の如く記す。

二条五条間　延長　千七十七間半
川敷　川幅四間　四千参百拾坪
車道川敷　百坪
舟入数　大三ケ所　(平均約六百坪)
〃　小六ケ所　(平均約四百坪)
〃　計九ケ所　四千二百坪
舟廻数　二ケ所百二十坪
合計　八千七百三十坪
此反別　二町九反一畝
此高米　五拾八石弐斗
(一反ノ高米二石)

五条丹波橋間　延長三千四百九十八間二尺
川敷川幅平均四間一万二千九百三十六坪
但し、鴨川落合弐百六拾四間二尺余ノ間数ヲ除ク
此反別　四町三反一畝
此高米　八拾六石弐斗

伏見分　　丹波橋ヨリ淀川ニ至ル
　　　　　　　延長　千七拾弐間四尺
川敷　川幅平均四間　　四千二百九十坪
此反別　　一町四反三畝
此高米　　二拾八石六斗
此年貢　　　　九石余　免

とある。右三区間の延長を通算すると、全長五六四八間三尺となる。これをメートルに換算すると一一、一二五メートルになる（一間＝六・五尺、一尺＝三〇・三センチ）。

この数値が高瀬川の全長を示す最古の記録である。(15)

また、ある古記録（大塚文書『手扣』＝手控・てびかえ）によると、二条から伏見までの高瀬川の長さは、左の如く記されている。

一、京高瀬川長　二条ヨリ伏見高瀬番所迄、五千六百七十二間弐尺、但六尺竿
此町間、九拾四町参拾弐間弐尺、但六拾間壱町　此道法　二里半四町参拾弐間弐尺　但参拾六町一里
（右をメートルに換算すると一〇、三一二メートルになる）

あるいはまた、寛政年間に作成されたと見られる『東高瀬全部実測図』（京都府立総合資料館所蔵／文047〜27／四〇×六二一＋一九×八〇センチ）には（巻末折込参照）、
二条樋ノ口ヨリ伏見船番所迄
　五千六十三間半弐尺三寸

此里数弐里拾弐町弐拾三間半二尺三寸

とある。

この図は六尺五寸竿で測っており、従って右全長は九九七二メートルとなる。

もっともこの図は写図のようで、下流に若干の区間距離の記入漏れがあると思われ、年号の注記もなく、「二条樋ノ口より伏見船番所まで」とある。

ただし大正一三年の「都市計画資料展」に際し、〈京都府文庫〉から出展の同名図の説明に「寛政一三年」と記され、かつ現在、資料館所蔵の右絵図に〈京都府文庫〉の印が捺されている上に、他の類似図にそれと思われるものがないところからすれば、おそらく同一の絵図とみてよいだろう。

寛政一三年(一八〇一)にできたこの絵図は、二条から始まって、沿岸の浜から、橋の名前、舟入の位置、規模、諸藩邸の位置などについて、詳しく描かれている。本図の縮尺基準は、ないようであるが、川の長さなどは、およそ千分の一程度に描かれている。

ただし、川の幅や橋・浜地などの縮尺は、川の長さに比して二〜三倍ぐらい拡大されている。

府立総合資料館には、さらに百年ほど前の、安永二年(一七〇五)の二条〜五条間の高瀬川絵図も所蔵されている。これを先の図と比較すると、浜地等の寸法に共通のものが見られる。

かつ、安永二年の絵図の裏面には、京都東西町奉行役人立会いのもとに、六尺五寸の竿(計測用の物指しで一間用)をもって測地し、杭を打ったと書いてある。

江戸初期の当地の測量図等には、六尺五寸竿によるものが多い。従って竿表示のないものについては、メートルに換算するときは、距離・面積ともに、よほど注意する必要がある(六尺五寸＝一間＝一九七センチ、六尺＝一間＝一八二センチ、八パーセントの差がある)。

さて右の寛政一三年の絵図も、六尺五寸竿の測量で描かれており、これをもとに高瀬川の長さを考えてみると次の如くになる。

二条～三条間　二三八間六尺　四七〇・五メートル
三条～四条間　三一六間半五寸　六二三・五メートル
四条～五条間　五〇六間五尺　九九八メートル
五条～九条間　一四六四間六尺三寸　二八八五メートル
加茂川～丹波橋間　一九二七間半四尺　三七九七メートル(16)
　右の区間、絵図上では、稲荷付近、百合橋～新稲荷橋間、約四五七間(九〇〇メートル)が記入無しのため、補足した。
丹波橋～三栖間　一〇四四間半四尺　二〇五八・四メートル
右総計　五五〇〇間三尺五寸　一〇八三三メートル

このように、古文書に基づく川の長さは、三種三様(一一、一二五、一〇、三一二、一〇、八三三メートル)となる。

もっとも五条～七条間の流路付け替えの影響もあるが(後記)、むしろ私たちは、現在容易に見ることができる、精細な測量図によって、かつ一部実測(フィールド・ワーク)によってこれを補って、より正確な高瀬川の実体を知ることができる。

(2)測量図に基づく高瀬川の規模

京都市都市開発局発行の二五〇〇分の一の図上、十数枚に及んで、現在の高瀬川の流下するありさまが描かれている。

なお、高瀬川の四〇〇年近い生成の過程で、古く、また新しく、流路が変った部分については、新旧流路を比較しつつ、図上に再現したものを含め全流路を数字的に記録してみると、表1のようになる(但し、橋の幅は省き、川の距離は橋の中心から中心までを計った)。

橋名の〔 〕内は旧称である。橋の規模は、第四章にてふれる(参考のため賀茂大橋より始める。距離は前地点からの当地点までを示す)。

右の各地点間の距離を集計すると、高瀬川二条出発点~鴨川合流点間は、四八三八メートルになる(用助橋以南は地図上の想定点による)。

すなわち右の数値は、明治にいたるまでの高瀬川の一般的な流路、二条~鴨川間の長さの測定値である。

なお、高瀬川の初期の流れ、五条~七条間の姿は、古地図上に見ることはできないが、寛永の末年(一六四三)までは、六軒町辺りから斜めにお土居沿いに、塩小路方向に流れていたと考えられる。

慶安元年(一六四八)に始まる東本願寺別邸(枳殻邸《きこくてい》)建設のために、お土居の付け替え、内浜の開削、高瀬川の流路の変更などが一連の工事として施工され、東洞院通以東の東本願寺新寺内町も出現した。

なお、慶安以降六〇年ほどの間に、七条以北五条までの、鴨川西岸の新地の形成につれて、高瀬川の流路は数度の変化を見せている(図13参照)。

図13に明らかな通り、六軒町A~枳穀邸内B~内浜C~塩小路合流点Dと流れる、高瀬川開削以来の

表1　高瀬川の各地点の標高と距離

(地　　点)	(標高・位置)	(水位)	(距離)
賀茂大橋	53.4(川端今出川)	47.8(鴨川)	
東一条取水点	49(鴨川公園)	47	377m
荒神橋下流	46(鴨川公園)	42.8	644m
丸太町橋	45.4(東三本木)	41.2	252m
みそそぎ川	43.9(松菊園)		199m
二条大橋	42.2(東生洲町)	38.2	290m
樋 の 口	42		64m
高瀬出発点	42	41	80m
一の舟入入口			24m
押小路橋〔長門橋〕	41.3(木屋町押小路)		14m
無名橋(ホテル入口)			
無名橋(新ハマムラガレージ・撤去)			
無名橋(新ハマムラ入口)			
御 池 橋〔塗師屋橋〕	41.3(木屋町御池)		132m
ガレージ入口橋〔加賀橋〕	(撤去)		40m
丸 屋 橋〔鍋屋橋〕			38m
姉小路橋〔生洲橋〕			72m
恵比須橋〔納屋橋〕	40.3(木屋町)		30m
三条小橋(三条鴨川)	水面36.3、高瀬39.3		50m
大 黒 橋〔車橋〕	40(木屋町)		59m
南大黒橋〔松竹橋〕	(昔はない)		19m
材木町橋〔古溜池橋〕			18m
山崎町橋〔新溜池橋〕			62m
車屋町橋〔上車屋町橋〕			38m
南車屋橋〔下車屋町橋〕	38.3(木屋町)		66m
蛸薬師橋〔土佐橋〕			38m
立誠校正門橋〔土佐橋〕			26m
立誠校運動場橋〔共楽館橋・備前島橋〕			43m
紙 屋 橋〔二ノ舟入橋〕	37.6	33.9(鴨川)	35m
十軒町橋〔一ノ舟入橋・扇橋〕			70m
真　　橋(昔はない)			40m

四条小橋	38.1		56m
四条下ル橋(私設橋)			80m
四条ガレーシ入口橋			22m
おせき橋〔善四郎橋〕		32.7(鴨川)	29m
綾小路橋〔鳥羽屋橋〕	35.7(団栗西)		112m
仏光寺橋〔仏光寺通橋〕			115m
高 辻 橋			118m
松 原 橋			127m
万寿寺橋	34.7(木屋町通)		154m
五 条 橋	36.3(五条橋西詰)		206m
五条南橋			30m
都 市 橋〔門樋橋・榎橋・孫市橋〕			47m
私設鉄橋			37m
私設鉄橋(始め木造・後鉄製)			39m
六軒町橋	32.2(岩滝町上)		75m
私設鉄橋(菊浜校前)			
私設鉄橋(上ノ口上ル)			
上ノ口橋			152m
正 面 橋〔中ノ口橋〕	31.9(橋東詰)		141m
私設鉄橋			45m
昭 和 橋			102m
七条小橋	31.3(小橋上南)		117m
	30.1(七条高倉)		
	29.8(七条東洞院)		
吾 妻 橋〔六条上ノ橋〕			77m
私設コンクリート橋(手すりなし)			
私設鉄橋			
上之町橋〔久作橋〕			103m
私設橋(ガレージ)			
河原町橋(ふれあい橋)			53m
内浜水路分岐点	29.1(塩小路高倉)		78m
塩小路橋			27m
塩小路下ル、旧水路分岐点			55m
JR高倉陸橋脚下〔用助橋〕	(想定地点)		130m

東九条西岩本町〔権左衛門橋〕	26.9	500 m
第一次水路変更合流点	26.6	140 m
信濃小路横川折点	26	183 m
横川の新水路との合流点		180 m
九条通〔観音橋〕		100 m
東九条南松ノ木町	24.7	274 m
鴨川合流点（福稲高原町西方）	24	220 m
鴨川横断路（門樋まで）		115 m
東高瀬川出発点	（土管内）	22 m
十 条 橋	25（橋上）	113 m
新稲荷橋	22.6（橋上・伏高南通）	507 m
下河原橋（市電稲荷線軌道跡）		75 m
稲 荷 橋（下平田橋）	20.7（川久保町）	285 m
高　　橋（竹田街道）		217 m
府道中山稲荷線	20.2（水鶏橋東方）	235 m
井 手 橋（名神高架下）		803 m
車　　橋（竹田小学校東南）		262 m
長左衛門橋	17.1（城南宮道北）	387 m
七瀬川合流点北	16.8	520 m
新高瀬川北端点		328 m
疏水合流点	16.74（久左衛門橋）	280 m
用 人 橋		302 m
西丹波橋		60 m
三 雲 橋	16.3	128 m
大信寺橋		370 m
大手筋橋	15.3	266 m
弥左衛門橋	14.8	196 m
角 倉 橋		173 m
三栖剣先	13	77 m

流路は、A（B・C）D間が七九五メートルである。そして後年に確定した（A～E～F～D間）距離は、八七〇・五メートルである。従って、七五・五メートル短かった開削当初の経路を通った高瀬川の、二条～鴨川流入点間の距離は、四七六二・五メートルになる（表参照）。

引き続き、鴨川横断点以南、竹田を経て三栖浜にいたる高瀬川の流路を記してみよう。

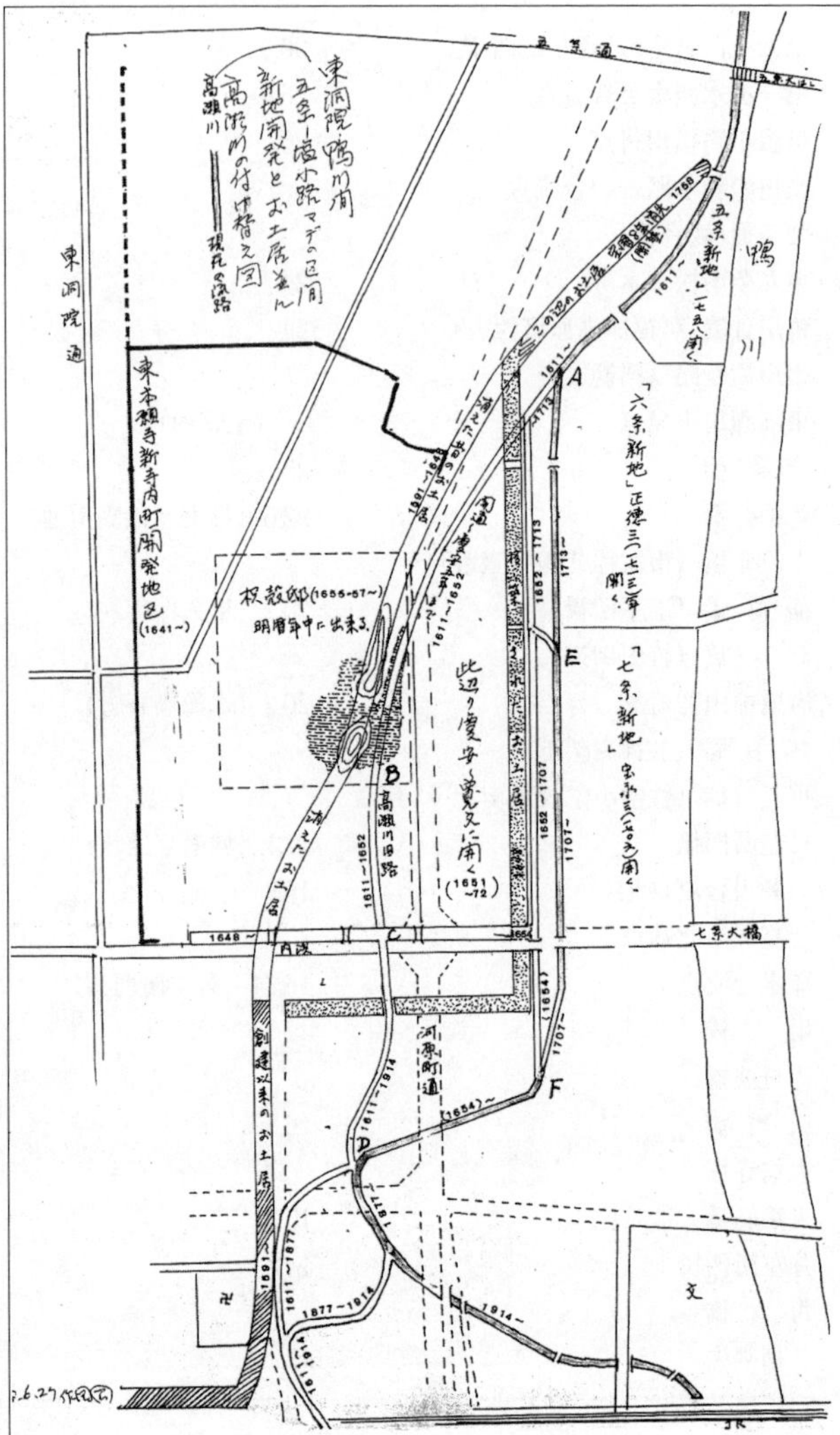

図13　東洞院・鴨川間（新地開発図）

右の実測値を綜合すると、二条出発点から鴨川に入るまでが四八三八メートル。鴨川横断区間が一一五メートル。鴨川門樋から伏見三栖までが五六〇六メートル。合計一〇五五九メートルが舟運盛んなりし頃の、高瀬川の総延長と考えられる。

なお高瀬川の川幅はどのぐらいであったかというと、本節の初めに掲げた『角倉文書』によると、平均四間である。また『手扣』の記すところでは、「高瀬川幅、六尺五寸竿、三間半」とある（七メートル余りであった）。

また伏見方面の川筋に関する『手扣』の記録には、伏見・竹田方面で川幅が七間から八間あった場所が明らかである。正徳三年の川絵図中の川幅も三間から四間余りの表記がある。いずれにしてもその後の修築により、街の中心部では逐次三間半乃至四間に統一されていったと考えられる。

六　高瀬川の舟入

京都の中心部と伏見を結ぶ運河、高瀬川は、延長一〇キロ余の水路がその主体である。伏見で、宇治川派流（宇治川から分かれて、伏見城下に回流する分流のこと）が京橋をくぐり、濠川に合流したすぐ西のあたりで、高瀬川は宇治川に注いでいる。このところが三栖浜と言い、高瀬川の終点であり、三〇石船（過書船）と連繋して、荷物の積み替えをする中継点であった。

三栖浜で積荷を満載して、上流に曳き上《のぼ》ってきた高瀬舟の終点は二条であるが、舟の繋留地は、二条から七条までの沿岸の浜地であった（後述する舟入も、もちろん繋留地と浜地をかねた施設であった）。

なお平均四間の川幅では、上って来た舟の方向転換はできない。そのために、高瀬川の開削以来、付属施

図14　古地図に見る高瀬川の舟入

発行年	図名	一 (舟入の場所)一之舟入町	二 毛利邸中央一之舟入町	三 (古くぬしゃ町)下丸屋町	四 恵比寿町橋の上手	五 大黒町	六 山崎町南	七 奈良屋町蛸薬師通北	八 備前島町立誠校校庭	九 米屋町
慶長一七	八木家伝巻物之内　高瀬舟及生洲図				■					
寛永一八	平安城本立売より九条迄町図	■								■
慶安五	平安城東西南北町并之図	■								■
寛永～万治	中井家　寛永後万治前京都全図	■		■	■	■		■	■	■
寛文一二	中井家伝　洛中洛外大図(写)	■		■	■	■		■	■	■
寛文八～一三	村上和光　帝都図	■		■	■	■	■	■	■	■
元禄三	貞享四年版元禄三年刊　京都古図	■	■	■	■	□	■	□	■	□
元禄四	新撰増補元禄四歳刊　京大絵図　林吉永	■	■	□	■	□	□	□	■	■
元禄九	新撰増補京大絵図林氏吉永	■	■	■	■	■	□	□	■	■
正徳三	高瀬川筋五条門樋より八条領境迄絵図									
享保一九～寛保二	新撰増補　京大絵図	■	■	■	■	■	■		■	■
寛保元	増補再版貞享三年版　京大絵図　林吉永	■	□	■	■	■	■	■	□	■
寛保二	新撰増補　京大絵図	■	■	■	■	■	□		■	■
宝暦四	名所手引　京図鑑綱目	■		■	■	■	■		■	■
安永二	二条五条間高瀬川絵図	■		■	■	■	■		■	■
天明六	中井家蔵　京都洛中洛外絵図	■		■	■	■	■		■	■
寛政一三	東高瀬全部実測図	■		■	■	■	■		■	■
天保二	改正京町絵図細見大成	■		■	■	■	■		□	■
慶応四	改正京町絵図細見大成	■		■	□	■	■		□	■
明治二	改東高瀬川筋川添並川筋間敷図	■		■	■	■	■		■	■
明治九	京都区分一覧之図	■		■	■	■	■		■	■
明治一〇	改正各区色分町名　京都名所順覧記全	■				■	□		▬	
大正元	京都地籍図	■				■	◠			◀
昭和三	京都近郊東北東南地形図	■								
昭和一一製版 昭和二八修正版	京都都市計画基本図　建設局	■								

■は舟入があり、□は、地図に記載されていないが、前後の関係で存在することが確かなことを示す。また▬・◠は狭められて細くなった形、◀は奥から埋立てられ痕跡を残す程度の舟入を示している。

設としてあったのが舟入であり、その小規模のものが舟廻しである。

高瀬川の舟入と舟廻しは、その水運の消長を反映するように現れ、増減し、そして次々に消えて行った。今は、二条にある一之舟入だけが史跡指定されて、わずかに面影を残しているだけである。

舟入の最も古い姿は、先の八木家絵図に見られるが、続くものとしては寛永年間の洛中図に描かれている。『角倉文書』中にも舟入の大小合わせて九か所、舟廻し二か所と記されており、その位置なども後述の中で推定することができる。

(1)古地図などに基づく舟入の推移

現在私たちが、高瀬川の舟入の位置や、数などの推移を知るのには、古地図の類を調べるほかはない。京都の古地図も、寛永年間に始まって明治期にいたるまで、数多くあるが、元来、高瀬川そのものが、京洛の東端、鴨川沿いに現れた細流であるから、地図自体がよほど大きく、かつ精細に描かれたものでないと、所期の情報をつかむことは難しい。

以下、与うる限りの古地図・絵図・地図等を参考にして、年代順に舟入、舟廻しの記載されたものをまとめたものが図14である。同図は、講談社刊『日本の古地図④・京都』の「高瀬川と舟入」の項の中に使用した分で、参考図がやや少ない他は、本質的にはかわらない(より詳しい図は巻末参照)。

(2)初期の舟入

舟入を描いた図としては、慶長一七年(一六一二)の八木家図が最も古い。但しこの図から舟入の現在地を

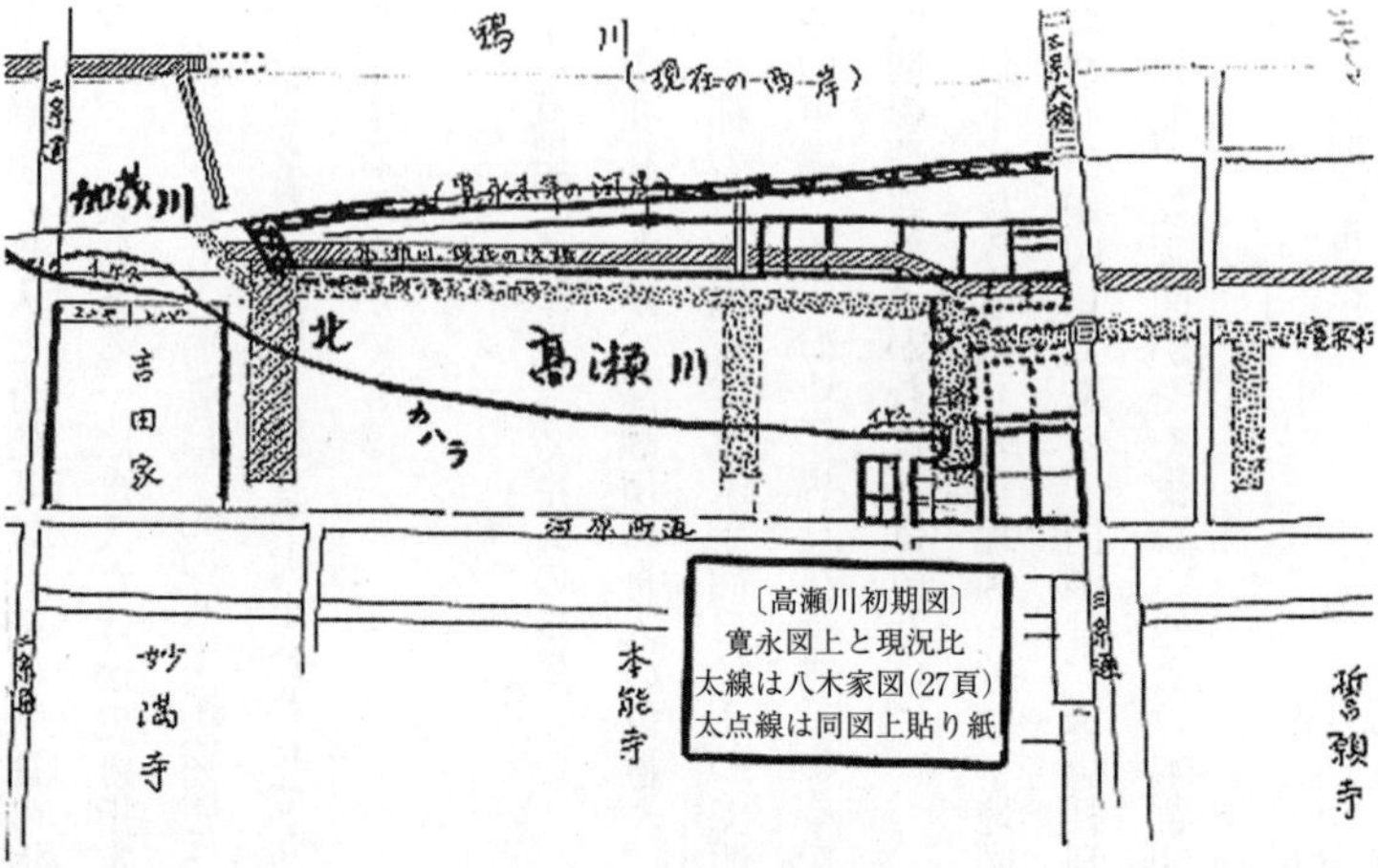

図15　初期の高瀬川図

想定することは難しい。

そこで一計を案じ、寛永末年を描いた洛中図（京都大学附属総合図書館蔵『京都全図・寛永後万治以前』、域内に精細な間尺記入あり。本図は八木家図より三〇年後の景観である）の高瀬川近辺を『京都市街図』（二五〇〇分の一・都市開発局）上に復元記入してみた（該図は、スペースの都合で本書には載せぬが、『古地図研究』三二一号に発表予定である）。仮に本復元図をA図と呼ぶ。

A図上に見る顕著な地形上の特徴をみると、高瀬川は、寛永末期には、現在の流路より、約三〇メートル西寄りを流れている。そして、鴨川の右（西）岸も、三条辺りで、平均三〇メートルほど西になっている様子がわかる。

そして八木家図を現在の地形図上に復原するために、その範囲図をA図上にのせて描いたのが図15である。

同図によると、慶長一七年創始二年目の高瀬川は、二条から大きく、まるで主流の如く鴨川の水が分かれている。西側沿岸に二か所生洲《いけす》を囲い、三条通北側の町家の北辺りに舟入を設け、その傍らに角倉関係の家が建った。

その後、高瀬川の河岸の整備と付近の整地とともに、舟入と町家の変化の様子は、同図の貼紙上（太点線で示す）に描かれている。

なお角倉の役宅が二条河原町東側に置かれ、了以の息子、与一（玄之）が代官に任ぜられ、淀川過書船支配と高瀬舟掛兼務を命じられたのは、元和元年（一六一五）の大坂夏の陣において、与一が家康の幕下に従って、舟に兵器を載せて、京より大坂野田へ運び、さらに、命により、小舟を多数用いて、中島・長柄の両河の閉塞を図り、城攻めの便利を供した手柄によるものである。

さて図15に見える三条通北側の舟入は、高瀬川の最初の舟入であった。この舟入の大きさは図示の通り、南側の奥行二〇間（四〇メートル）、北側浜沿いの奥行は一一間（二二メートル）、奥の幅八間（一五・八メートル）である。

なお上貼り紙上に描かれたその後の舟入の形は、寛永図上のものに近い姿になっている。この舟入は、先の舟入変遷図中の四の舟入にあたる。

寛永期の鴨川西岸の様子は、時とともに変化し、後年に沿岸が整備され、寛文八〜一〇年（一六六八〜七〇）の間に、鴨川の東西両岸に石垣が築かれてからは、鴨川・高瀬川間の中洲も地上げ整地され、新地が出現し、やがて五条にいたる新地の開発につながる（宮川町・祇園方面も同様）。

この間の鴨川西岸の推移を、大ざっぱにいえば、荒神口辺りで、寛永の頃と現在とでは、約九〇メートル河岸が東へ寄り、二条辺りで約六〇メートル、三条辺りで約三〇メートル、四条辺りで二九メートルと、いずれも鴨川の西岸が東へ移動している。

そして高瀬川も、現在の流れは、二条〜四条間では、東へ三〇メートル程度移動しているのは先述の通りである。従って寛永年間図に見られる、鴨川・高瀬川沿岸の町家を始め大名屋敷、寺院、道路等も、当然、移設・拡張等の対象となったであろうが、そのことを示す文献はいまだ知らない。

思うに、高瀬川や舟入の工作形態は、発祥当時は、ただ川砂や砂利を掘り取って作られた水路や溜池であり、単なる窪みに過ぎなかったであろう(図19)。

要するに水辺は浅く、中心部が一番深い構造の掘り放しのもので、従ってその埋め戻しや、掘り替えなどは、いとも簡単にできたであろうと思われる。現に七条上ル辺りの高瀬川も、大正初年頃までは、石垣もなく道路から水辺に向かってたらたら坂になっていたという。

(3)舟入の位置と大きさ

図14の舟入を現在の高瀬川沿岸の地点に求め、地図上にそれぞれの位置を記入してみると図16の如くになる。二条下ル高瀬川の出発点から、四条までの約一〇〇〇メートルの間に、現存する一の舟入を筆頭に、九つの舟入が、およそ一〇〇メートルの間隔で、行儀良く西岸に整列している。

もちろん高瀬川の東岸は、その開削当初は鴨川との間の中洲であり、幅も狭いだけでなく、市域に連繋してもいない。故に東側に、高瀬川と直角に舟入をつけることは、不可能であり、無意味でもあった。そこで洛中の武家屋敷や、町家への経済的接点として、舟入は、必然的に西岸に、あたかも都市計画的な一町間隔で出現したわけである。

あるいは想像をたくましくするなら、高瀬運河の終点に、河川域を整地して都心ターミナルとして出現した住宅地は、今でいえば一ヘクタールの広さをもつ、駐車場付きの分譲地である。

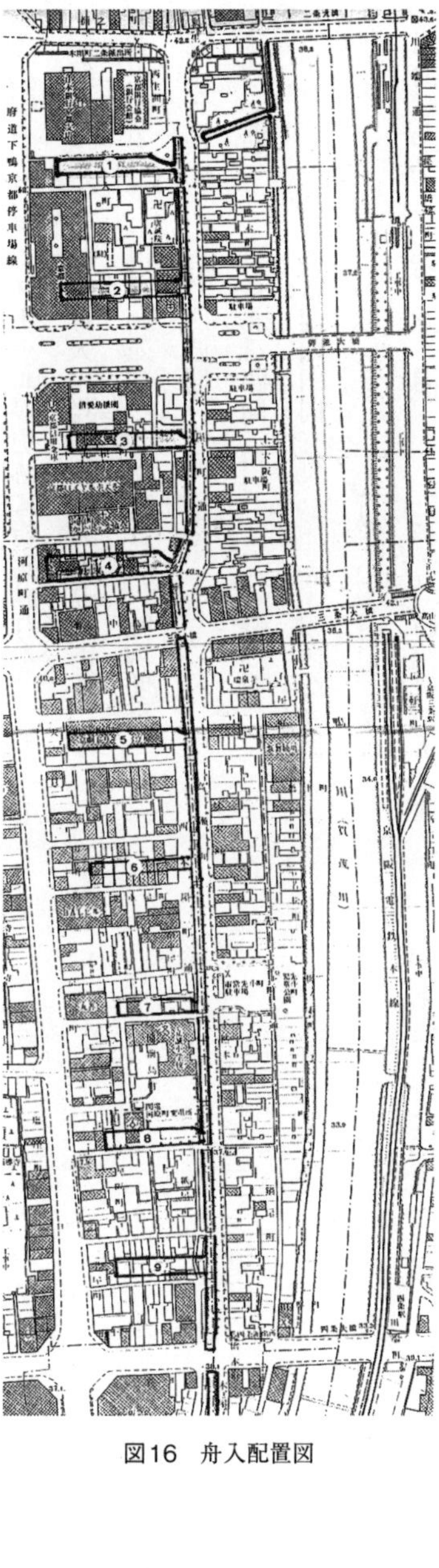

図16　舟入配置図

そして舟入を基点として、従来は洛外であったお土居の外側に、街々が逐次発展して行った様子が偲ばれるのである。

また、舟入は洛中の横筋というか、東西道路に対応するように設けられたともいえよう。

次は各舟入の、発生・規模・消長などについて、述べてみよう。

①一の舟入（一の舟入町、角倉邸南側）

高瀬川の出発点のすぐ西側にあり、大坂から淀川をさかのぼり、伏見を経て上ってきた水運の終点に当たる。即ち高瀬舟運の終点ターミナルである。林屋辰三郎先生いわれるところでは、二条城（慶長八年三月竣工）の大手に通じる二条通りに面した、この基点に、大いなる意義があると。

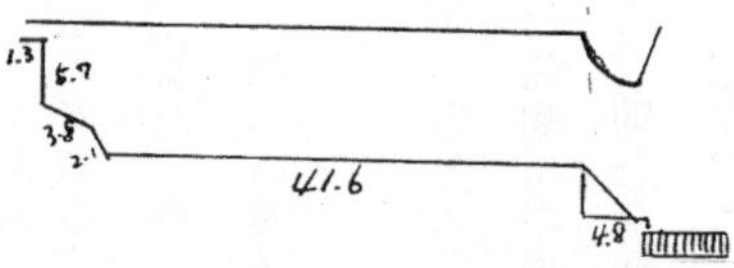

図17　一の舟入平面図

図18　一の舟入

一の舟入は、寛永初年以来今まで、三七〇年余り存在し、昭和九年（一九三四）一月二三日付けで、その地域一二〇一・二平方メートルが史跡に指定された。

記録に基づく、一の舟入の規模は次の通りである。

寛永の頃　奥行四四間　幅六間余
安永年間　奥行四四間
寛政年間　奥行北三四間二尺　幅四間二尺
　奥行南四四間五尺　幅西端九間
　（以上、六尺五寸竿）
明治三九年　奥行五〇間　口幅狭い所三間

広い所八間
総面積二二八坪余
（瑞泉寺蔵『京都数学校実測図（明治三九年四月）』）

明治四二年　奥行五二間　幅不明
（京都府　測量）

一の舟入の現況　奥行　九二メートル
幅狭い所　一〇・五メートル
幅広い所　一二メートル
R部　一八・五メートル

舟入の大きさは年代及び測量の方法で異なるようで、これは他のすべての舟入にも共通する点である。そもそも舟入のかたちが創業の頃は、川から長四角に切り込んだ入江であったし、その沿岸も水辺になだれ込むかたちであったろう（断面図・図19）。後年になって追々、岸壁も整備されて、板囲いから石垣へと改良されるにつれて、舟入の形も整い、ことに入口は、上下する舟の出入りをしやすくするためと、また土砂の流入を防ぐために、上流側で岬が出張ったように入口をせばめ、且つ、下流に向かって丸みをもたせて開口するかたちに作り上げてきた。このように時代を経て完成された舟入は、変形の水面であり、その奥行や幅は時代によって異なり、また測量の方法で数値も変ってくる。

図19　水路断面図（旧態）

②二の舟入(一の舟入町南端)

幻の舟入とでも言いたいような舟入で、寛永初年の京都図屛風(南波家蔵)に初出するが一旦消えて、貞享三年(一六八六)図に描かれ、後は、元禄年図に現れて、宝永二年(一七〇五)には姿を消しているので、一二年ないし一六年間の短い存在であった。おそらく長州藩邸の整備完成とともに、この船入と浜は邸内地として包括されたのであろう。

この舟入は、現在の新ハマムラ辺りにあたり、舟入の北側は、道路をはさんで長州藩邸であったし、南側も同じく下屋敷であった。

古図によれば、舟入の北側道路の東端は、高瀬川で、橋が架かっていた。その位置はかつて問題になり、撤去された新ハマムラのガレージ橋のあった辺りである。二の舟入の規模は不明である。

③三の舟入(下丸屋町)

現在の御池下ル下丸屋町西岸北方のガレージの北側半分辺りになる。一帯は古くは鍋屋町と言い、橋の名も明治年間までは「鍋屋橋」といった(町名等の由来は八木家図に見る鍋屋次郎右衛門によるか)。なお橋名は、数年前までは「丸屋橋」であったが、近年架けかえとともに「上車屋橋」と変った。

三の舟入は、昔は松平加賀守屋敷の下手にあり、俗に薬罐堀と呼ばれていたという(『緑紅叢書』)。三の舟入は寛永の始めから、明治二〇年代まであり、その規模は次の通りである。

寛永の頃　奥行三九間(七七メートル)

　　幅　　　八間(一六メートル)

安永の頃　奥行四五間(八九メートル)

④四の舟入(ゑびす町)

二条から南下した高瀬川が、姉小路橋の南でやや西へ一五メートルほど振って流れ、その下手に架かる橋が恵比須橋である。

この橋の上手(北)、西側一帯が四の舟入と浜の跡で、浜の北側は姉小路通になる。舟入の西側は朝日ビルに接するほどであった。

一方、三条通に面した、有名な池田屋の裏手に当たる方にも、この舟入の南側の浜があった。一帯は、河原町通を含めて恵美須町で、三条下ルの大黒町と対照的である。

四の舟入の規模

寛永の頃　　奥行三六間半　　幅一三間
安永の頃　　奥行四五間
寛政の頃　　奥行三五間　　幅三間一尺

という大きさである。

八木家図以来、この舟入は最も古いものであるが、高瀬川の流れが、この舟入から上流に向かって、鴨川に近づくように曲がってからさかのぼっているのは、何故だろうか考えてみよう。

八木家図の発生時の高瀬川は、その西岸は河原町通から四〇メートルぐらいのところであった。

四の舟入のかたちをととのえ、川岸の整備をし、広すぎる高瀬川の幅を二条まで一定のものに整備してゆく過程で、四の舟入以北の沿岸は、東へと進出し、川筋も東へ寄って掘られた。

八木家図の上貼りの舟入図と北へ伸びる川筋の様子が、この曲がり発生の謎を解き明かしてくれている。ちなみに現在のこの辺りの高瀬川西岸（姉小路辺り）は、河原町通から東へ一二〇メートルになっている。四の舟入の終末も三と同じく明治二〇年代である（二四年埋立て）。現在、この東岸には三の舟入跡という標石が立っている。

なお、文久三年（一八六三）、または慶応四年（明治元年＝一八六八）の京都図には、当時、岩国藩邸が、四の舟入北方対馬藩邸の傍らにできたために、製版の都合から、この舟入の部分が、埋木《うめき》、改刻されて岩国藩邸となっている。よってたまたまこれらの図を見た人は、有名な池田屋事変のさいに、背景としてのこの舟入の存在を否定するおそれもある。もっとも新選組に追われた志士が、高瀬舟に飛び乗って、川中へ漕ぎ出して、逃げ去るが如き描写をされるのも困りものであるけれど、時代考証の難しい点であろう。かの池田屋事変のときに、北村善吉（姫路藩士）が池田屋裏から川辺へ逃れ、舟入へひそんで助かったというが、おそらく四の舟入に繋留されていた舟の陰にでもかくれていたのであろう。

⑤五の舟入（大黒町）

三条小橋の南にあるのが大黒橋で、河原町から東へ、鴨川へ抜ける道に架かり、橋の下手には、車が河中を横断する車道《くるまみち》があった（車道は東へ通じ、鴨川の三条大橋の下流も水中を渡っていた。重い荷車で木製の橋梁をいためないためである）。

大黒橋の西南方にあたり、次の南大黒橋（松竹橋）の西方に建つ元京劇の辺りにあった舟入で、付近には材

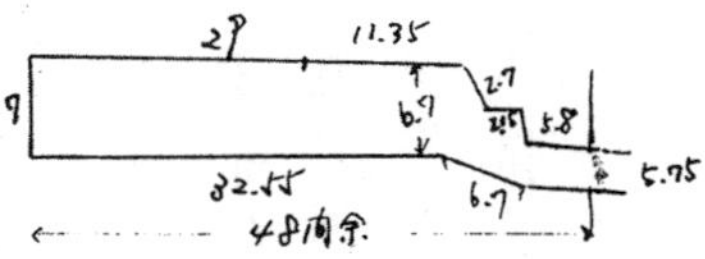

図20　五の舟入（明治39年）

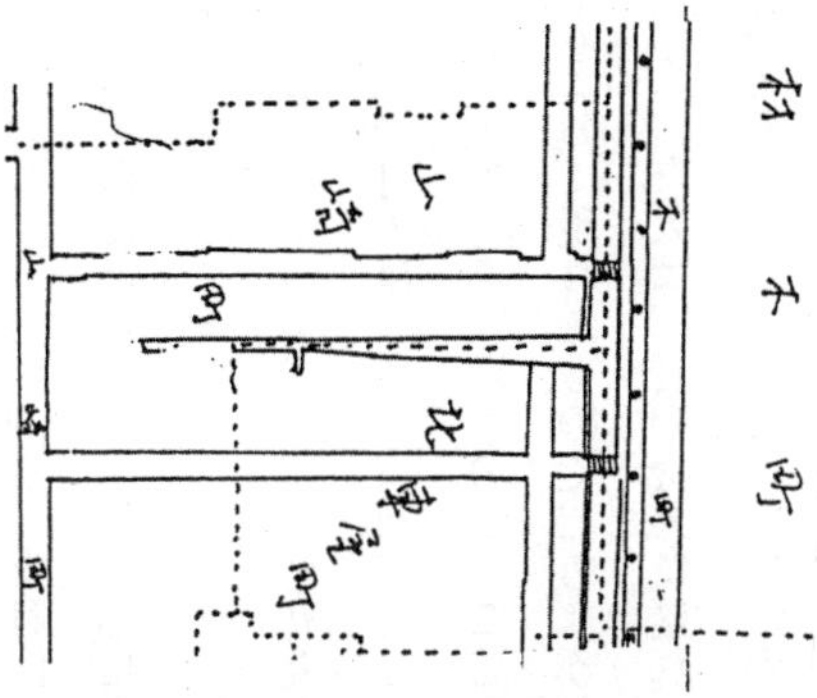

図21　六の舟入（大正元年）

木問屋も多かった。

舟入一帯は大黒町であるが、高瀬川の東岸は、瑞泉寺から車道までは石屋町で、その南は市営駐車場の北まで材木町である。

五の舟入を一名「古溜池」と言い、次の六の舟入を「新溜池」と称したのは、双方ともに、木材の貯留と関係があったためであろう（『東高瀬全部実測図』）。

五の舟入の規模

寛永の頃　奥行三六間　幅七間
安永年間　奥行四八間　幅七間
寛政年間　奥行四八間余
明治三九年　奥行四八間余　幅三〜七間
明治四二年　奥行五二間　幅凡《およ》そ七間

付近の町名の示す如く、一帯は建設資材一般の集積地であり、また、それを諸方に転送する車屋（牛馬力の荷車による運送業者）の蝟集《いしゅう》した地域に、この五の舟入と、次の六の舟入が早くからつくられていた。

両舟入ともに、大正の末期まであった。

⑥六の舟入（山崎町）

傍らに彦根藩邸跡を示す石標の立つ山崎町橋と、下手の（上）車屋町橋とのちょうど中間点、保科医院とその南側のビルあたりに、六の舟入の開口部があった。

彦根藩邸は船入の上手、山崎町の通りを隔てて北側にあった。ここは、高瀬川沿いの藩邸としては新しい方である。

文化三年(一八〇六)に烏丸丸太町から移ってきたという。それ以前は京極若狭守邸である。

六の舟入は、古い資料によると、当初からあったように描かれている。ということは、一旦は計画上、舟入予定地であったものが、この地区の利用者によって、変更となり、陸地として活用されていたが、再び舟入として現れたもので、ちょうど二の舟入と反対の経過をたどったもののようである。

六の舟入は、五の舟入に遅れること一〇年余り、承応・明暦(一六五三〜七)頃に現れるが、傍らの山崎町橋を新溜池橋とも呼んでいたから、この舟入も新溜池と称し、五の舟入と同様に、材木の貯留池としての役目もかねていたのであろう。ただ、六の舟入は、遅れて町家の間に掘られたためであろうか、舟入沿いの浜地は一番狭いようである。

六の舟入の規模

安永年間　不明
寛政年間　不明
明治三九年　不明
明治四二年　奥行三五・四間(六四・四メートル)
中幅　四間(七メートル)
奥幅　二間(四メートル)

大正初年にいたって、大幅に縮小された形がみられる（図21）。

⑦七の舟入（備前島町）

蛸薬師橋の北西方にあたる七の舟入の跡には、かつて舟板塀に囲まれた、下間邸《しもずまてい》があり、川沿いの邸内には高瀬川の水が導かれ、座敷の廊下下を流れ、優雅な風情をかもしていた。その後、下間邸は、リバーサイド・テラスというビルになり、川沿いの地は、上流の山崎町・車屋町辺りの西木屋町が、先の大戦後、収公されて道路と化したのと同様に、官有地化したのであろう。邸内への導・排水路は、すでに無惨に埋められ、園池の跡も全く偲ばれなくなった。舟板塀に使われていた高瀬舟の舟板の一枚は、現在、旧市立立誠小学校入口右側の了以記念碑にはめこまれている（一二一頁の図53、筆者も一枚、下間仲能氏から頂いて大事に保存している）。

現在、木屋町通の市営駐車場の対岸にあった七の舟入の南には、蛸薬師通を含め、道幅七間（浜ともで約一四メートル）を隔てて、松平土佐守邸が、寛永以来幕末まであった。舟入のかたちは、初出の「寛永　中井家図」によると、西側が包丁の先のようなカーブを描いている。

この舟入もまた、幻の舟入と言いたいくらいで、寛永末年（一六四二）頃から始まり、元禄初年になくなるまで、おおよそ五〇年足らずの歴史である。

貞享四年版・元禄三年再版「京都古図」に見られるこの舟入も、元禄元年に始まり、同期末にいたる「京絵図」には全く見られぬところからすると、七の舟入はすでに貞享年間に埋立てられたかもしれない。

「宝永二年（一七〇五）洛中洛外絵図」（中井家）には、この舟入の場所は、「松平土佐守長屋」と記されて、

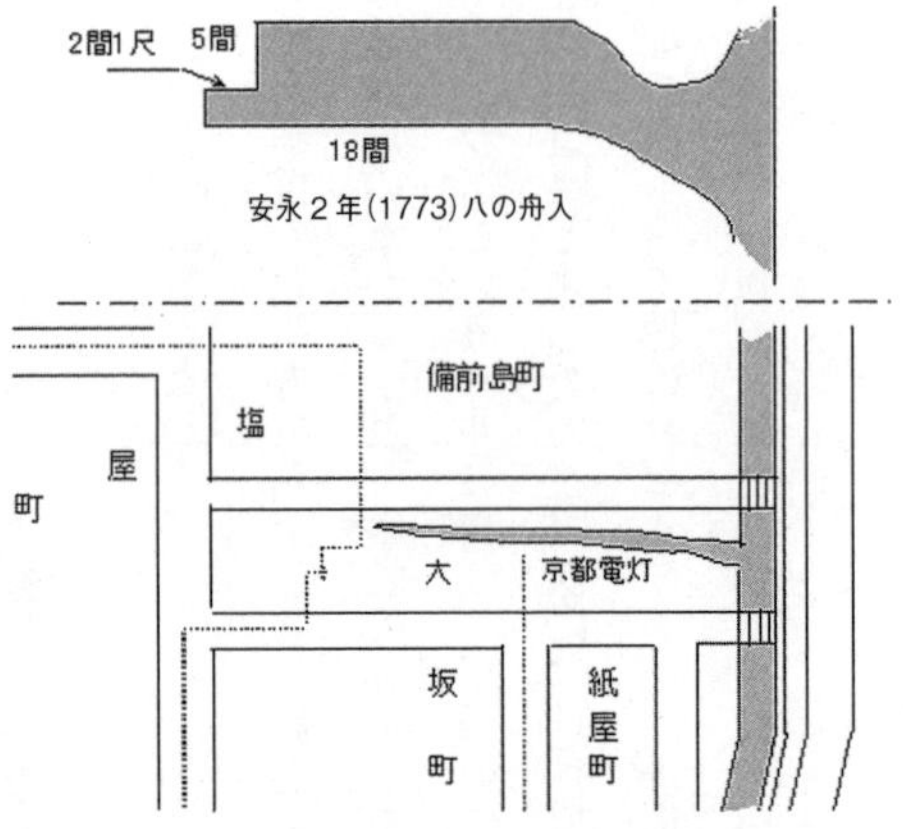

図22(右)　七の舟入
図23(左)　八の舟入

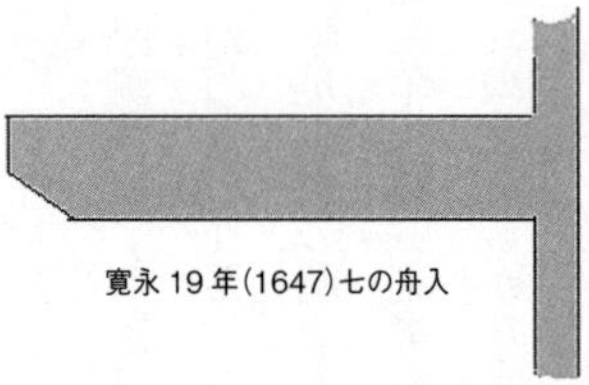

明らかに舟入の消滅を示している。

七の舟入の規模

寛永年間の規模　奥行三二間　幅七間

⑧八の舟入（備前島町南端・紙屋町および大阪町北部）

すでに統合のため、平成五年（一九九三）三月に、明治初年以来の歴史を閉じた、旧市立立誠小学校は今もその姿をとどめているが、その校庭の南端にあたる場所に八の舟入があった。

この舟入は比較的早く、明治の初年にはなくなって官有地となっていた。『京都電灯株式会社五〇年史』によれば、

「……備前島町第六百六十三番地の旧土佐屋敷跡の官有地三百七十九坪を三百二十八円八十銭一厘で京都府より払下げを受けた。

敷地を此処に選んだ理由は、高瀬川を通じて船溜りになっていた故に火力用の石炭運搬に便利であったことと、もう一つは市内の中心に当たっているので何より配電上都合が好かったからである」

と記している。

同社の現地への移転は、明治二二年(一八八九)三月二六日になされ、四月には発電所・煙突および用水井戸などの工事が始められた。

その最初の設計配電区域は、備前島町を中心とする周囲一里(一・六キロ)の祇園・先斗町・新京極方面に限られていた。

その当初は、一六燭光四〇〇灯用、一一〇ボルト直流発電機二基で発足したが、数年後の需要の著しい増加とともに、明治二六年からは疏水の水力発電が利用された機会に、高圧交流の配電へと変った。この当初の発電機の採用によって、東京はドイツの五〇サイクル、関西は、大阪・神戸・京都・名古屋がともにアメリカ製六〇サイクルの周波数の発電機を採用したことによって、一〇〇年余り経た現在も、東京と、名古屋以西とのサイクルの違いが伝承されているのである。

同年七月二一日に灯数二三四で営業が開始されたが、それに先立つ四月二二日から五月一〇日までの祇園歌舞練場の都踊りと、五月の東本願寺の上棟式に、移動発電機による電灯照明をおこなっている。

なお大正元年(一九一二)の地籍図には、地域北端に細い水路が残っているが、石炭荷揚用のものか、あるいは付近の町の生活用排水路であるかはわからない(図23)。

八の舟入の規模

寛永の頃　奥行三三間　幅八間

安永の頃　奥行二六間余　幅六間

八の舟入を、古く「二ノ舟入」と記す古地図がある(寛永一八年及び慶安五年再版『平安城東西南北町並乃図』)。

右の二図は、本来一の舟入を「一の舟入」とは明示していない。しかし右二図上には、「一の舟入」と「八の舟入」以外は描かれていない。

別の絵図（『東高瀬全部実測図』）には、八の舟入下手に架かる橋を「二ノ舟入橋」（別名、相生橋・紙屋橋）と記し、さらに下の九の舟入の上手に架かる橋を「一ノ舟入橋」（別名、十軒町橋・扇橋）と記すところからみると、四条通から数えて最初の真町の舟入（九の舟入）を一と称し、次の八の舟入を二と数えて行く唱え方もあったのであろう。先の二図においては、二・三・四・五・六・七・九の七つの舟入が無視されたような気がするが、筆者の考えでは、四の舟入りが最も古いと信じているので、両図ともに小図故に、舟入にあまり重点を置かなかったか、あるいは逐次舟入が揃ってゆく以前の姿を示しているのか、疑問が残るのみである。

⑨九の舟入（紙屋町・米屋町）

高瀬川の本流沿いに、二条から四条にいたる間に設けられた最南端の舟入である。紙屋町の南端から、米屋町の東部にまたがっており、真町の北端に接していた。

真橋（四条小橋一筋上ルところの橋）を西へ渡り、北側のコーヒー店横の露地を上がって行くと、大きな榎の木が家の側面から生えているが、この辺りから北側にあった舟入で、明治初年からせばめられて、舟廻しのようなかたちで大正年間まであった。この舟廻しと、付属の肥積み場の外側が、現在の真橋西と十軒町橋西を結ぶ川の西側の露地であり、三角形の舟廻しの名残りをとどめている。

九の舟入の規模

寛政年間　　奥行二四間　　幅三間
明治三九年　　奥行三間　　幅六間
明治四三年　　奥行三間　　幅一〇間

以上、九つの舟入の概観を見てきたけれど、先の『角倉文書』(三五〜七頁)の記す大の舟入三か所、小の舟入六か所とはいずれに当るのであろうか。寛政年間の図と安永年間の図、その他を参考に検討してみると、大は一・三・五であって、その他は小と見られる。

なお角倉家の計画通りであれば、九つの舟入が完備した姿で、古地図上に見られるものと期待して、永年古地図を眺め続けたが、二の舟入の発生(元禄以後)と七の舟入の消滅(貞享)によって、わずかの違いで九つの舟入の揃う姿が見られなかったのは、残念であった。

(4)舟廻しについて

前項で述べた九つの舟入の他、四条より下流の高瀬川には、船頭町(四条下ル)、天満町(高辻下ル)、西橋詰町(万寿寺下ル)、聖真子町(六軒町下ル)、梅湊町(正面上ル)などに舟廻しが設けられているのが、多くの図によってわかる。右の他、元文・寛保(一七三六〜四三)の頃の図上には、「七条河原町新地、宝永六年(一六二九)に建つ」と註記があって、七条通一丁上ル(八王寺町)に一つと、七条下ル(柳原町)に一か所の舟入が見える。これは当時の新地の造成・建設の必要上、一時的に設けられた舟入で、その他の図には見られない。

（5）舟廻しの位置と大きさ

◎船頭町（四条下ル）の舟廻し

船頭町の舟廻しは左記の角倉の抱地に接していた。『手扣』によると次のようにある。

一、高瀬四条下御抱地浜　東九条村へ
　小便揚場に貸す、東西四間半、幅九尺、
西当り角より南北七間、幅二間　右年
貢百姓壱軒役三文つゝ、
　　享保十一年午二月

船頭町の舟廻しの規模

安永年間	奥行四間	幅一間二尺
寛政年間	奥行四間	幅四間五尺
明治三九年	奥行三間余	幅二間余
明治四二年	奥行三間余	幅二間余

◎天満町（高辻下ル）の舟廻し

この舟廻しは、寛文一二年（一六七二）年図に初出し、安永年間には、奥行一九間（三七・四メートル）、幅四間（八メートル）というやや大きなものであったが、寛政以降小さくなった。

明治以降＝奥行二間半、間口四間半。場所は高辻橋下手西側であった。

◎万寿寺橋下手の舟廻し（この舟廻しは、元禄二年＝一六八九にできた）

数年前まで高瀬ホテルの建っていた場所で、現在はビルの敷地内と通路になっている。

舟廻しの大きさは、古くは、奥行五間余、幅九間、明治三九年＝奥行四間半、幅八間、明治四〇年＝奥行三間半、幅五間半と逐次縮小してゆく。

◎六軒町下ルの舟廻し(上ノ口上ル)

高瀬川絵図(寛政一三年)や洛中図(正徳四年以降)に見られる舟廻しで、奥行五間、幅九間一尺。

◎六条中ノ口(正面上ル)の舟廻し

右と同年代の舟廻しで、間口八間

◎七条上ルの舟廻し

享保一〇年(一七二五)の図にだけ見られる。規模不明。

◎七条下ルの舟廻し

正徳四年(一七一四)と、享保一〇年の図に認められる。規模不明。

(6)内浜について

内浜とは高瀬川の流路変更にともなう施設として、沿岸周辺部の開発のための舟入を原形に、逐次発展をとげた船入(水路)と浜を備えたもので、七条通の北側に位置し、お土居の中に構築された故に、(七条)内浜と呼ばれ、四条以北の舟入と較べても、最大の規模をもち、市内最南端の荷揚場であって、船溜りと貯木場の役目も果たして、明治末年まで存続した。内浜の名は、市電廃止時まで、七条河原町よりも内浜の方が停留所名として通っていた。

図24　内浜（明治末年／東南方向より）

内浜とは、間之町通から土手町通東入ルに及ぶ、二八〇メートルの長さと、幅七メートルほどの水面と、沿岸の浜地を含む地域の総称である。

内浜は慶安元年（一六四八）に建設が始まった（四〇頁）。

初めは、のちに完成する枳殻邸《きこくてい》の予定地内を通り、七条通高倉東側を流下していた高瀬川の本流から、西へ七条通北側沿いに、間之町通まで（堀詰町の名が残った）約一六〇メートルの舟入を掘り、枳殻邸と付近の町（東本願寺新寺内町）の建設用の資材を荷揚げするための浜を設けた（このとき、竹田街道の整備もおこなわれた）。

やがて枳殻邸とその周辺工事の進展とともに、高瀬川は同邸の園池の母体となり、水源に利用され、その本流はお土居とともに、東側に付け替えられた。邸内に残されたお土居は、築山などの景観造築に生かされた。

枳殻邸の予定区域から付け替えられた高瀬川の最初の水路は、聖真子町《しょうしんじ》（旧菊浜小学校辺り）から南へ直進して七条に導かれ、七条で直角に曲がって西進し、内浜の東端に接続された。その結果、内浜は旧水路から東へ、さらに一三〇メートルも伸びたかたちとなった。

やがて、鴨川原の七条以北の新地の開発に伴って、まず、正面通以南の本流は、さらに東へ移されて、七条通以南も直進し（この直進は、聖真子町以南の新本流ができてしばらくして直進したかも知れない）、そして右折して、塩小路北方三〇メートルの辺りで、旧水路に合流するかたちとなった。

このとき、七条通の内浜の東端に位置した本流からの流入口は塞《ふさ》がれて（この塞がれた時期と事実は、筆者の推論にすぎない)、以来、内浜への出入水路は、塩小路上ルの分岐点から北上する、かつての高瀬川の本流が利用されたわけである。

旧流路は蛇行しつつ、約二〇〇メートルの出入水路として残り、お土居を貫くところには、古くは門樋(水門)の如きものもあったようである(京都大学附属図書館蔵『高瀬川筋五条門樋より八条領境迄絵図』正徳三年六月)。

内浜とそれへの進入路については、定説によると、五条から南下して塩小路にいたる本流から分岐して、内浜にいたる進入路と内浜が作られたということになっているが、高瀬川の現水路六条~七条間の計画的とも見える一直線の水路と、対照的に蛇行を描く内浜への進入路を見比べて、いずれが古いかという疑問が常にあったのとともに、内浜そのものの異常な長さに不思議さを覚えていたが、四〇頁以降に述べた水路の変遷と、ここの記述によって、読者も納得して頂けたものと思う(なお本考証について深く研究されたい向きは、『古地図研究』九二・九四・九五・九七・九八号掲載の拙論「近世初期の洛中絵図についての考察一~五」をご参照下さい)。

さて内浜周辺は追々発展し、沿岸には材木商・薪炭商などが進出し、倉庫なども多く建てられた。とくに薪炭商は七条郷と称し(高瀬沿岸、五条以南地区)、二条郷(同上二条~四条)、松原郷(同上四条~五条)とともに三郷薪屋仲間を結成し(享保四年＝一七一九頃成立)、明治一七年(一八八四)四月からは、京都薪炭商三郷組合として、京都府知事の認可を得て営業を続けた。

内浜周辺の地区には、初め「木屋町」、のちに「材木町」「納屋町」などの町名が現在まで続いている。

内浜は明治の末年に、七条大宮と東大路を結ぶ七条通の拡張(北側)と、市電の新線開通とが計画された結果、埋められた。現在の間之町通以東の七条通北側の歩道と、土手町通以東の児童公園になっているところが、だいたい内浜の水面の跡である。

なお塩小路から内浜に通じる進入水路は、大正の末年に埋められて道路となった。現在、七条河原町交叉点のすぐ西南に、七条通から塩小路にいたる細い道路として、川筋であった頃そのままのカーブを描いて残っている。

内浜は、諸地図に描かれてはいるが、その実体を示す図はほとんどない。幸いにして近隣に住む筆者が、法務局下京支所(今はない)で土地台帳の付図を閲覧中に、内浜の実測図を発見し、コピーに持ち出すこともかなわず筆写を許されて写したのが図25―①である。文書は廃棄処分前のきわどい時期であった。

②図は京都鉄道友の会会長の故大西友三郎氏から頂いた写真(原本は京都府立総合資料館蔵)に基づくもので、両図を見比べると、七条通など、道路拡張前後の内浜周辺の変化を知ることができる。

③図は「大正元年地籍図」中に見られる内浜であるが、事実上、内浜は消滅しており、明治末年までの景観といえよう。

①図による内浜の長さ二七一メートル

〃　〃　幅平均六・六メートル

②図による内浜の長さ二七二メートル

〃　〃　幅平均六・八メートル

④図は一九九九年に発見された地籍図(下京区役所蔵)に見られる内浜である。

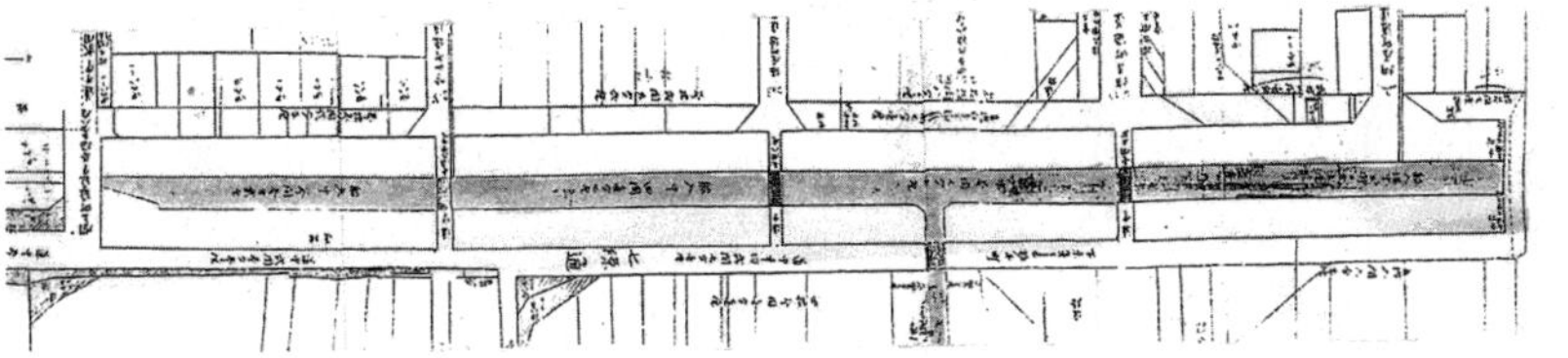

①

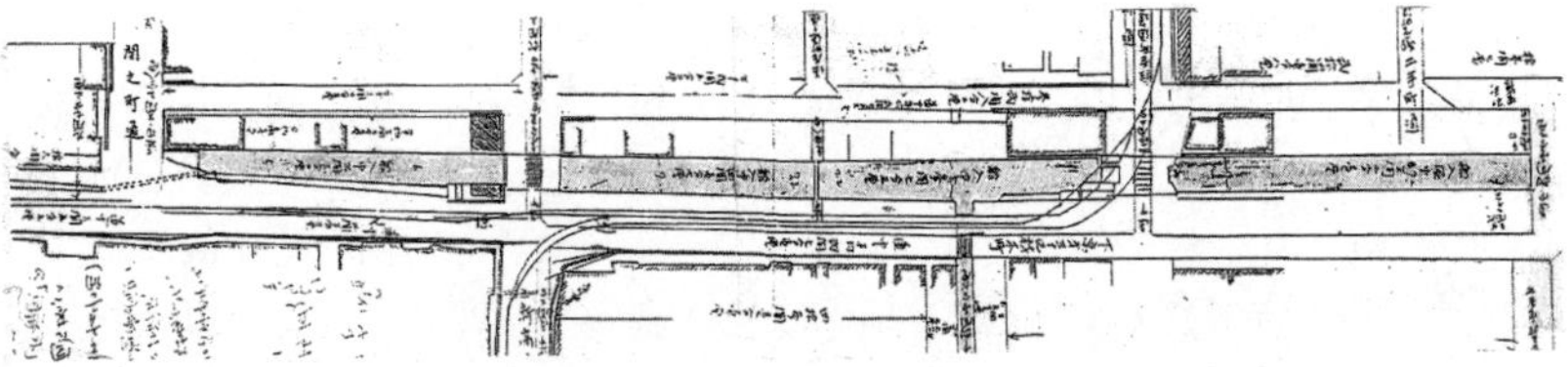

②

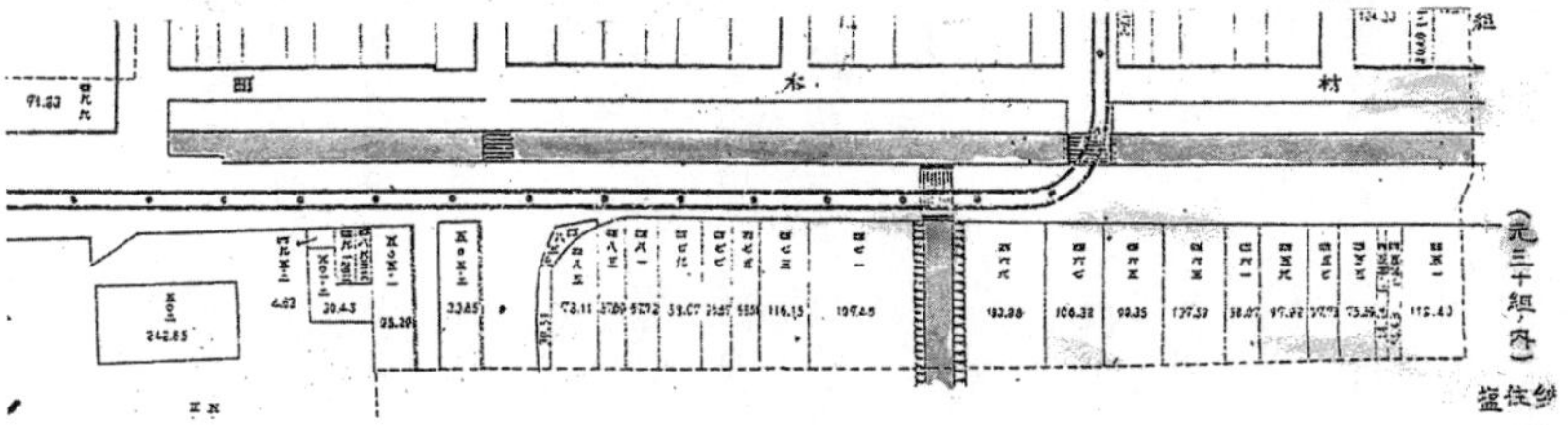

③

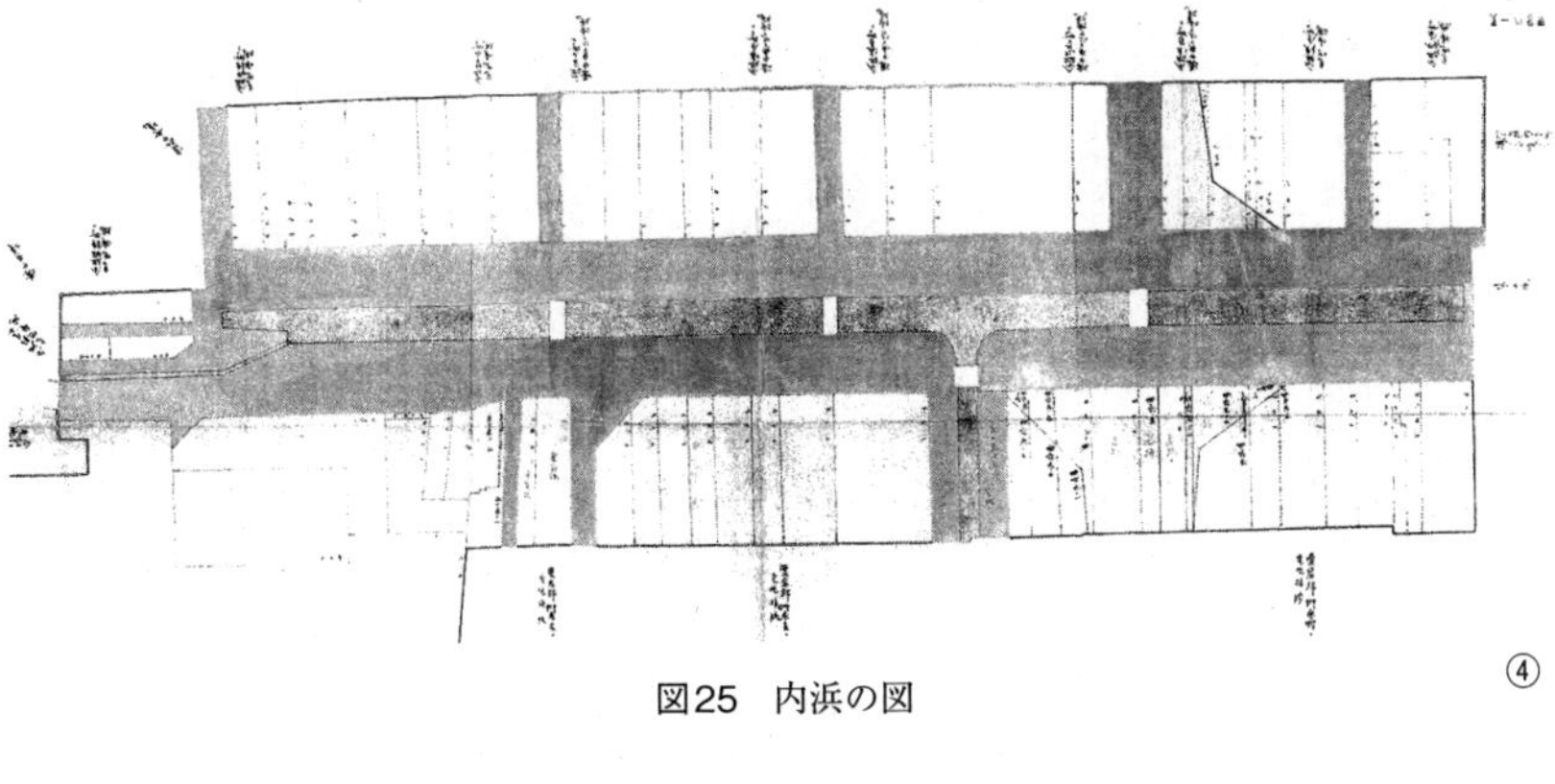

④

図25　内浜の図

七　高瀬川の橋

昔、高瀬舟が上《のぼ》り下《くだ》りしていた時分は、高瀬川に架かる橋は、橋桁がみな水面よりかなり高い所にあった。そのために道路が橋に向かって上り坂になっているか、または階段を上下して橋を渡るようになっていた。ちょうど今の歩道橋のようであった。これはもちろん高瀬舟にうず高く積まれた荷物が、橋桁《はしげた》に当らないようにする工夫であった。そして船を曳いて上る船頭・曳き子たちが、くぐりやすいように、橋の下や川岸の河中には、石で畳んだ船頭道（綱道）がつけられていた（今も、三条上流東岸や五条下ル西岸に見られる）。

メインストリートにある橋は、昔から階段を避けて、長い坂道がついた橋を渡る工夫がされていた。後年、市電が通るようになっても旧来の勾配が残り、なお道路・橋梁の改修・拡幅などの後も、三条・四条・七条の各大・小橋にその面影を残している（五条には最初から小橋はなく、明治にいたるまで、大橋が鴨川と高瀬川を一緒にまたいでいた）。

・車《くるま》道《みち》

高瀬川に架かっている多くの橋が、階段を上《あ》がり下《お》りして渡らねばならないということは、徒歩以外の者にとって、大層便利の悪いものであった。従って、牛馬車・荷車などが川を横断するための車道（河岸から川と直角に、たらたら坂を川へ踏み込んで、水中を横断して対岸へ上がる道）が、姉小路（生洲橋下手）、大黒町（車橋下手）、松原橋下手、竹田一本橋の北側（竹田街道）、丹波橋の南側などに設けられていた（鴨川三条大橋他ももちろん、荷車などの通行は許されず、下手の川中を渡るようになっていた）。

古記録によると、二条から三栖浜までの橋の数は五〇数か所ある。そのうち、

公儀より掛かる橋　二か所
松平加賀守より掛かる橋　二か所
松平大膳大夫より掛かる橋　二か所
松平土佐守より掛かる橋　一か所
東本願寺より掛かる橋　一か所
角倉与一より掛かる橋　二三か所
百姓よりより掛かる橋　二一か所

とそれぞれ架け替え費用の負担者が決まっていた。

図26　創業当時の京都電灯(株)(60頁参照)

現在になって、高瀬川の橋は、船の往来の停止、老朽による架け替え、道路改修による架け替えに加わるに、近年の河川整備による総合的な改修で、とくに二条~四条間は全く面目を一新してしまった。なお河岸・道路などの整備は、平成一〇年七月現在、さらに四条以南に向かって進行中である。

しかし、まず記録によって、橋の歴史をさぐってみよう(表2)。

(1)古記録による高瀬川の橋

寛政一三年『高瀬川絵図』及び『手扣』(大塚文書、この文書については二二一頁以下で述べる)により、橋を順に調べてみよう。

表2　高瀬川の橋名と位置

No.	橋名『寛政図』	・同『手扣』	所属	所　在　地
1	無名	・樋ノ口南北橋	町方	樋ノ口西、木屋町通りに架かる
2	無名	・樋ノ口東西橋	角倉	川頭、車道の下、一の舟入北側
3	長門橋	・長州屋敷北通橋	町方	一の舟入南側「押小路橋」
4	塗師屋橋	・同上	町方	長州藩邸南「御池橋」
5	加賀橋	・同上	加州	加賀藩邸入口、三の舟入北側
6	鍋屋橋	・鍋屋町橋	町方	下丸屋町「丸屋橋」
7	生洲橋	・同上	町方	対州藩邸南「姉小路橋」
8	納屋橋	・納屋町浜地南側橋	町方	四の舟入下恵美須町「恵比須橋」
9	三条小橋	・同上	公儀	三条通り
10	車橋	・車道橋	町方	大黒町東「大黒橋」
11	古溜池橋	・古溜池南側橋	町方	五の舟入下「材木町橋」
12	新溜池橋	・新溜池北側橋	町方	山崎町東「山崎町橋」
13	上車屋町橋	・新溜池南側橋	町方	北車屋町東「車屋町橋」
14	下車屋町橋	―	―	「南車屋町橋」
15	土佐橋	・蛸薬師辻子橋	町方	下樵木町西、土州邸上、「蛸薬師橋」
16	土佐橋	・同上	土州	土州藩邸下
17	二の舟入橋	・二の船入南側橋	町方	紙屋町東「紙屋橋」「相生橋」
18	一の舟入橋	・一の船入北側橋	町方	米屋町「扇橋」「十軒町橋」
19	四条小橋	・同上	角倉	四条通
20	善四郎橋	・同上	町方	船頭町東「おせき橋」
	―	・下川口橋	町方	団栗取水口南北に架る「菱橋」
21	鳥羽屋橋	・同上	町方	天王町上、鳥羽嘉材本店「綾小路橋」
22	仏光寺通橋	・谷屋辻子橋	町方	仏光寺通り
23	高辻橋	・同上	町方	高辻通「藪の下橋」
24	松原橋	・松原通橋	町方	松原通
25	万寿寺橋	・万寿寺通橋	町方	万寿寺通
26	五条大橋	・同上	公儀	五条通

27	門樋橋	・同上	町方	五条下ル「榎橋」
28	早瀬橋	・──		南京極町、市之町「六軒町橋」
29	上ノ口橋	・六条上ノ口橋	町方	上の口通
30	中ノ口橋	・六条中ノ口橋	東本願寺	大仏正面通
31	七条橋	・七条通橋	町方	七条通
32	六条上ノ橋	・枝橋	六条村	柳原荘に通ず「吾妻橋」
33	久作橋	・同上	六条村	六条村・柳原荘に通ず
34	用助橋	・同上	塩小路村	塩小路村東
35	権左衛門橋	・同上	角倉	東九条・九条間
36	観音橋	・同上	角倉	九条通橋
	──	・新橋	田中伝兵衛	鴨川横断点上手
37	門樋橋	・宿門樋橋	角倉	鴨川横断下流取入口
38	百合橋	・同上	角倉	十条通
39	新稲荷橋	・農業橋	村方	稲荷新道
40	稲荷橋	・同上	角倉	稲荷参道、深草川久保町
41	一本橋	・同上	角倉	竹田街道、車道沿い
42	井出橋	・同上	角倉	山川上「竹田出橋」
43	車橋	・同上	角倉	竹田村東
44	長左衛門橋	・同上	角倉	城南宮分れ西北方
45	枝橋	・同上(野田橋)	角倉	七瀬川合流点北方
46	丹波橋	・同上	角倉	付替下手「藁屋橋」
47	久右衛門橋	・同上	角倉	景勝町西
48	用人橋	・同上	角倉	
49	三雲橋	・同上	角倉	
50	坪井橋	・同上	角倉	
51	大信寺橋	・同上	角倉	西大文字町、大信寺西
52	弥左衛門橋	・同上	角倉	府道伏見高槻線、新高瀬川「高瀬橋」
53	高瀬川口橋	・高瀬橋	角倉	三栖半町「角倉橋」

注：橋の数は先に記した、所管主の扱い数と若干差がある。これらの橋も、今や往年の姿をとどめるものはほとんどないし、全く消滅したものもある。その詳細は第4章で述べる。

(2)木屋町線の開通と橋

我が国最初の電車路線は、明治二八年(一八九五)二月に仮開業した京都電気鉄道株式会社の伏見線で、翌年二月一日から、東洞院通塩小路南入、東海道線(旧)踏切南側と、伏見油掛間の約六キロの区間で営業が開始された。現在、京都駅前ルネッサンスビル北東隅に、八〇周年を記念して、昭和五〇年(一九七五)二月一日に建てられた「電気鉄道発祥の地」の碑がある。

次で四月一日から開催の第四回内国勧業博覧会会場へ向けての路線が、京都駅前から間之町通を経て、木屋町五条から二条まで上がり、鴨川を東へ渡り疏水に沿って南禅寺前の水力発電所まで通じて、博覧会の初日に合わせて開業した。

図27　電車と高瀬川
(三条上ル付近/故大西友三郎氏提供)

明治三四年には、間之町通(七条)と上珠数屋町をへて河原町にいたる間の経路は廃止され、七条通から河原町通を北上した。木屋町線は二条~四条間が大正一五年(一九二六)に廃止され(河原町線へ)、四条~七条間が昭和二年に廃止された。

従って、木屋町を走る京電と高瀬舟とが並行して見られた期間は、明治二八年四月一日に始まって、舟運の終わった大正九年六月までの、二五年二か月という四半世紀に及ぶ長い期間であった。

木屋町通に電車が通っていた当時、五条までの高瀬川に架かる橋は左の通りであった(〇印は、電車開通時に新規に架橋し直されたもの)。

図28　三条下ルの松竹橋より蛸薬師橋までの旧観
（昭和52年＝1977／故大西友三郎氏撮影）

明治末年の電車複線化のときに、川幅がせばめられ河岸の石垣も積み直され、高瀬川に架かる橋も架け替えされたものが多い。

電車開通時の橋	規模(幅)
押小路橋	一・六間(二・九メートル)
御池橋	二・〇間(三・六メートル)
丸屋橋	一・三間(二・四メートル)
姉小路橋	二・二間(四・〇メートル)
恵比須橋	一・五間(二・七メートル)
三条小橋	三・八間(六・九メートル)
○大黒橋	一・五間
○材木町橋	一・二間(二・二メートル)
○山崎橋	一・三間
○車屋町橋	一・二間
○南車屋町橋	一・二間
○蛸薬師橋	一・〇間(一・八メートル)
○共楽館橋	一・二間
○紙屋橋	一・二間
○十軒町橋	一・二間

○四条小橋　三・四間（六・二メートル）
○於石橋　一・五間
○綾小路橋　一・〇間
　松原橋　二・六間（四・七メートル）
○万寿寺橋　一・二間
　五条小橋　七・五間（一三・六メートル）

当時、五条以南は、電車が河原町通（下寺町と称した）へ通じた。五条小橋は電車軌道も含めており幅が広かった（一五五頁の図75）[17]。

今日残る（ごくわずかになった）橋の様子を見ると、四条以南の橋はコンクリート製である。太平洋戦争のときに、鉄材を取り外されたためである。

丸屋橋、車屋町橋・蛸薬師橋・共楽館橋・紙屋橋・十軒町橋などは、電車軌道が取れてから架け替えられた橋で、昭和の末年まで旧観を残していたが、平成六年三月頃までの間に、いずれも架け替えられて、近代的な橋になった。

従来、恵比須橋・七条小橋などは、右の一連の橋より古そうであったが、恵比須橋は平成二年三月に、七条小橋は同六年に大々的な改修工事がなされた。

（1）嵐山大悲閣千光寺に建つ「了以翁碑」の抜粋

丙午（慶長一一年）ノ春三月、了以初メテ大井河ヲ浚シ、其ノ有ル所ノ大石ハ轆轤《ろくろ》索ヲ以テ之ヲ牽《ひ》ク、石ノ水中ニ在ルハ浮楼《ふろう》ヲ構エ鉄棒ノ鋭頭長サ三尺周り三尺柄ノ長サ二丈許《ばか》リナルヲ以テ縄《つな》ヲ繋ゲ数十余人ヲシテ扛ヲ挽《ひき》キテ径ニ之ヲ投下セシム、石悉《ことごと》ク砕散ス。石ノ水面ニ出ズルハ則チ烈火《れっか》ニテ焼砕ス。河ノ広クシテ浅キ者ハ石ヲ帖《じょう》シテ其河ヲ狭ウシ、其水深ヲ深ウス、又瀑《ばく》有ル所ノ者ハ其上ヲ鑿《うが》ツテ下流ト之ヲ準平ニス。秋八月ニ逮《およ》ンデ役功成ル

（2）富士川は日本三大急流（最上川、球磨川と共）の一つで、長野・山梨・静岡の三県にまたがり、フォッサマグナ地帯を南流する川で、全長一二八キロの大河である。一般には、釜無川・笛吹川の合流する甲府盆地南端の鰍沢付近から、河口の岩淵まで、約六七キロを富士川と呼ぶ。

（3）

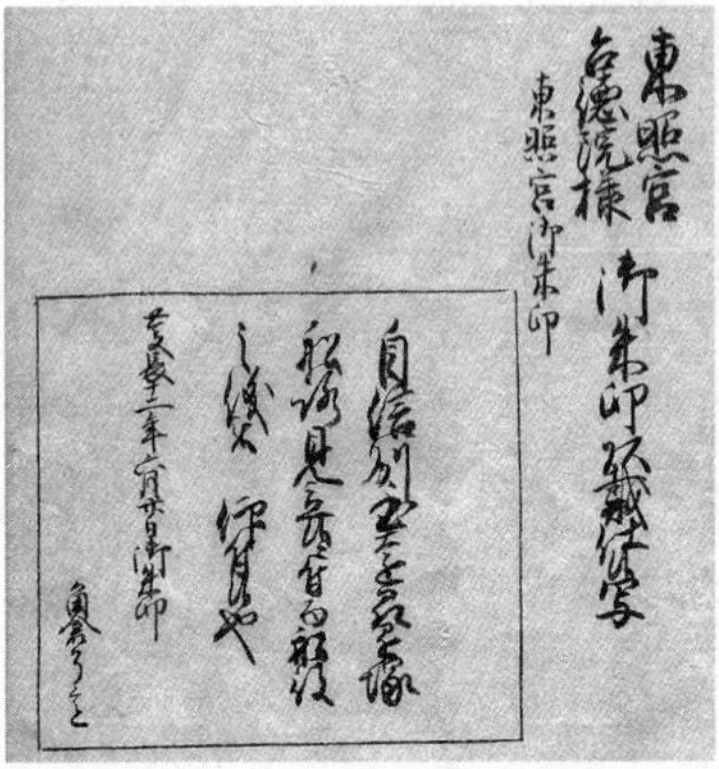

東　照　宮
台徳院様　御朱印頂戴仕り候写し
東照宮御朱印

信州より遠州かけづかに至る
船路をみたて候に付て船役
の儀おおせつけられ候也
慶長十二年六月二十日　御朱印
角倉了意

（4）「日本中の高瀬川」
青森県下北郡　小川原湖から太平洋に注ぐ
山形県下にも二つある
福島県相馬郡　太平洋に注ぐ請戸川の支流

長野県北安曇郡　北アルプスから犀川支流
奈良県高峯山桜峠に発し、大和川に合流
香川県三豊郡高瀬から瀬戸内海へ注ぐ
大分県誠和町辺り、筑後川の支流
熊本県菊池川の支流
などで、まだまだあると思われる。

（5）東山大仏殿（方広寺）は豊臣秀吉により、天正一五年（一五八七）に着手され、文禄四年（一五九五）に完成した。広大な敷地に立つお堂の高さ二〇丈（六〇・六メートル）仏像の高さ一六丈（四八・五メートル）という、最初にして最後の広大な大仏殿であった。
　木造漆喰塗彩色のこの大仏は、慶長元年（一五九六）閏七月三日夜、子の刻の大地震で崩壊した。やがて、その再建修理も叶わぬままに慶長三年八月一八日に秀吉は伏見城で没した。慶長七年、淀君の命令で再建を図った金仏の鋳造も失敗して、大仏殿の残っていた建物も燃えてしまった。

（6）嵐山大悲閣千光寺に建つ「了以翁碑」中に、「方ニ是ノ時ニアタッテ（慶長一三年）大仏殿ヲ洛東ニ営ム。大木巨材甚ダ挽牽《ばんけん》ヲ労ス。了以河ニ循《したが》テ之ヲ運セント請《こ》ウ。乃チ之ヲ聴ス。是ニ於テ伏見ノ里ヨリ之ヲ河ニ浮ベテ泝《さかのぼ》リテ挈《ひき》ヌ、了以伏見ノ地大仏殿ノ基ヨリ卑《ひく》キコト六丈（一八・一メートル）バカリナルヲ見テ即チ其ノ高キヲ壊《こぼ》チ堤ト為シ、卑《ひく》キ処若《あるい》ハ河ノ曲レル処ニ於テ轆轤ヲ置キテ引キ起シ復々水ニ浮ブ、水ノ平ナルコト地ノ如シ。是ヨリ先キ許ヲ呼ビ邪ヲ呼ブ者五丁之ヲ憂フ、万牛之ヲ難ズ。是ニ於テ水運力ヲ労セズ不日ニ材木悉《ことごと》ク達ス。人皆之ヲ奇トス」とある。

（7）『子元行状記』抜粋（堀杏庵撰／巌昭建之）
　時に大仏殿を洛東に営み、人皆巨材を陸挽《おかびき》するに艱む。公進んで曰く、我が力以て致すべしと、時人之を疑ふ。然して監司之を聴く、乃ち伏見河より洛東に至り、泝りて渠を掘り、水を通じ、地勢の高下を相して水閘を増修し時を以て啓閉して、蓄洩に便するもの凡そ十有余所、竜車を懸け、轆轤を転じ、水をして顙《そう》を過ぎしむ。大木棟梁泛ぶに荄梗《かいこう》の如く日ならずして運漕し、見る者其の智術に服す。

(8)（了以碑の文中）「一六年、了以舟ヲ鴨河ニ行ランコトヲ請ウ、……、因テ伏見ヨリ漕艇シテ上流ニ遡リ二条ニ達ス」

（子元板碑中）「是より淤浅（浅いぬかるみ）を疏して洛陽鴨川に達し、筏を浮かべ舟を行る。……是を角蔵川と曰ふ」

(9)『駿府記』

角倉与一京都より来り申し云う、大仏殿漸く出来、瓦を上ぐ云々、淀鳥羽の船、直ちに三条橋下に至る。是与一父了意（以）河を決し流を堪えて之を為す、禁中御造営の材木之を運ぶ云々

(10) 已上　御礼拝見候、如仰《おおせのごとく》先刻卒爾《そつじ》参候大御酒被下給《くだされたまい》　実忝《じつにかたじけな》く存《ぞんじ》候、随而《したがって》角蔵了以川舟作従三条大坂へ上下之事、天下御静謐故別而目出度存候、加様之儀、如何程も繁昌仕候へかしと存計候、猶口上に申達候、恐惶《きょうこう》謹言

六月二日　且（花押）

切封　板伊賀守様　御報　片市正より

（年代不詳）

(11) 三条小橋の擬宝珠。『京都古銘聚記』（川勝政太郎・佐々木利三著）『大日本金石史　三』（木崎愛吉編）等によると、「天正一九暦辛卯三条西小橋十一月吉日」と刻まれた小橋の擬宝珠は、明治一五年（一八八二）一一月までは、小橋の欄干に備わっていたが、同年一二月に京都御苑内、高倉橋に備え付けられた。同四三年末の高倉橋改築の時に取りはずされて、内匠寮倉庫に入れられていたとある。今は、全く行方不明である。

(12) 用水路から高瀬川へ。三〇頁以降に述べた内容は、一応想像論を交えてはいるが、五条以南の高瀬川のもと

もとの姿は、農村の用水路であったということを示す古文書は、何種類も残されているし、またのちに開発された高瀬川には、鴨川運河で使用された、竜車も轆轤も影をひそめたという点で、舟の運遭法について、全く発想の転換がなされたということが明らかである。

(13)

地点・水準		区間距離	区間勾配
二条	四一・〇メートル	四〇〇メートル	一万分の二五
三条	四〇・〇メートル	五六九メートル	一万分の三三
四条	三八・一メートル	九六四メートル	一万分の一九
五条	三六・三メートル	七八五メートル	一万分の六三
七条	三一・三メートル	直進一四〇〇メートル	一万分の五二
		流路二一一九メートル	一万分の三四
鴨川	二四・〇メートル	五〇〇〇メートル	一万分の二〇
伏見	一四・〇メートル		

〈参考〉

二条〜鴨川の勾配	一万分の三五
二条〜伏見間全流路の勾配	一万分の二六

(14) 七瀬川。豊臣秀吉は、文禄二年（一五九四）、伏見城（指月森）の城下町建設にあたり、七瀬川の流れを曲折させて、総外堀とし、城下町を囲ませた。

七瀬川と高瀬川の合流点、加賀・前田利家の下屋敷付近は、低湿地で常に水が氾濫し、住居や農耕に適さなかった。

(15)『角倉文書』による高瀬川の規模の記録中、注目すべき点のその①は川幅で、川幅と川の延長の相乗で、河川敷の坪数と、産米の計算をしている点である。

その②は舟入数が大小九か所で、この点は後に考察する。

その③は、五条~丹波橋間に、鴨川の落合(横断)距離(四八一メートル)を示し、その区間の産米を省いている点。

その④は、丹波橋(この地名については後述)~淀川(正しくは宇治川)間の川敷の産米に対する年貢が免ぜられている点で、明らかに伏見城下の外堀が高瀬川に利用されていたことを示している。

(16) 丹波橋。竹田狩賀町で七瀬川と合流し、藁屋町で府道伏見向日町線(桃山最上町に発し、竹田から赤池を経て、久我橋を渡り東土川から向日市にいたる)の下をくぐり、直角に西進し、一二〇メートルほどで南へ向き、新高瀬川となって淀川に流下する高瀬川であるが、右の伏見向日町線に架かる橋を、古絵図では丹波橋と称し、竹田と伏見の境界としている。正しくは、下流四五〇メートルにある(現在、西丹波橋が用人橋と三雲橋の間に架かる)のが丹波橋通に続く道筋である。高瀬川の昔からの丹波橋はバイパス工事により昭和四九年になくなり、今は復元された橋柱だけが道路上に残る。

(17) 二条大橋。鴨川の二条大橋も、昔は民費による木橋が架かっていたのを、明治時代に府から市費となり、明治四五年に架け替えられた。長さ六三間七分(一一六メートル)、幅七間四分(一三・五メートル)となり、中央に軌道を敷き、電車を通した。

第四章　高瀬川を歩く

いま、木屋町通二条に始まる高瀬川であるが、その水源は、一一～二頁に述べた通り、一条通の鴨川右岸からきている。ここで取水された源流は、鴨川右岸の緑地帯、鴨川公園の地下を一〇〇〇メートル余り流下する。鴨川公園でジョキングをし、テニスやゲートボールに興ずる人たちも、足元を高瀬川になる水が、ひそかに流下しているのを知る人はほとんどいないであろう。

右の暗渠部分は丸太町橋下手の松菊園ホテル東方で、鴨川右岸の堤近くに開口し、みそそぎ川と刻まれた石門から流れ出ている。

図29　みそそぎ川の起点

みそそぎ川の流れは、すでに鴨川と三メートルぐらいの水位差があり、やがて二条大橋をくぐって樋ノ口にいたる(一一頁参照)。

高瀬川を歩くという題で本章を始めたが、川の沿岸の歴史的な推移と史跡等も含めて、二条から伏見までたどってみようと思ったが、現況からみれば二条以北も無視することはできないので、取水点から出発してみよう。

一　取入口より二条まで

取水点の下流四六〇メートル辺りで荒神橋の下をくぐる。高瀬舟の起点・終点は一応二条であったが、時により二条よりさらに上流一・五キロの荒神口あたりまで舟が上下した記録がある（一三九頁参照）。

丸太町上流一四〇メートルほどの西側、大和屋旅館は、幕末の京都で、勤王活動中の桂小五郎が、新選組の急襲を受け、危ないところを芸妓幾松の転機で逃れたという逸話の残る三本木「吉田屋」の跡という（同所は平成九年に改築された。以下、高瀬河畔の維新史跡の詳細は、拙著『幕末維新・京都史跡辞典』を御参照下さい）。

大和屋の南八〇メートルの生垣の中に見える茅葺きの家は、『日本外史』等を著わした頼山陽（一七八〇～一八三二）が文政一一年（一八二八）から住んだ「山紫水明処」である。

みそそぎ川開口部の西方、土手町の松菊園ホテルの東側には、明治一〇年五月、西南の役に国と友を思い病いに臥し、明治天皇のお見舞いも空しく同二六日に永眠した木戸孝允（桂小五郎／一八三三～七七）の邸宅跡がある。

二条大橋の一五〇メートル上手西岸、夷川通北側の現銅駝美術工芸高等学校は、もと京極宮別邸で、明治六年八月から、京都府の舎密局《せいみ》として、参事槇村正直により設立され、理化学研究施設として、主任明石博高の手で、石鹸・氷砂糖・ラムネ・陶磁器などの製造、薬物の検査をおこなった。また二条上手の現ホテルフジタは、寛文以降の新地に建った、角倉馬場屋敷（私邸）の跡で、今もホテルの北側に残る「夷川邸」は、明治二〇年に、藤田伝三郎（萩出身、藤田組を起す／一八四一～一九一二）が建てた別邸で、総檜造りという。

馬場屋敷は明治三年に上納され、舎密局の作業場となったりした。

二　二条から三条まで

二条通と丁字交叉して、つき当っている木屋町通は、実は本名、樵木《こりき》町通という。今も二条通の南二丁目東側は、上樵木町であり、三条下ル三丁目も下樵木町という。

木屋町通は二条から五条まで、高瀬川東岸にある。四条以北は慶長一六年(一六一一)に、四条の一町以南は寛文一〇年(一六七〇)に開通した。夷川〜二条間は明治五年に、四条下ル一町間は京電開通の明治二七年に開いた。高瀬川の開削以来、伏見から薪炭・木材を運び上げ、川沿いに店や倉庫を設け、販売する業者が増加したのが、通り名となったわけである。

二条下ル東側にも角倉別邸ができ、樋ノ口屋敷と称し、明治年間まで樋ノ口の番人がいた。平成七年以降は、寿司苑となり、小川治兵衛作の庭は一般に公開されている。

①無名橋(樋ノ口橋・樋ノ口南北橋——別称、以下同)

樋ノ口屋敷の庭園を経て、木屋町通をくぐり、高瀬川の出発点に入る

図30　大岩邸(樋ノ口屋敷跡／1977年撮影)

図31　善導寺門前(1977年撮影)

水路の蓋のようなかたちで道路の一部を成す、古くは木屋町通の南北を繋ぐ橋であった。

初めは高瀬川口橋（文化一〇年）と称し、長さ四間一尺、幅一丈一尺、高欄根子足付（六尺五寸棹）。明治一五年までは、長さ三間（五・五メートル）、幅二間（三・六メートル）の土橋であったが、石橋に架け替えられた。平成九年秋までは、木屋町通東側の大岩邸石垣沿いの、歩道の縁に見られる、低い石組み欄干と「高瀬川」の銘板がわずかに橋の存在を示していたが、同年、一の舟入周辺部の石橋、歩道の改修とともに一新した。

橋の東側は二条から一の舟入東側辺りまでが東生洲《いけす》町で、西生洲町とともに高瀬川創始以来の名をとどめている。

二条通木屋町の突き当たり（京都では、ドン突キという）は善導寺である（図31）。中国風竜宮門は明治四三年に建てられたが、寺は古く、筑後（福岡県）善導寺の僧・清善の開山で、天正の末（一五九〇年頃）である。知恩院派の寺で本尊は阿弥陀仏であるが、庭前の石仏、石灯籠と石幢《せきとう》が名高い。墓地には画家山口雪渓・鶴沢探山、左甚五郎等の墓がある。ちなみに石幢は中国唐代に盛んに作られ、鎌倉時代に我が国で流行した。形は柱状でその上に仏像を納める厨子《ずし》を置き、周囲は仏像を彫った白大理石製で、高さ一・五メートル、火袋はのちに彫られたもので周辺に仏像の残痕が見られ、竿に節もなく、また笠に蕨手もないところから、これは石灯籠に作り直された石幢であるという。

善導寺の維新当時の住職は、樋ノ口良眼と言い、時の知事槇村正直と同県人（山口）のよしみで、碁敵で飲み友達であった。

明治二年（一八六九）権大参事、同八年知事となり、同一四年に行政裁判所長官として東京へ去るまでに、槇村知事のハイカラ政策は、新京極の盛り場を生み、廃仏毀釈をおこない、女紅場《にょこうば》（女学校の初め）をつくり、明治二年には本邦最初の小学校である、柳池校を皮切りに市中六四学区に一つずつ作った。

善導寺の上手にある銅駝《どうだ》中学校（昭和五五年以降は美術工業高等学校）の辺りに舎密局を作り、理化学研究の先端をゆき、新産業のパイオニアとなった。その他、授産所・牧畜業・製紙場など、枚挙に遑《いとま》がないくらい、古都に新風を吹き込む政策、事業を取り入れ、大革新をおこない、やがて東都に去った。

明治三四年になると、木屋町線を上がってきたチンチン電車は、善導寺門前で二手に分かれ、本線は二条通を西へ行き、寺町丸太町から、出町と府庁前行きに分かれた。支線は東へ鴨川を渡り、疎水辺りまで東進し仁王門通にいたり蹴上に通じていた。

善導寺は生洲町だが西側は樋ノ口町と言い、古来、鴨川より大きく分流する高瀬川の取入口が町名として残った。

②無名橋（樋ノ口東西橋）

①樋ノ口橋と直角に、高瀬流入口のすぐ上手に架かる橋で、高瀬川の最北端に位置する橋である。以前は二条からこの橋まで、高瀬川の上手は車道と称して、坂を下《くだ》って河中へ車を引き入れて、西岸の浜や高瀬舟の荷物の積み下《おろ》しをした。
この橋は安永から幕末まで（一七七三〜一八六七）の絵図に見られるが、明治年間には土橋の腐ったような状態で残されていたが、明治末年には見当たらず、取入口の水路北から北方二条までの車道は蓋をされて道路となり、橋は自然消滅した。

図32　高瀬川の起点(1995年撮影)

橋の西側は西生洲町、北側二条通に面して樋ノ口町、その西側は角倉町である。

二条樋ノ口町には、元文元年（一七三六）から六年間ほど、若い頃の寡欲の画家・池大雅が母とともに住み、絵扇と印刻の店を営んだという。

角倉町は樋ノ口町に西接し、二条南の榎町の北方、河原町の西にある。宝永五年（一七〇八）までは要法寺の地であり、のちに角倉与一が住いしたので町名として残り、その後、近衛家領となり町地に変った。

西生洲町は東生洲町に対して、木屋町通をはさんで西側二条下ルで、島津製作所発祥の地である。初代島津源蔵（一八三九～九四）が舎密局の工員から独立して、この地で鍛冶屋を始めたのが明治八年（一八七五）で、学校用の標本や模型・実験器具を製作した。二代目源蔵（一八六九～一九五二）は独学で勉強し、父の仕事を手伝う傍ら、感応起電機を作ったのが一六歳のときという。彼はもっぱら蓄電池の研究に没頭し、立派な鉛蓄電池を開発したのが明治三七年であった。

翌年、日本海海戦で、「敵艦見ゆ」の信号は、この電池の力で発信されたという。以来、逐次改良研究され、今はGSバッテリーとして斯界に名高い。大正六年（一九一七）河原町二条に移り島津製作所として出発し、今は京都有数の大工場として諸機械の製作に当っている。

昭和一三年六月、旧工場の南隣りの地に記念碑が建てられた。「源遠流長《げんえんりゅうちょう》」の四字を刻み、初代源蔵の創業と功績を称えている。二代目源蔵は明治二年の生まれで、昭和二六年に八八歳で長逝されたが、その功績も父に劣らず、燦として輝いている。なお旧工場は創業一〇〇年を記念して、昭和五〇年(一九七五)に、島津創業記念資料館として開館し、創業以来の機械器具等を展示している。

③長門橋(長州屋敷北通橋・押小路橋/図33)

一の舟入の下手に架かり、舟入の南側の浜に通じ、浜の南側は道路を隔てて長州藩邸であった。

橋幅六尺(一・八メートル、安永二年図による——以下、各橋の寸法中、最初に記すもので、特に註釈なき分は同図よりの引用。一間=六尺五寸)。明治年間の橋幅一・六間。

最近まで、この橋はコンクリート製で幅三・五メートルであったが、近年、上工部のみ改修(高欄および鏡面舗装)され平成九年一〇月に完成した。

図33　押小路橋(1995年撮影)

幅　四・三メートル

長　六・九メートル(市建設局道路維持課調)

一帯は一の舟入町で北は二条から南は御池通まで、東は高瀬川から西は河原町までで、町の中央に舟入が現存する。往年の高瀬水運の名残りをとどめる貴重な遺跡で、史跡指定を受けている。町の北部は、元角倉邸跡で寛永以来明治まで役宅として使われた。

角倉家は、高瀬川他諸川の功によって河川奉行に任じられ、二〇〇俵の俸禄であったが、実収は数千石あったといわれ、徳川家も旗本格で遇したという。

明治五年、邸内に京都府中学英語学教場が設けられたが、これは翌六年六月に守護職屋敷跡に移った。同七年六月、邸内に織工場を設け、我が国最初の洋式織機が運転された。

明治一〇年、織工場は織殿と改称され、やがて民営から京都織物会社に払い下げられた。

同邸跡はその後個人所有となり、しばらくは邸宅の姿をとどめたが、やがてビルとなり、現在は日本銀行京都支店が建つ。庭園も邸宅とともに二条城内に移築され、跡地には銀行会館が建った。

舟入の南側は、昔活躍した運送業者の家などは姿を消し、今は民家・旅館が立ち並ぶ。いずれも裏手を水面上にせり出したため、舟入の水面はせばめられている。史跡指定以前からという。舟入西のビルは京都ホテルアネックスである。押小路橋ぎわの川床の段差は近年作られたもので、一〇年ほど前までは、川床はずっと平坦であった。橋の西南角は広誠院という昭和二七年創業の寺で、目下無住である。

河原町通に面して東側はもと長州藩邸(寛永~元治)で、今は京都で最初に六〇メートルの高層ビルを建てた京都ホテルオークラである。

押小路以南、高瀬川西岸は、大村益次郎と佐久間象山の記念碑が立ち、後ろは広誠院、南隣りはリアルステート京都で、かつてはビジネスホテル。続いて新ハマムラ。御池角は、高折病院→原田病院から空地となった。

明治四年まで、一之船入町南側に塗師屋《ぬしや》町があったが、その北側を一之船入町に編入し、南側を下丸屋町に併合したため、塗師屋町はなくなった。

押小路橋東側は、木屋町通を隔てて御池通まで飲食店・ブティック・旅館などが建ち並んでいる。中ほどの旅館幾松(表は幾松維新館)は、かつての長州藩控屋敷の跡である。

御池大橋の畔に立つ「京都療病院址碑」は御池通(現北側歩道)木屋町の突き当たりに、ドイツ人医師ユンケル(Junker von Langegg)が、京都府の招きで、明治五年九月一五日に開いた木屋町仮療病院のあったところで、のちの京都府立医科大学病院の誕生地である。なお付近北側木屋町東の地には、特異な建物の「バーおそめ」があったが、一九七〇年頃にガレージになった。対面する南側の道路沿いの植え込みの中に、夏目漱石の句碑があり、傍らの碑に漱石と京都の縁《ゆか》りが刻まれている。

春の川を隔てゝ男女哉　　漱石

(番外)松平大膳大夫邸正面橋

安永二年の絵図によると、③長門橋の下手六六メートルのところの長門守役宅と本邸とにはさまれた東西の道(長門の辻子、今はない)に架かり、幅五尺五寸とある。元禄・享保から安永年間図まで、この橋の存在が確認できる。長州藩邸を二分し、二の舟入の北側にあったこの道路と橋は寛政年間図にはすでに見当たらない。

(番外橋現代版)三私設橋(一九七三年)

A　ビジネスホテル屋根付きコンクリート橋
　長さ六メートル、幅四・五メートル

B　新ハマムラ　鉄製駐車場橋
　長さ六メートル、幅三メートル

C　新ハマムラ入口コンクリート橋

長さ六メートル、幅六メートル

Aは市公認水道協会の占用許可を受けていた仮橋を引き継ぎ、昭和四五年（一九七〇）に架け替え申請したが、許可されなかったので、同四六年一月、テント製屋根付き営業橋をコンクリートで架橋した。

Bは C と同時期に架けられた私設橋である。この橋の位置（新ハマムラ北端）辺りが、昔の番外橋（松平大膳大夫邸正面橋）のあったところである。

Cは、二五年も前からあった通路橋（幅二メートル）を前所有者から引き継ぎ、昭和四一年一〇月に幅六メートルの中国風勾欄を配した橋の架橋許可申請を提出し、一年以上経ても許可されなかったため、翌四二年一二月、無断で橋を架けた。

いずれも数年前からのものを、元に戻しただけであると、各業者のいうところを新聞は載せ、昭和四八年六月の時点で、府当局は、近く京都地裁に「所有権妨害排除請求」の訴訟をする方針という。その後の経過は詳しく調べてないが、同四九年にBの橋だけが撤去された。AとCは現在も残っている。これらの不法橋が撤去され、高瀬川の美観が取り戻されるのはいつの日であろうか。

さて話は昔に戻り、寛文以後（一六六八〜）鴨川沿岸が整備され、堤防の石垣の完備とともに、鴨川沿岸の造成地には、旅館・料亭が並び鴨河原から東山を望む景観は、洛中の人々のこよなき憩いの場となった。しかしこれらの家々に通じる道路はなく、おそらく主権は、初め表通り（木屋町通）に面する家々に属したのであろう。そこで表通りの家の境にわずかに作られた細い露地伝いに、奥まった家にたどりつくようになった。今も木屋町筋や、先斗町に残る京都らしい風情の塀路地は、その頃から発生したものである。

木屋町御池下ルの上大阪町も右同様の風情である。大阪町の由来は、高瀬発祥の頃、この辺りに住んだ商人の屋号による。明治維新の頃は、この辺りに潜む志士が多かった。
明治時代は高級な旅館も多く、時の政府の高官が、伊勢参宮の帰途立ち寄り、巡査の張り番を立てて宿泊したなどの逸話を残している。また鴨川沿いには、療養所風の家も多かったという。現在は低俗化し、簡易ホテルなどのようなものも増えてきている。

上樵木町から上大阪町にいたる（一の舟入辺りから姉小路辺りまでの高瀬川東地区）木屋町筋は、高瀬川の終点であり、沿岸に倉庫・小屋等が多く建ち並び、道路も極めてせまかった（この景観は五条にいたるまで同様であった）。それが明治二七年（一八九四）以後、沿岸の小屋を取り払い、電車軌道を敷設し、河岸に樹木を植えたさまは風雅なものであったという。同四二年、電車線路を複線にするために、高瀬川幅を三尺（九〇センチ）埋め、川岸の並木を伐採したので殺風景になったという。

電車線路の撤去された後は、川が埋められた分、植樹帯となり、高瀬の風情は旧観を取り戻した。なお現在、沿線の建物は高層化し、歩道は川側にも新設され、飾り煉瓦で舗装され、石垣のベンチなども併設されて、近代的なプロムナードに変身を遂げた川岸の風景である。

なお二条から御池にいたる沿岸の維新関連の史跡としては左の如きものがある。

◎島田左近の天誅（木屋町二条、善導寺前）

九条家の諸大夫島田左近は、安政の大獄に多くの志士を罪に陥れたため、憎まれて、文久二年七月二〇日夜、田中新兵衛らに殺され、鴨河原に梟首《きょうしゅ》された。文久の天誅の最初の血祭りである。

◎神山《こうやま》左《さ》多《た》衛《え》郡廉《くにきよ》寓居の地（木屋町二条下ル）

土佐藩士で大政奉還運動に尽力し、新政府の要職につき出世した神山郡廉（一八二九〜一九〇九）は、樋ノ口屋敷の北隣りに住んだ。

◎源三位頼政祠堂（銀行会館西北隅）

維新の遺跡ではないが、もと高倉通錦小路の尊攘堂の地にあった。源頼政（一一〇四～八〇／鵺《ぬえ》退治で有名）を祭る社祠がある。

◎大村益次郎遭難の地（木屋町御池上ル）

周防出身の大村益次郎（村田蔵六／一八二四～六九）は鳥羽・伏見の戦いののち江戸の彰義隊を討ち、北辺にも戦功があり、兵部大輔となり、徴兵制を提案し、武士の帯刀廃止を主張したため、士族の反感を買い、明治二年九月四日夜、当所の宿で浪士に襲われ負傷し、一一月五日大阪で死去した。

◎桂小五郎・幾松寓居の跡（木屋町押小路下ル）

長州藩控屋敷から木戸別邸となる。

◎佐久間象山遭難の地（木屋町御池上ル）

元治元年三月七日から七月十一日の間、松代藩士佐久間象山（一八一一～六四／西洋兵学者）は、幕命で上京し、諸家に出入し開国を論じた。七月十一日、象山は、木屋町で、馬上を河上彦斉らの志士に狙われて斬殺された。

◎佐久間象山遭難の碑

◎大村益次郎遭難の碑

高瀬川の西岸（木屋町御池上ル西側）に両氏の記念碑が並び立つ。右側が佐久間象山の碑である。

◎平野国臣潜居跡（木屋町御池上ル東側）

福岡藩士平野国臣（一八二八〜六四）が天誅組鎮撫の役を果たせず、京へ戻り山中成太郎の家に潜んでいるところを新選組が襲ったが、彼は祇園に遊んでいて助かった。山中の家は今の中華・喜楽の奥辺りであった。平野は一〇月に生野銀山を襲い、捕らえられて京へ送られ、元治元年七月二〇日に六角牢中で殺された。

④塗《ぬ》師《し》屋《や》橋《ばし》（御池橋）

上樵木町から対岸、長州藩邸の南に架かり、塗師屋町に通じていた。幅七尺五寸。塗師屋橋は西方御池通に通じていたので、御池橋とも呼ばれた。

図34　大正初年頃の加賀藩邸跡と御池通（犬尾氏提供）

◎加賀藩邸跡（河原町御池下ル東側／図34）

下丸屋町一帯、河原町と高瀬川の間に慶長以来、加賀前田藩邸があった。現在の御池通一杯の地であった。

昔の御池通は、北側の今の歩道（最近改修でこれも広げられた）の道幅が、本来の御池通であった（約六メートル）。

昭和二〇年（一九四五）、空襲による火災発生のさいに、延焼を食い止めるために設けられた疎開地区（堀川通・五条通も同じ）が、道路に拡張され、現在は幅五〇メートルの広い路となった。

加賀藩邸は天明八年（一七八八）焼失、再建後、元治元年の禁門の変（一八六四）の兵火は免れ、明治三年二月に官に上地した。のち、槇村知事邸として高瀬川の水を引き、名園を造成した。次いで新宮

図35　堰止めの石（1973年撮影）

図36　丸屋橋（1974年撮影）

邸から林誠一（大阪控訴院検事長／一八四六～一九二四）邸となり、ますます林泉に数奇を凝らした。林氏没後は更地となり、借家を建てたという。昭和三年、京都書籍雑誌商組合の事務所兼昭和図書館の地下共三階建ての和風建築が十一月三日に落成した。この建物は、太平洋戦争末期の疎開で取り払われた。

⑤加賀橋

加賀藩邸の南側路上に昔あった橋、幅四尺五寸。

この橋は現在の御池橋（長さ七・五メートル、幅五〇メートル）南端下流一五メートルのところにあったと推定される。ちょうどこの橋跡辺りの位置に、戦後ガレージ入口橋として、番外橋（コンクリート製、幅七メートル）があったが、不法橋問題で、昭和四九年春に撤去された。加賀藩邸下流には、三の舟入があった。

この辺りの川中に堰《せき》止めの石と称し、水不足の時に板をはめて立て、水位を上げた。板をはさむ刻みを入れた石が、両岸と川の中央に見える（図35）。

⑥鍋屋橋（鍋屋町橋・丸屋橋・上車屋橋／図36）

上大阪町から西へ下丸屋町（明治六年、同町に鍋屋町と上車屋町を合併）に通じ、古くは橋幅不明。明治中期に「丸屋橋」と称し、幅一間半。その当時の橋は鉄製欄干付き、長さ五・五メートル、幅二・六メートル（船頭道とも）、川岸石垣高さ一・二メートル。

丸屋橋（当時銘板なし）は、平成三年改修以来、「上車屋橋」の銘板が付けられた。

新⑥上車屋橋（鉄製欄干付きコンクリート橋）

片側歩道付き、長さ七メートル、幅＝車道三・五メートル、歩道一・五メートル

この橋の西岸は、かつて角倉市之丞屋敷で、徳川家より角倉玄之に与えられた地というが、八木家古文書（図19）の示す通り、高瀬川発祥の頃、角倉家の持ち家はこのところであった。

享保元年（一七一六）、対馬藩宗氏の願いで譲渡され、同藩邸ができ、向い側の恵比須町に藩士控屋敷を建てた（朝日ビルのところ）。ともに天明八年（一七八八）の大火で類焼した。

再建後明治維新となり、廃藩で官地となった。その後、河原町沿いに近年まで目立ったカトリック聖堂（明治二二年完成）は、現在、犬山市の明治村に移築され、教会はもとの地南端の東西に位置し、跡地にはロイヤルホテルが建った。対州藩控屋敷東側の地に幕末の頃、岩国藩邸ができた。

⑦生洲《いけす》橋（姉小路橋・蓬莱橋／図37）

車道を含めて、幅二間二尺。対州藩邸南側に通じる道路に架かり、東は上大阪町、西は恵比須町。すぐ南側に車道があり、その南に四の舟入があった。

生洲橋の由来はその西北側に、高瀬川草創の頃から生洲があり、江戸時代の様子は『都名所図会』（図38）

図37　姉小路橋(1996年撮影)

図39　生洲橋と西畔池亀屋
(1974年撮影)

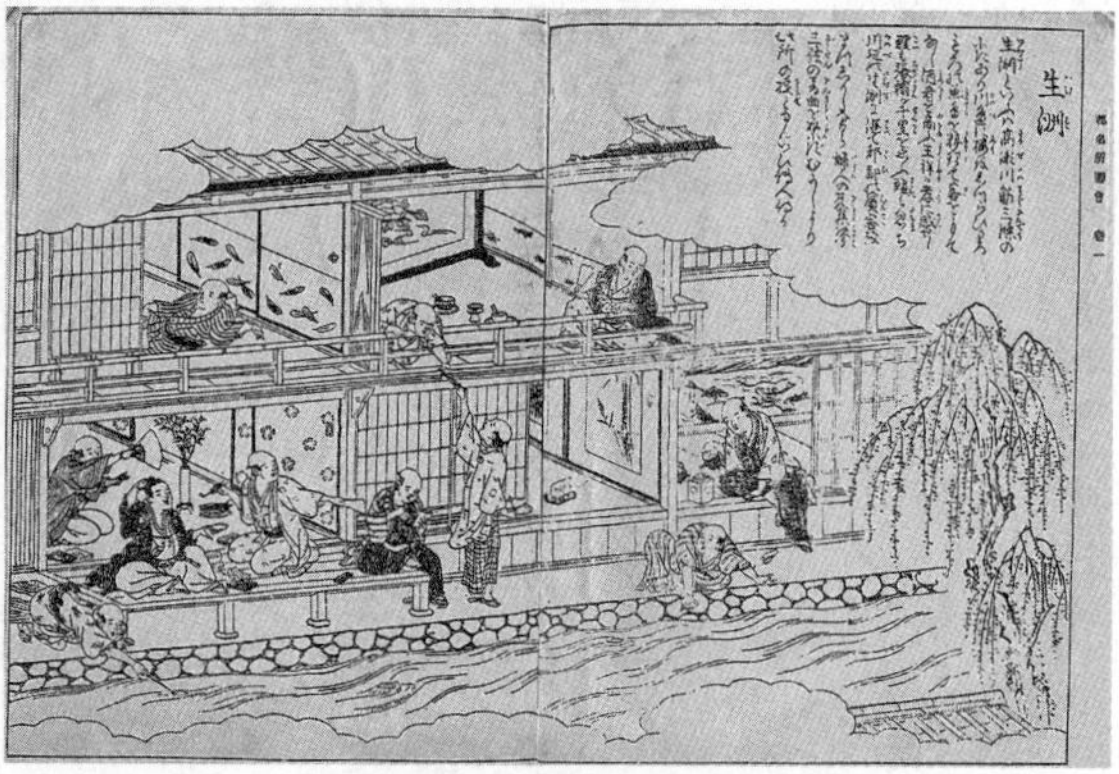

図38　生洲(『都名所図会』)

図40　生洲「池亀」(『都の魁』)

や『都の魁《さきがけ》』（図40）にもみられ、明治の頃まで生亀料理屋が繁昌した。近年まで、池亀旅館として残っていた風情も今は消えた。生洲橋は蓬莱橋と称したときもある。現在は姉小路橋と言い、西へ行くと、北側のもと対州藩邸跡は幼稚園とカトリック教会、さらに西はロイヤルホテルが河原町通に面して建っている。姉小路通南側の地は、車道をはさんで浜と舟入があった。舟入は明治二四年頃に埋め立てられて民有地となった。浜は明治三年官地となり、のち民有地となった。

西側川沿いにはホテルが建ち、河原町側は朝日会館が建ち（一九三五～七五）、映画上映館として戦後は東郷青児の壁画で知られた（昭和五〇年改築）。

この橋は平成八年に架け替えられて、新⑦「姉小路橋」の銘板がついた。

上・下部工とも改良（プレストレスト・コンクリート桁――建築方式名）

幅　五・八メートル

長　七・三メートル（市建設局道路維持課調べ）

⑧納屋橋（納屋浜地南側橋・恵比須橋／図41）

東岸上大阪町から西岸恵比須町に通じ、朝日会館ビルの南側に出る通りに架かる。明治年間より恵比須橋と称し、当時、幅一・五間。

以前は木屋町通が、この納屋橋北方で浜地に行き当たり、鍵の手に曲がって二条へ向かって続いていたが、おそらくこの浜（六間四方）に納屋が建っていたのか、あるいは納屋橋を西へわたったところに舟入と浜があり、浜に納屋が立ち並んでいたので、納屋橋と称したのであろう。

図41　恵比須橋（1974年撮影）

東岸木屋町の突き当たりのところには、明治末年まで床屋があったという（古老の話、佐久間象山遭難の話にも出る）。

木屋町通も高瀬川もここでくの字に曲がっている。このかたちは高瀬創業以来の姿である（図41）。なぜ高瀬川と、これに沿う木屋町通がここでくの字に湾曲したか、二、三その原因になるものを想像してみるのもまた面白い推理問題ではなかろうか（五五頁で簡単にふれた）。

すでに幾度か述べた通り、この納屋橋の上手西方の舟溜（入）りは、付近の生洲とともに、高瀬川筋で一番初めにできた施設であり、以後、順次周辺に建った家屋や店舗等によって、高瀬の周辺環境は充実していったと考えられる。この舟入から上手は二条辺りから分流された鴨川の水が、大きく流れ込んできており、鴨川と高瀬川の周辺には、当初、ほとんど人家らしいものもなく、河原の石原であった。

そしてまずできあがった木屋町筋と、その両側の人家の発展は、追々高瀬川の水運の隆盛とともに、三条辺りを起点として、上下流におよんでいったであろうが、水路と周辺部の確定した三条以南と違って、つぎつぎと河原の沿岸に新増築をする建物は、勢い川に向かって押し出してゆくかたちで、進出構築されていったために、舟入以北の流れのかたちは東へ曲がりくねってしまったと考えられる。

さらに、もう一つの観点から考えられることは、平安京創始の頃、下丸屋町南部の恵比須町以東の地域に当る場所から鴨川におよぶ地区に、「悲田院」と称して難民・窮民・病者の救護施設の東院なるものがあった。これがたびたびの火災で焼失し、廃絶され、院は仏寺となってのちに北へ移り、病舎の跡が寛永年間まで残り（八木家図に見えるカハラの空地）、それがまた高瀬川をくねらせたとも考えられる。

さて恵比須橋は、平成二年三月に新しく架け替えられたが、それ以前の姿は、石柱鉄製欄干付き（石柱に橋名刻印）、石柱の高さ一メートル、欄干高さ地上八六センチ（正味七四センチ）、橋幅三・三メートル、長さ八・四メートル、川幅七・一メートル、石垣高さ一・九メートル（東岸船頭道石垣幅五〇センチ、高さ五〇センチ）であった。

新⑧平成二年竣工の恵比須橋の構造規模は、橋長九・二メートル、橋幅三メートル、支間八・七六メートル、幅員三メートル、PC単純床版橋（西土木事務所施工）。

⑨三条小橋（三条大橋西九〇メートル・中島町／図42）

三条小橋も大橋に劣らず、その初めには勾欄擬宝珠を備えた立派な橋が架けられた。「天正十九暦辛卯三条西小橋　十一月吉日」と銘打った擬宝珠の付いた欄干の石柱木造橋が架けられ（三条小橋と高瀬川に関する考察は二八頁参照）、明治にいたるまで、ほとんど同じ規模の橋であった。[1]

三条小橋の規模

寛政図	長さ四間三尺九寸	幅三間五尺五寸
川方勤書	長さ四間四尺	幅三間半と七寸
法令雑録	長さ四間三尺九寸	幅三間五尺二寸
下京古町記録	長さ四間三尺九寸	幅三間五尺

維新後洋式石橋　長さ四間一尺　　幅四間

その後大正元年、三条通が南に拡張され、橋幅は九間となり、現在にいたる。

現在の三条小橋は、昭和五年九月竣工、長さ八メートル、幅一五メートル、付近の川幅六・八メートル、石垣の高さ二・五メートル。

図42　三条小橋

三条小橋西南畔の大津屋旅館は、昭和四六年夏に取り毀されて、スーパーマルヨシと変り、同五九年からはタイムズビルとなった。特異な設計であるが、なぜか小橋のたもとから川中へ張り出した通路により、下流の川幅がせばめられている。かつてなかっただけに気になる。

三条小橋〜大黒橋間の高瀬川の川幅は、他の区域に比して、西岸が一・三メートル広い。その理由は、往時から、この間は、西岸すれすれに建物の外側が建ったままに推移したからで、近年に川幅を埋めるようなことがなかったからである。従って三条小橋から大黒橋にいたる約六〇メートルの区間は、川幅が約七メートルあって市中では最も広い所であった。それだけに川中にせり出した先の歩道の出現は、意外であった。

なお御池通から三条通にいたる沿岸の維新関連の史跡としては次の如きものがある。

◎佐久間象山寓居の跡（木屋町御池下ル）

元治元年三月に上京した佐久間象山（九四頁）が、四月半ばから仮住居としていた鴨川東岸丸太町上ルのところから、五月一六日に移り住んだ場所である。象山はここに愛妾とともに住み、毎日のように西洋鞍を置いた馬に乗り、諸方に出向き、開国論を説いた。この象山の終の棲家《すみか》の跡は、現在モータープールである。

◎宇喜多一恵（一七九五〜一八五九）

画家、勤王家、絵をもって幕府を風刺し、また尊攘志士と交わる。安政の大獄に連座し江戸に送られ、京へ戻されたが病死した。彼が捕われる前、息子松庵とともに住んだところが、木屋町三条上ルの木屋町パーキング北隣り奥の畑旅館のあるところ。

◎武市瑞山寓居の跡（木屋町三条上ル東側）

土佐の郷士武市半平太（瑞山・小楯／一八二九〜六五）が公武合体派の参政吉田東洋を暗殺させ、藩論を一変させて、藩主に従い上京して、仮住いしたのがこの金茶楼であった。各藩の志士と交わり、攘夷を説くが、藩論が変り本国で投獄、切腹させられた。慶応元年五月一一日であった。

◎吉村寅太郎寓居の跡（木屋町三条上ル）

吉村寅太郎重郷（一八三七〜六三）は土佐勤王党に加わり、寺田屋事件で捕えられ、高知の獄中にあったが許されて上京、この地に隠れ住んで国事に奔走した。文久三年八月、天誅組の総裁として立ち、高取城攻撃のさいに受けた鉄砲の盲貫銃創をものともせず、大和十津川から大峰山中を戦い、遂に九月二四日、鷲家石ノ本で壮烈な最後を遂げた。

◎古東領左衛門寓居の跡（三条木屋町東入ル）

古東領左衛門（一八一九〜六四）、淡路津井村の庄屋に生れる。故郷の地の振興改良に力を尽くした後、国事に奔走し、藤本鉄石らと協力する。天誅組に参加し、途中脱出し、三条木屋町に潜んだ。二日前に新選組に山中成太郎方を襲撃されて、危なく助かった平野国臣（九四頁）が、文久三年八月二四日、古東の潜《ひそ》む桝屋藤十郎方（現飴屋ビル）を訪れ密談中に再び新選組に襲われ、古東は捕まった。翌年七月二〇日、古東は、六角獄中で斬られた。

◎頼三樹三郎邸跡（河原町三条上ル東入南側）

頼三樹三郎（一八二五～五九）、頼山陽の三男、江戸に学び、奥州・蝦夷にわたり、出羽三越から南海・西海と諸国の志士と交わり、嘉永三年京へ帰り、この地（今花屋）に家塾を開き尊王論を唱えた。やがて安政の

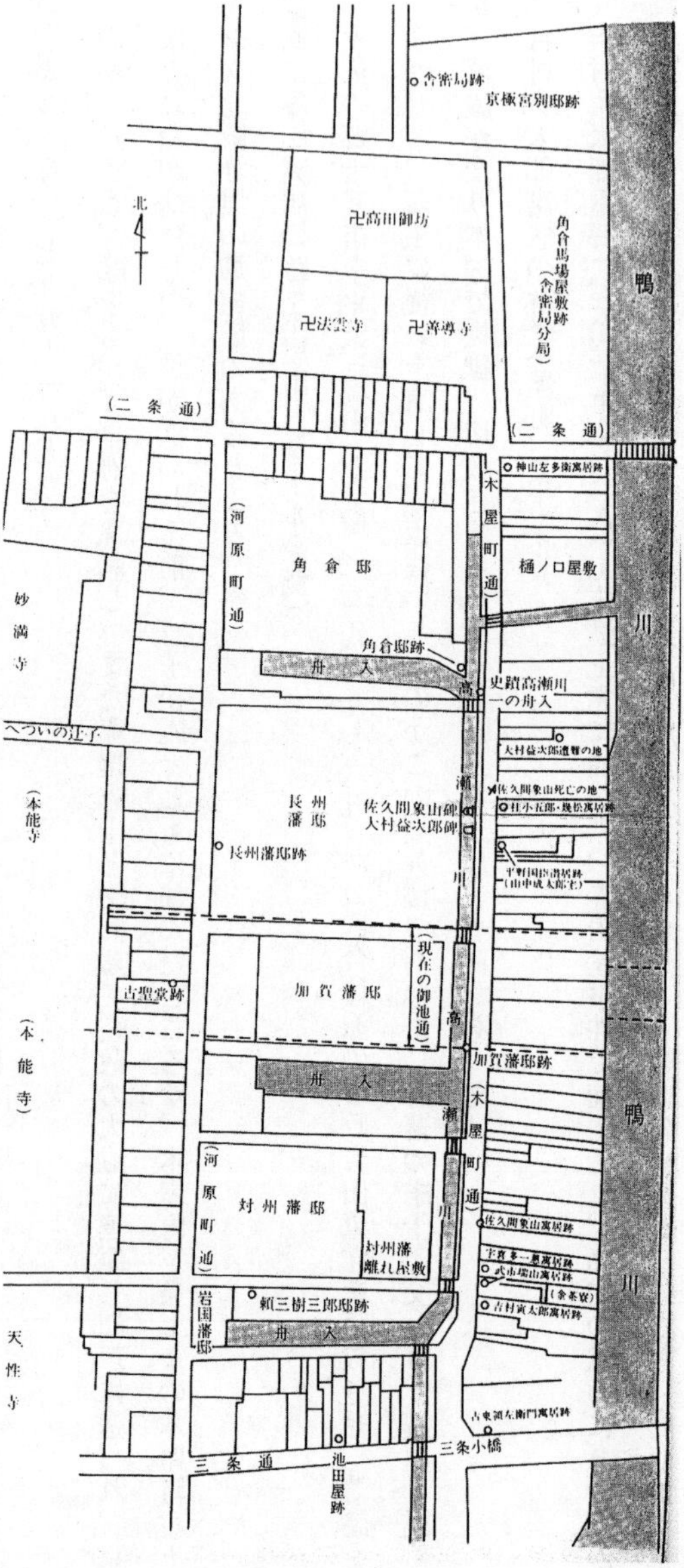

図43　高瀬川沿いの維新史跡（幕末復元図その1／二条～三条間）

大獄で捕らえられ、江戸に送られて同六年一〇月七日、小塚原で死罪に処せられた。

◎池田屋事変の跡(三条通河原町東入ル北側)

元治元年(一八六四)六月五日の池田屋事変は、新選組が名をあげた出来事として、余りにも有名である。改めてその経緯は述べない。三条小橋東詰に佐久間象山と大村益次郎の遭難場所を示す石碑が建っている。小橋を西へ四〇メートルほど行くと、北側五軒目に池田屋跡のビルがある。以前は佐々木旅館、次で池田屋ビルとなり、今は新築ビルのパチンコ店で、入口右側に「池田屋騒動之址」の石柱が立つのみである。

三　三条から四条まで

三条小橋から木屋町通を南へたらたらと下がって行くと、すぐ左手が「瑞泉寺」で「慈舟山」と号し、浄土宗西山禅林寺派の寺である。この寺は角倉の創建したもので、ここに祀られている豊臣秀次と妻妾子女の物語は、大変哀れな悲惨な結末をたどる。

秀次は豊臣秀吉の姉とも(瑞竜院日秀)の子で永禄一一年(一五六八)生まれで、父は三吉吉房、幼名次兵衛、次で孫七郎と称した。弟に秀勝・秀俊がいた。秀次は、阿波の三好康長の養子となり、三好氏を名乗った。秀吉に従い、天正一一年(一五八三)以来、滝川一益を討ち、柴田勝家を賤ケ岳の戦いに敗《やぶ》るなど戦功のあった秀次も、小牧・長久手の戦いに敗北し、諸将を討死にさせて遁走したさまを秀吉に怒られた。しかし以後、各地で戦功があり、秀吉から羽柴氏を許されて、九州征伐・小田原征伐・奥州平定と功を重ね、天正一九年一一月に太閤の養子となり、一二月には内大臣、その二八日には関白と、翌文禄元年正月、左大臣となった。関白となって聚楽第に住み、翌年正月二六日に後陽成天皇の再度(天正一六年四月に次ぐ)の行幸を迎えた頃が、秀次の全盛のときであった。秀次が太閤の後継ぎとなって間もなく、文禄二年（一五九三）八月三日、秀吉五七歳のときに、淀君が、先に早世した子（鶴松）の次ぎに、秀頼となる一子を産んだ。老年にして実子を再び得た秀吉は、秀次に関白を譲ったことを後悔した。

一方、秀次は古筆や芸能を好み、経典を補修させるなどの面はあったが、他方で蛮勇を振い、横暴な行跡《ぎょうせき》があった。たとえば正親町上皇崩御のあと、精進潔斎の期間にも拘わらず鶴を食し、野遊びをし、鳴物や相撲の興行をし、比叡山に狩に出掛けるなど、その行動に世人の非難を受けるようなことが多かった。

また太閤の名護屋出陣中も、秀次は京にあって放埒にふけり、文禄四年七月三日には、朝廷に金銀を献上して、太閤と争ったときの用意に、朝廷との誼《よしみ》を通じておこうと計ったという。

かようないろいろなことにより、秀次に謀反の兆しありとして、遂に太閤は、宮部継潤・前田玄以・増田長盛・石田三成・富田知信を使者に立て、秀次を詰問した。文禄四年七月初めのことであった。この場は秀次から起請文を取り、一時は納まったが、相も変わらぬ悪い風評に、遂に秀次を官位剥奪の上、高野山へ上がらせ剃髪させ、青巌寺へ蟄居させた。七月一〇日である。

やがて七月一五日、太閤からの使者により切腹の命令が伝えられ、秀次は二八歳を一期として果てた。ともに殉死したのは、東福寺の玄隆西堂、秀次の扈従《こじゅう》・山本主殿（一九歳）、山田三十郎（一九歳）、不破万作（一七歳）、雀部淡路守重政（三七歳）の五人である。

秀次の首は、切腹の命を伝えた使者、福島正則・福原直高・池田秀氏らの手で伏見に持ち帰られ、太閤の前に出された。その後、三条河原に曝された。

夫や父に対面させて貰えるものと思いながら、三条河原に連れ出され、哀れにも次々と首を打たれ、あるいは刀で刺し殺された、三四人の妻妾と五人の子供は、無惨にも河原を血に染めた。大雲院住職貞安が、定朝作の地蔵尊を持ち込んで、一人一人に十念を授け、引導を渡したという。その神経も凄い。今も瑞泉寺に残る引導地蔵尊がそれである。

絶世の美人といわれた、今出川右大臣菊亭春秀の娘、一の台の局の辞世の句は次の通りである。

　ながらへて　ありつるほどの　浮世ぞと　思へばのこる　言の葉もなし

河原に掘った二〇間四方の穴に一同の死骸を投げ入れ、塚を築き、くりぬいた石をその上に置き秀次の首をいれた。

女たちの残した辞世の句を、それぞれ最後の時に着用していた衣服で表装したと伝えられるものが同寺に残され、「瑞泉寺裂」と珍重された。

「秀次悪逆塚　文禄四年七月一四日」と刻まれた石塔も、当時は誰も顧みる者もなかったが、行者順慶が哀れみ、その傍らに草庵を結び菩提を弔った。やがて順慶が没すると、草庵も朽ち、洪水のために塚も荒れ果てた。

図44　瑞泉寺

そして後年、高瀬川往来のたびに、草茫々の河原の中之島に、畜生塚の荒れ果てて立つ姿を眺めるにつけ、同情の念、止み難く、角倉与一が父の名をもって建立供養した寺が瑞泉寺である（図44）。このことは『翁草』の巻三六「京都西陣火の事」の中に北野松梅院類焼の記事とともに記されている。なお、秀吉に殺された四代前の松梅院の娘が、秀次の愛妾、於佐子ノ前（一九歳）で、その子十丸（三歳）とともに無惨な最期をとげたことを述べ、なお畜生塚の由来は、処刑された中に、一の台局（三二歳）と於美屋の前（一三歳）、右衛門ノ後殿（三五歳）とお松の前（一二歳）など、母子一緒に秀次の寵を受けた人たちがあった故というが、多くはやんごとない姫君なのに一概に畜生と呼ぶのは太閤の暴虐であると断じている。

ちなみに北野松梅院は、御前通今出川上ル辺り（翔鸞小学校の辺り）にあった。維新前まであった宮司三家（徳松院・松梅院・妙蔵院）の一つで、他に祝家《はふりけ》が数十戸あり、いずれも曼珠院の宮の支配下にあった。明治二年、神仏分離とともに旧制が廃され、各家は消滅した。

なお瑞泉寺の名は秀次の法名に由来し、鴨河原を血に染めた妻妾三四名と子女五名、殉死の士一〇名の計四九基の宝塔は、今も境内の一隅に並び立つ。

その創始開山は立空桂叔和尚で、秀次の母瑞竜院の願いで建立された。現本堂は天和三年（一六八三）、角倉より巨材の寄付で建てられたという。この落慶法要のとき作られたという、角倉了以・甫庵（従来、素庵像といわれている）の像二体は今も本堂本尊阿弥陀如来の右側脇仏壇に安置されている。

なお当寺は慶長一六年建立とか、了以によって建てられたとかの諸説がある。

⑩車橋（車道橋・石屋町橋・大黒橋／図45）

規模（明治年間）

幅　一・五間

規模（昭和二九年八月）

長　六・五メートル
幅　六・八メートル
コンクリート製欄干、高さ六〇センチ、幅二〇センチ
川幅上手六・八メートル、下手五メートル、石垣高さ（東川底まで）一・一メートル、（同西）一・三メートル。橋畔に「昭和二九年建之　大黒橋」の石柱あり。
新⑩大黒橋（平成六年三月竣工）の現状
鉄筋コンクリート製、石柱鉄製欄干付き

図45　大黒橋（東方より／1995年3月撮影）

長さ六・五四メートル、幅八メートル
石柱高さ一・一メートル、欄干高さ一メートル
上部構造、プレテンション方式、PC単純床版式。下部構造、重力式橋台（市建設局道路維持課資料）

三条小橋の東詰から木屋町通は、北へ向かっても南へ向かっても下り坂である。これは三条大橋に向いて、三条通が寺町通辺りから、昇り坂となっているためで、その昔は河原町・木屋町から大橋までは堤状であり、柳を植えた土手道であった。中島町を以前は柳下町ともいった。

三条通は、大正元年（一九一二）に大橋～河原町通間が南側に拡張された。そしていまは、透き間なく家が立ち並び、土手のありさまは全く感じられぬが、三条通から新京極への入口の坂道にその名残りがあり、ま

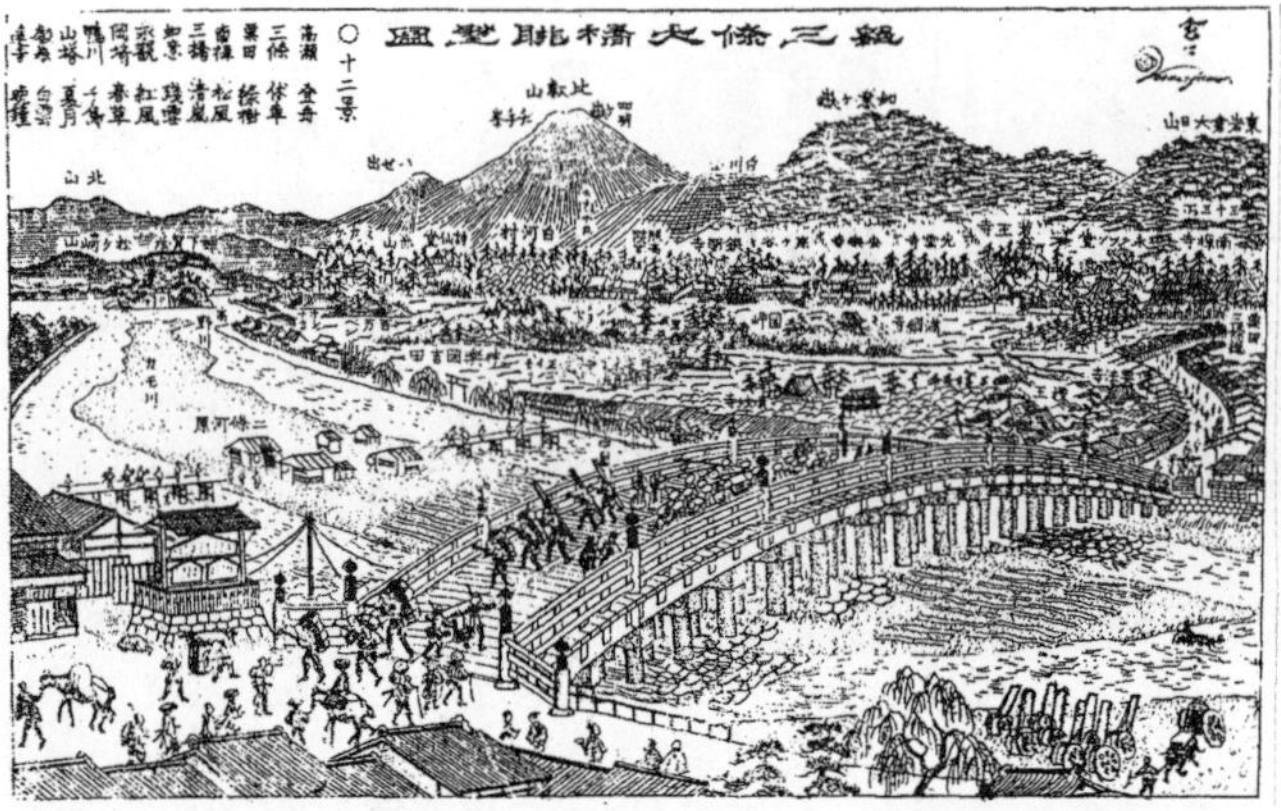
図46　三条大橋

た河原町通から寺町通にいたる三条通に面した店舗の裏手には、みな低地にある墓地の姿が見られる。

三条近辺の高瀬川右岸から三条通の両側は、昔はほとんどが宿屋であった。その他、材木商・薪炭商も多く、大正の初年までは、川岸に肥問屋もあった。大黒橋東岸の一帯、石屋町と下手の材木町は、その名の通り石屋が多く、また材木商の町でもあった。いずれも高瀬川舟運による素材の搬入と売り捌《さば》きの拠点として、土木建築用材の都心での供給機関として発展した町である。

三条通の南、最初の東西筋が大黒町通と言い、西は河原町通へ抜けている。ここに架かっている橋が、古くは車橋と称し、今は大黒橋という。かつてこの橋のすぐ下手に車道が通じ、東へ行くと先斗町通の上手から鴨河原へ下り、鴨川の浅瀬（石畳敷の河原）を荷車・牛馬車などが横断した（図46参照）。

今も鴨川西岸、先斗町歌舞練場の北側に、鴨河原へ下りる道に、多少その面影を残している。

大黒町通（近年、竜馬通と呼ばれつつある）を西へ向かうと、右側五軒目に「阪本龍馬寓居跡」の酢屋嘉兵衛宅（材木商元締め中川家）がある。反対の左側（南側）には、かつて浜があり、五の舟入があった。この舟入は、大正の末年（一九二五頃）まであり、原木の貯蔵池もかね、ドブ池のようになっていたが、埋められて、跡は広場となり、相撲・見世物・サーカス等の興行地となった。のちに松竹キネマ社長・白井松次郎邸となり、やがて名画劇場が開館し、新京極興行街の延長の場となった。

（番外）元松竹橋（南大黒橋／図47）

長　六メートル

幅　三・九メートル

図47　南大黒橋（元松竹橋／1995年3月29日撮影）

鉄製欄干付きコンクリート製反《そ》り橋

川幅　五・五メートル

先の大戦後、アメリカ兵がジープで劇場へ乗りつけるために架けられたという。大黒橋のすぐ南の橋で、松竹の社長が私費で架けたと言い、「松竹橋」というが、昔はこの場所に橋はなかった。一九七三年当時、銘板の下部が残り、〇竹橋と読めた。この頃から各橋の銘板の損傷が目立った。

新南大黒橋の現状（平成六年三月竣工）

長六・五四メートル、幅四メートル。上部構造、プレテンション方式、ＰＣ単純床版橋。下部構造、重力式橋台（前出新⑩に同じ）。

大黒橋西岸から下（南）車屋橋西岸にいたる高瀬川岸の建物は、戦時中に取り毀されて、非常消防用道路となり現在にいたっている。一帯に臨む地域はバー・飲食店街と化し、昭和五〇年代から追い追い高層ビルが立ち並んできた。一時、暴力バーの噂も頻りで、臨時交番ボックスが川畔に設置されたこともある。近頃のウィークエンドには若者の蝟集《いしゅう》する街となった。

松竹橋東岸も、近年目立って高層化し、木屋町に面して酒店・スナック・旅館等が多い。

⑪古溜池橋（古溜池南側橋・虎屋前橋・材木町橋・材木橋／図48）

古くは、幅五尺（安永・寛政）、また幅一・二間（明治）。

東は木屋町通を隔てて材木町、西は大黒町、材木屋が多かったので、以前は大黒町も一部材木町と呼んだという。

西側浜の北側に前掲五の舟入があり、これは三条下ル一つ目の舟入で、舟溜りの役目のほかに、材木の貯留にも使われ、おそらく市中の廃水も流入していたであろう。

舟溜りの南方、大黒町南端、高瀬川西岸に彦根藩邸（井伊氏・三五万石）があった。文化三年（一八〇六）に烏丸丸太町から移り、明治四年（一八九一）一一月に廃され、民有地となった。西岸沿いの広い道路の西側は、河原町通まで、主として飲食店街になっている。

材木町橋正面東側は、先斗町歌舞練場へ通じる道路で、入口に先斗町の謂《いわ》れを記した駒札が建っている。先斗町は元来、鴨川西岸の中洲の鴨川沿いの地が、寛文一〇年（一六七〇）の護岸工事以降、新地が造成され、逐次町地としての形態が整い、延宝二年（一六七四）に初めて五軒の家が許可を得て新築された。

先斗町の由来は、並び建つ人家が、いずれも鴨川を背にした先ばかりの町であるから、といわれ、また二条に始まるこの中洲が、四条辺りで先細りになっているさまを、ポルトガル語のポント（岬・先端）で表わしたなどという。

正徳二年（一七一二）以降、生洲株・茶屋株・旅籠屋株《はたごやかぶ》も許され、文化一〇年（一八一三）以降は、遊廓も許可されて昭和の廃止（一九五八）まで続いた。

先斗町は、三条通南一筋から四条におよぶ長さ五〇〇メートル、東西五〇メートル幅の狭い町であるが、両側に連なる店々や、木屋町通へ抜ける路地の数々と、また鴨川沿岸に設けられた店に通じる細い路地など、埋め立てによる地域拡張の結果によって形成された特異な地形が、この町の独特の魅力となったようである。

図48　材木町橋（1974年撮影）

材木町橋（⑪古溜池橋――一九九四年以前）
長六・四メートル、幅四・五メートル、鉄製欄干付きコンクリート橋、川幅五・五メートル。
この橋は、重量に耐え兼ねてか、河床から橋の中央下部に当てて、木材を井桁《いげた》に組んで補強工作がなされていた（図48）。なお高瀬川のこの辺りから真橋にかけて、東側河岸に近く、河中に小丸太材の残欠が並立しているのが見られる、いずれかの施設の名残りであろう。
新⑪材木橋（平成六年三月竣工）
長六・四メートル、幅四・八メートル、上部構造、プレテンション方式、ＰＣ単純床版橋。下部構造、重力式橋台（前出新⑩に同じ）。

⑫新溜池橋（新溜池北側橋・山崎町橋・山崎橋／図49）

幅　五尺

幅　一・三間（明治後期）

東、材木町より、西は山崎町へ架かり、西へ通じる道路の北側が、彦根藩邸のあったところで、橋の西北畔に「彦根藩邸跡」の石柱標が建つ。古く、享保以前（〜一七三〇）の図には、京極備中守（讃岐丸亀藩、五万二千石）屋敷と記されている（同藩邸は天明の大火に類焼）。幕末の京都図によると、烏丸丸太町の元彦根藩邸の地に、丸亀藩邸が見られるところからすると、あるいは、両藩は互いに邸地を交換したのではあるまいか（未考）。

山崎町は河原町三条から二町目で、東は高瀬川を隔てて材木町、北は大黒町に、西は松枝町・裏寺町に、南は新溜池橋の下手西側の舟入（六）を境に、北車屋町に接している。

西方河原町西北角、宝塚劇場の南側から西行し新京極通から寺町へぬける道路は、明治六年（一八七三）二月、民有地の交換でできた。宝塚劇場の地は、古く江戸参府のオランダ人が泊まる宿、海老屋与右衛門方で、阿蘭陀《オランダ》屋敷と呼ばれていた。

この橋が、新溜池橋と呼ばれた所以《ゆえん》は、この橋の下手の舟溜（六）が、大黒町の舟溜（五）より幾分後にできたことを意味している。高瀬川西岸の大黒町から、南車屋町にいたる間は、大正年間の都市計画の名残りが、戦後、この近辺の疎開地跡の利用で、同地域の高瀬川右岸の広い道路設備となって実現した。

周辺には飲食店、バー街が栄え、河原町へ抜ける三本の道路の両側にもひしめいている。

夜明けにも近く、これらの店から出る残飯などは、鼠たちや烏の好餌となる。満腹の鼠たちは高瀬川で水

図49　山崎町橋(1974年撮影)

泳ぎをするし、烏は鴨川上空に羽ばたいて、かよわい鳥たちを威《おど》している。

高瀬川東岸一帯も、バー・寿司屋・喫茶店等が並ぶ繁華街となり、かつての炭屋・材木屋・米屋等は影をひそめた。

⑫山崎町橋(平成改築以前の規模)

長　六・八メートル

幅　六・七メートル

コンクリート製、鉄欄干付き

付近の川幅五・四メートル、水深一〇～一五センチ

なお本橋は、市建設局道路維持課によって、新規に架橋され、平成六年(一九九四)三月に竣工した。橋名は、山崎橋になった。

新⑫山崎橋

長　六・七九メートル

幅　六メートル

上部構造、プレテンション方式PC単純床版橋。下部構造、重力式橋台(前出新⑩に同じ)。

⑬上車屋町橋(新溜池南側橋・北車屋町橋・車屋町橋・車屋橋)

古くは　幅五尺五寸
明治の頃　幅一・二間
昭和六三年までの車屋町橋は、鉄製欄干付き反《そ》り橋、アスファルト敷き。
長　六メートル
幅　二・六メートル
川幅五・四メートル、石垣高さ九〇センチ、水深一五センチ。
橋の東岸、木屋町通側は材木町、西岸は北車屋町で、さらに西の河原町寄りは山崎町。

北車屋町は正保年間（一六四四～七）に開《ひら》けたと言い、高瀬水運が繁昌するにつれて、牛車で運送業を営む人々が集り住んだので町名となった。

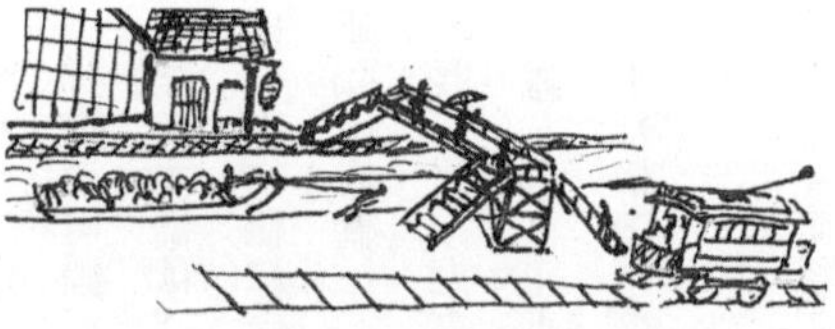
図50　明治時代の上車屋橋想定図
（高瀬舟の運行と初期の電車が並行していた）

◎江戸城工事に働いた京都の牛車

徳川幕府の本拠江戸城第一期工事は、寛永六年（一六二九）から始まった。諸門、石垣、枡形などの築造工事が、諸大名の助役《すけやく》で寛永一三年頃まで、引き続き行われた。この工事で、明治まで存続した江戸城の概観が整えられた。

そして寛永一三年の、赤坂から市ケ谷を経て、牛込から神田川に続く外堀と、石垣工事のときに、牛込土橋付近の石垣工事用の石材を運搬するために、京都から四条車町の牛車屋たちが呼ばれて工事に携わった。江戸で牛車が使用されるようになったのはこの時からである。

この牛車屋たちは、工事中は市ケ谷八幡前に牛小屋を建てて御用をつとめ、工事終了後は褒美として、寛永一六年に芝高輪に車町を与えられて、江戸中の独占権を得た（村井益男『江戸城』、中公新書）。

右の記録からすると、南車屋町の方が先に同業者町として発展したようである。

車屋町橋は、昭和六三年に、市・西土木事務所の手で新たに架橋され「車屋橋」となった。

新⑬車屋橋（一九八八年竣工、本橋のデータは未調査）

⑭下車屋町橋（南車屋町橋）
幅　五尺五寸
明治期　幅　一・二間
東岸はこの端の上手から下樵木町となる。西岸は南車屋町、その西は一部北車屋町を含み、河原町まで奈良屋町。南車屋町は、北車屋町と同じく牛馬車業者の住む町であった。高瀬川沿岸も納屋が多かった。
奈良屋町は、西は河原町に面し、天正以後にできた町で、町名は有力な開拓以来の住民の屋号に由来するものであろう。
高瀬川西岸沿いに大黒橋から南下する道路は一応この橋で終り、突き当りはうどん屋であった。数年来うどん屋の西側が更地《さらち》となり、南側河岸、元下間邸跡の空地に続くようになった。
東岸の橋の正面の小路は、先斗町から鴨川に通じ、下手は市営駐車場、その東は公園である。昨今この辺りに、鴨川に人道橋を架ける計画が起り、フランス式やなにやと論議されている

⑭南車屋橋（平成五年まで）

長　六・五メートル

幅　六・七五メートル

コンクリート製、欄干の高さ九〇センチ、同幅二〇センチ

川幅五・七メートル、石垣高さ九〇センチ、水深一五センチ

南車屋橋は市建設局道路維持課により、架けかえられた。

新⑭南車屋橋（平成五年三月竣工）

長　六・五四メートル

幅　八メートル

上部構造、プレテンション方式PC単純床版橋。下部構造、重力式橋台（前出新⑩に同じ）。

⑮土佐橋（蛸薬師辻子橋・蛸薬師橋／図51）

幅　一間

明治期　幅　一間

この橋は昭和六十二年までは、鉄製勾欄付き反り橋、アスファルト敷。

長　五・七メートル

幅　二・六メートル

川幅五・五メートル、石垣高さ九〇センチ、水深一五センチ

蛸薬師橋は昭和六十二年三月、市・西土木事務所の手で新しい橋が竣工した。

新⑮蛸薬師橋(一九八七年三月竣工)

方持床版部を有する変断面床版・RC単純床版橋。

長六・七メートル、支間六・二メートル

幅員＝端部四・四メートル、中央部五・二メートル

岸は備前島町、その西は北半分が奈良屋町、南半分が塩屋町で、この二町は河原町通の東西を含んでいる。下樵木町は高瀬川のできた頃から追い追い開けた町で、薪炭業者が多かった。この町は天明の大火(一七八八)でも焼けなかった。

町の東側は先斗町を限りとし、先斗町筋は石屋町を頭にして、鴨川沿いに橋下町・若松町等が材木町の東側に接し、梅ノ木町・松本町が下樵木町の東に当り、鍋屋町で東西町になり、その南は柏屋町で西側だけの町となり、現在、店舗と交番のある東岸は河岸であった。

備前島町は河原町三条下ル四町目東入ルから高瀬川にいたる町で、正保年間(北車屋町と同じ)に開け、高瀬川開削のおり、備前(岡山県)牛窓から船頭を招いて住まわせたところという(あるいは、豊前島町と呼んだという説もあるがよくわからない)。のちに船頭たちは、四条下ル西岸の船頭町に移され、その跡地に土佐藩邸ができた。

図51　蛸薬師橋(土佐橋)と下間邸(向う側)及び土佐藩邸跡の石柱(1980年撮影)

◎下間《しもずま》家について

蛸薬師橋の西北角に、近年まで古いたたずまいを残していた下間邸は、下間家二五代仲能《なかよし》氏が近年まで住んでおられたところで、旧宅は二六〇余年前に建てられたと推定された（竹中工務店、出入り棟梁の話および仲能氏談……敷地の舟入が消えておよそ三一〇年余り）。高瀬川の水を家屋の中へ引いた池が取り込まれた珍しい構造で、かつて住居の写真集も作られた。家の周囲は、高瀬舟の舟板を使用した珍しい塀であった。下間家はこの家に、大正九年（一九二〇）頃に移り住んだ。

下間家の先祖は、下総下妻より蓮如さんについてきたという。源頼政の玄孫（五代目）兵庫頭宗重（北面の武士）を祖とする。織田信長との一〇年余にわたる（一五七〇〜八〇）石山の合戦に、法主顕如を助けて活躍した坊官下間仲之（一五代）の遺品と関係資料は、平成六年三月に、大阪城天主閣に入った。

そして蓮如大坂御坊建立五〇〇周年を記念して、平成七年三月より五月七日まで「石山合戦と下間仲之―本願寺坊官下間少進家資料展」が開催された。下間邸は今、リバーサイドテラスというビルに変り、池のあった辺りの河岸の地は収公されたようである。

◎明石温泉

土佐藩邸（高知・山内氏、二四万石）は、天明の大火のとき、三方から火が寄せてきたが、不思議にも焼け残り、明治四年（一八七一）撤収されたあとは民有地となった。明治九年以降、明石博高（一八三九〜一九一〇／医師、京都府参事として槇村知事に協力し、京都近代化の諸事業を展開した）邸となり、同一四年一二月、高瀬川畔に温泉を設け「京華温泉」と称し、有馬温泉と同成分の薬泉を経営した。世人はこれを「明石温泉」と呼んだ。温泉と併立して厚生病院も開業（同一六年四月）したが、これは失敗し、同二〇年閉鎖の

図52　元立誠小学校玄関前橋

後「京楽倶楽部」となり、いずれも長続きすることなく、同二四年に温泉も手離した。

　明石邸はのちに料亭「共楽館」となり、やがて南側にできた京都電灯株式会社（六〇頁参照）の敷地に入り、赤煉瓦造りの電灯会社本社が竣工し、イルミネーションで飾られたのは、明治四五年四月であった。のち、このところに立誠小学校が河原町三条から移転してきた。

◎立誠小学校

　立誠小学校は、明治二年（一八六九）に河原町通三条下ル大黒町にあった、元阿蘭陀使節の迎賓館・海老屋与右衛門宅跡の村上和光の寺小屋を購入して、明治二年一一月一日、下京第六番組小学校として開校した。同五年、下京第六区小学校となり、同七年、三川小学校と名付け、同一〇年、立誠小学校と改称された。この間増築を重ね、大正年間には、正門・講堂・教室等建坪三七九坪三合、敷地八二一坪九合五勺という大きな尋常小学校になった。

図53　角倉了以翁顕彰碑

　大正一三年一月二二日の大火（新京極六角、松竹劇場、明治座より出火、誓願寺はじめ付近数十軒を全焼）で類焼し、校舎一棟が焼けた（この間、大正一五年九月一日、市電木屋町狭軌線を廃止し、二条〜四条間の河原町を西へ拡幅して広軌線を移設した。立誠校の敷地もこのためにせばまった）。

昭和二年一二月、備前島町の現地に新築移転した。以来平成五年まで六七年、河原町での開校以来、一二五年の歴史を、意外にも児童減少という事態によって、高倉小学校に併合というかたちで閉じることになった（高倉小学校は、もと日彰小学校で、本能・明倫・生祥・立誠の各校を併合して改名された）。

（番外橋）元立誠小学校玄関前橋（図52）

長　五・五メートル

幅　一二・八メートル

鉄製コンクリート製、欄干等レンガ造りコンクリート製。

蛸薬師橋南、元立誠小学校入口玄関として架かる橋は開校以前はなかった。

現在この橋の上流、蛸薬師橋との間の河床には、市電撤去後の軌道の敷石がみられる。

なお正面玄関向って左側には、京都ロイヤルライオンズクラブの記念事業として、昭和五六年一月一八日に「高瀬川沿革図標」が建設除幕された（この資料については著者も協力させて頂いた）。

そして、昭和六〇年（一九八五）三月三〇日には、角倉了以翁顕彰碑が、玄関向って右側に建設除幕された（図53）。碑の正面、角倉了以の斧を持つレリーフの足下には、高瀬舟の舟板がはめ込まれて残されている（下間仲能氏寄贈）。

毎年四月初旬の土曜日午後には、「高瀬川桜まつり」が、立誠・銅駝・永松の高瀬川保勝会により開催され、立誠校玄関にも毛氈《もうせん》を敷いた床几《しょうぎ》が置かれ、舞妓さんによる五色豆の接待などの催しがある。また三条からこの辺りの河中には、美術学生によるモニュメントの展示が桜花と競い奇異の眼を驚かしていた。

八月一九日から二〇日には、立誠校講堂で、灯籠《とうろう》流し用の灯籠展があり、献納の、創意を凝らした灯籠がみられる。二一日夜には、高瀬川で「灯籠流し」がおこなわれる(立誠高瀬川保勝会主催)。

⑯土佐橋(共楽館橋・備前島橋/図54)
安永図には見られず、寛政図に土佐屋敷下手、八の舟入の北側の浜に通じる道路に架かっていた。
長さと幅は不明。
明治年間は共楽館橋と呼び、幅は一・二間。
立誠校校庭の通用口前に位置するこの橋は、かつては欄干がひしゃげて橋上に雑物《ぞうもつ》を置かれて、物置然とした哀れな姿であったが、今は同校通用口への橋として、欄干・橋桁等も立派に備わり、「備前島橋」の名札を掛けて、凛とした姿を見せている。上下流各所のかつての鉄パイプを骨幹とした、昔のスタイルの橋が全く姿を消してしまった今、多少姿は異なるが、この橋は戦前の橋の代表として、生き返ったような感じがする。この橋の現状は次の通りである。
新⑯備前島橋(共楽館橋)
長　五・五メートル
幅　二・六メートル
(寸法は戦前と同じ)
鉄製、コンクリート敷、鉄製勾欄付き

図54　共楽館橋（備前島橋の旧態／1974年撮影）

図55　二ノ舟入橋（紙屋橋／1974年撮影）

河原町通から、さざ波薬局の脇を東へ入る道は、本来この橋に通じていたが、今は東半分が校庭となり、露地は藤垣医院のところで北折し、土佐稲荷の正面へ抜けている。

立誠小学校の校庭、西南部には変電所があり、電灯会社の名残りをとどめている。

橋の東岸、木屋町通沿いには、新旧の店舗が入り交じり、飲食店・八百屋・ガレージ等がある。

⑰二ノ船入橋（二ノ船入南側橋・相生橋・紙屋橋／図55）

幅　七尺五寸

明治期　幅一・二間

この橋の古い姿は、明治二二年の電灯会社の写真に見られる（七一頁）。同じく三七年の分は、川端と平坦な橋となっている。

戦前より平成五年までの紙屋橋の規模は次の通りである。

鉄製勾欄、アスファルト装、反《そ》り橋

長　五・九メートル

幅　四・二メートル

川幅　五・五メートル

石垣高さ九〇センチ

この橋は、八ノ舟入(四条から数えて北へ二番目の舟入)の下手に架かっており、古く「二ノ舟入橋」と称した。

東岸は鍋屋町に接し、西岸は紙屋町、さらに西は河原町東側までが下大坂町。東岸木屋町通沿いは、十軒町橋辺りまでビル(このごろは空ビルも多い)、飲食店・バー等が立ち並ぶ。

西岸高瀬沿いも露地に面して飲食店が多いが、古くから居住する一般のしもたやも多い。紙屋橋は平成五年に、市建設局道路維持課によって架けかえられた。

新⑰紙屋橋

長　六・五四メートル

幅　四メートル

上部構造、プレテンション方式PC単純床版橋。下部構造、重力式橋台(前出新⑩に同じ)。

⑱一ノ舟入橋(一ノ舟入北側橋・南紙屋橋・扇橋・十軒町橋・下十軒橋)

幅　五尺

明治十五年修繕、下十軒木橋、長四間半、幅一間、修繕費四円七三銭四厘

明治末　幅一・二間

(平成五年まで)鉄勾欄付きコンクリート台、橋長不明、幅三・五メートル、鉄柱銘板付き、直径一〇センチ、上欄パイプ七センチ、中欄径五センチ、中間支柱径五・五センチ。

橋の東岸は鍋屋町、西岸は紙屋町、その西は河原町通まで米屋町である。一帯の町名は、今まで見た高瀬川沿いの、車屋町・材木町・樵木町・石屋町などと異なり、先駆住民の有力者の屋号に由来すると考えたい。木屋町通は、ブティック・旅館・飲食店等が四条通まで続く。西岸と河原町通に通じる路地一帯も飲食店街である。

十軒町の由来は不明である。十軒町橋は、平成五年三月に、市建設局道路維持課によって架け替えられた。

新⑱十軒町橋（平成五年三月竣工／図56）

長　六・四四メートル

幅　三・二メートル

上部構造、プレテンション方式ＰＣ単純床版橋、下部構造、重力式橋台

図56　十軒町橋（1995年撮影）

（前出新⑩に同じ）

（番外）真橋

四条通の北五〇メートル上流に架かる橋で、橋名は町名による。古くはこの場所に橋はなかった。昭和二四年四月に架けられた橋が、平成元年まであった。

鉄筋コンクリート製、標柱石造り

高さ　五二センチ

幅　二四センチ角

欄干コンクリート造り
高さ　四六センチ
幅　二〇センチ
長　六・五五メートル
幅　七・二メートル
川幅　六メートル
石垣高さ　一メートル
水深　一〇センチ

真橋の東は、橋本町の北端と鍋屋町の南端に接し、西詰は真町、さらに西は河原町通東西にわたる米屋町である。

真橋西北の九の舟入と浜の面影は、わずかに喫茶店の北へ入り込んでいる路地のかたちに残されている。真橋西詰の民家の角にあった「古高俊太郎邸址」の石標は、とうの昔に裏手西方へ移され、付近の景観は高層ビルの新築で全くかわった。

平成元年三月に、市・西土木事務所の手で新しく架けられた真橋は、橋面が円形を基本とした、他の橋と異なるデザインである。

(新)真橋(一九八九年竣工)
合成床板橋ｋｃｓｂ
長　七・三メートル

支間　七メートル
幅員　車道部三・五メートル　歩道部一・一～二・四メートル

⑲四条小橋（図57）
寸法　古くは不明
文化一〇年（一八一三）
長　四間四尺五寸（九メートル余）
明治鉄橋（七年）　三・四間

図57　四条小橋（大正元年の橋名石柱）

大正元年十二月二十五日開通（鉄桁鉄筋混凝土材）
長　三間一分九厘
幅　一二間
人道と車道に分つ。
現況　鉄筋コンクリート
御影石欄干（高さ一メートル、幅二〇センチ）
長　六・二メートル
幅　約三〇メートル
川幅　五・八メートル
石垣高さ　二メートル

図58　四条大橋

（明治7年竣工
鉄橋）

水深　一五センチ

四条小橋の周辺は、四条通を含め、京の中心街であり、有名商店・ホテル・遊技場・飲食店・装身具店等が隙間なく建ち並び、営業を競っている。

◎四条大橋

四条大橋は鴨川四条に架かる橋で、祇園社への参詣路に当り、一名「祇園橋」という。

古くは永治二年（一一四二）勧進架橋す。その後、幾度となく架橋流失の記録がある。その中からいくつかエピソードをあげてみよう。

・貞和五年（一三四九）六月一一日、架橋のため、四条河原で勧進田楽をおこなった。河原にかけた三重の桟敷に二千人、平地に二千人の観客が群がり、将軍足利尊氏も見ていた。途中、桟敷が毀れひっくり返り、数百人の死傷者が出た。「桟敷崩れの田楽」と呼ばれたこの惨事以後は、勧進興業の桟敷の二階建て以上は禁止となった（『師守記』）。

・寛正二年（一四六一）二月、前年の大飢饉による餓死者（京中八万二千人におよぶ）を四条・五条の橋下に埋む。五月六日、橋上で施餓鬼《せがき》（『碧山目録』）。

・天文一三年（一五四四）七月九日、早朝大洪水、四条大鳥居流失、四条・

五条橋落つ云々。一〇日、和泉、堺の船、東寺の前に付くと云々、前代未聞の事也（『言継卿記』）。
・天正四年（一五七六・信長時代）六月、所司代村井貞勝指揮で普請（『兼見卿記』）。
・天正六年五月一一日大雨、一二・三日洪水、四条橋流る（鳥羽・宇治・槇島・山崎の者とも数百艘、油小路五条まで櫓おし立て参る）（『信長公記』）。
江戸時代には、三条・五条の大橋は公儀橋として幕府所管になったが、四条はそうでなく、しばらく仮橋の時代が続いた。

安政三年（一八五六）氏子の協力で架橋された。

「四条河原へ本橋新造の事をば公へ願上し同年に川中へ四二本の石柱を築立長さ五〇間の板橋を敷きわたし、幅三間（後略）」と、同四年四月に四条大橋が竣工した（『花洛名勝図会』）。
・四条鉄橋、右の橋の後、明治六年着工、翌七年三月一六日開通式。石柱の鉄橋で、「くろがね橋」と評判になったが、一方で建造費を補うために、大人一銭、牛馬二銭の橋銭（通行費）を徴収したので「銭取り橋」と悪評された（酒一升一二銭、ハガキ一銭、大工手間三三銭の頃、橋銭は明治一四年七月廃止）。この四条鉄橋は延長四五間、幅四間であった。
右の鉄橋は明治三七年に改造され、長さ五二間、幅四間五分となって、明治四五年（一九一二）の市電開通にともなう道路拡張まで残っていたが、同年（大正元年）一二月二五日に新四条大橋基盤上を市電が開通し、新たな鉄筋コンクリート造りの四条大橋が大正二年三月二三日に完成した（長さ九三メートル、幅二二メートル）。

昭和一〇年（一九三五）六月二九日、鴨川の氾濫によって一部高欄が破損した。その後、昭和一七年一二月二四日、鋼板連続桁式で新築され竣工した四条大橋は、総工費二百万円であった。昭和四〇年に欄干が近代的なコンクリート造りに改修され、一一月一三日に点灯式がおこなわれた。

四条大橋の現況は、長さ六五メートル、幅二五メートルである。

高瀬川沿岸の、三条から四条にいたる範囲の維新の史跡を順次訪れてみよう。

◎高札場《こうさつば》(または制札場)跡(三条大橋西詰北側)

三条大橋西詰には、江戸時代から奉行所のお触れ等を大きな木札に記して掲げる高札場があった。制札ともいい、禁令を示し、忠孝を勧め、キリシタン・火付等を禁じ、駄賃を定めたりした。慶応二年九月一二日夜の制札場事件は、長州人追放の札を再三取り捨てた志士と、警戒に当った新選組の死闘であった。

明治政府も元年三月、大政官の名で五倫の奨励、キリシタン・徒党の禁止など五枚の高札を立てたが、六年二月二四日、法令公布の制となり、高札は廃止された。

文久三年七月から八月にかけて天誅と称し、尊攘浪士に暗殺され、制札場に梟首されたのは、商人八幡屋卯兵衛、本願寺用人大藤幽叟、西本願寺用人松井中務などである。

◎足利木像梟首の跡(三条大橋下の鴨河原)

文久三年二月二三日早朝、三条河原の下手に、等持院から引き抜いてきた足利三代の木像の首を台上に並べ「逆賊足利の像に天誅を加えた」という立札が添えてあった。将軍家茂も上洛途上にあり、当てつけである。犯人の志士の仲間に会津の密偵大庭恭平がいたため、たちまち捕えられた者が多かった。

◎坂本龍馬と海援隊屯所跡(河原町三条下ル東入ル)

慶応三年六月一五日、坂本龍馬（一八三五〜六七）は、一年三か月ぶりに入洛し、酢屋（中川）嘉兵衛宅（一一〇頁参照）へ入った。同年四月、長崎で亀山社中の中心となって活躍していた龍馬は脱藩を許され、海援隊を組織し隊長となり、土佐藩付属となった。京都では龍馬は、中川嘉兵衛方を海援隊屯所とした。中川家は代々「酢屋」を名乗り、高瀬川を上る材木の元締めであった。八月から九月にかけて、土佐から下関方面へ行った龍馬は、一〇月九日に再び酢屋に帰った。計らずも、翌月一五日夜、竜馬は近江屋（一三三頁）で暗殺された。

◎後藤象二郎寓居の跡（河原町三条下ル二筋目東入ル南側）

後藤象二郎（一八三八〜九七）は、土佐藩のエリートで、若くして幡多郡奉行や、普請奉行になった。訓育を受けた叔父の吉田東洋が殺され、藩内の勤王党が盛んな頃は江戸に遊学した。八・一八の政変（文久三年、宮廷内の公武合体派のクーデタ）後、大監察となり勤王党を粛清し、山内容堂の信任を得た。慶応三年、家老となり、六月に上京し壺屋（河原町六角、今中壺中堂の祖）で宿した。公武合体を考えていた後藤は、坂本龍馬に啓発され、容堂を説得して、将軍慶喜に大政奉還を建白した。維新後も政府の要職を勤めた。

◎中井弘《ひろむ》寓居の跡（木屋町通六角下ル）

薩摩藩士の中井弘（桜洲／一八三八〜九四）は二度脱藩し、土佐の後藤象二郎の援助で慶応二年、英国へ留学した。翌年帰国し、宇和島藩主伊達宗城に招かれ、木屋町六角下ル山崎町に住んで、諸藩の志士と交わった。維新後も政府の諸役を勤め、明治二六年、京都府知事となり、荒神口河原町東入の地（現財務局）に邸を構えたが翌年一〇月に病没した。

◎土佐藩邸跡（木屋町通蛸薬師下ル）

元立誠小学校の地が江戸初期以来、明治四年まで土佐藩(高知県)山内氏の京都藩邸であった。幕末の同藩は藩論が交錯したため脱藩者があいついだ。京都での天誅と称する刺客として、同藩の岡田以蔵や薩摩の田中新兵衛らの活動が目立った。文久三年八月の天誅組の中心勢力には、土佐脱藩の吉村寅太郎ら一八名が加わった。八・一八政変後、勤王党は弾圧され、武市半平太も処断された。池田屋事変でも北添佶摩《きたぞえきつま》ほか五名の同藩士も殺された。禁門の変でも一八名の戦死者を出し、薩長同盟の功労者、坂本・中岡もたおれた。後藤象二郎の進言により王政復古となるが、なお土佐藩兵は、鳥羽伏見から会津・北越と転戦した。土佐藩邸は、明治四年に収公された。

◎坂本龍馬・中岡慎太郎遭難の地(河原町通蛸薬師下ル西側)

慶応三年一一月十五日夜、風邪をこじらせて近江屋(醬油屋)新助方で用心の良い土蔵から、母屋の二階へ移った坂本龍馬と、同じく土佐出身の中岡新太郎(一八三八~六七)が、龍馬を訪れていたが、突如襲撃してきた七人の刺客の手で、あえない最後を遂げた。坂本は海援隊長、中岡は陸援隊長で、ようやく大政奉還が成り、維新の諸政策は、これからというときに、有為な人材が失われた。龍馬の下僕、藤吉も殺された。襲撃者は、佐々木只三郎率いる見廻り組であるが、今もって諸説が絶えぬくらい謎を秘めている。

◎福岡孝弟寓居の跡(河原町道蛸薬師下ル)

福岡孝弟(一八三五~一九一九)は土佐藩家老の支族の家に生まれた。文久三年、藩主山内豊範の側役となり、慶応初年には、板垣退助・中岡慎太郎とともに江戸・京都で活躍した。

慶応三年三月、岩崎弥太郎らと長崎に行った福岡は、後藤象二郎とともに海援隊と陸援隊の編成を決め、坂本龍馬の脱藩を許した。同年参政になり、十月後藤と上京し、河原町通の坂本の住んだ近江屋の南三軒目の酒屋に下宿した。福岡は後藤とともに大政奉還に尽力した。
坂本龍馬は遭難の日の午後、福岡の下宿を二度訪れたが不在で会えなかった。
福岡は明治政府で出世し、のち枢密顧問になった。

◎本間精一郎遭難の地(木屋町四条上ル)

越後の郷士本間精一郎(一八三四〜六二)は江戸に学び川路聖謨《としあきら》に仕えた。安政五年、堀田正睦の上洛に随行した川路とともに上京した本間は、幕政を非難して捕えられ投獄された。釈放後、尊攘運動に活躍するが、寺田屋事件の後、急進派がくじける様子に、本間は悲憤慷慨のあまり、酒の上で薩長土の志士を罵倒するなど、目にあまる態度がたびたびあり、遂には薩土両藩の志士に毛嫌いされ、文久二年閏八月二〇日深夜、先斗町から木屋町へ抜ける瓢箪路地で斬殺され、死骸は高瀬川にすてられ、首は翌日四条河原に梟《さら》された。右の路地は、紙屋橋の東方であり、窓格子の枠に刀痕が残されている。

◎中岡慎太郎寓居の跡(河原町通四条北一筋目上ル)

河原町通四条北一筋目上ル東側四軒目が、文久年間は書林(菊屋)鹿野安兵衛宅で、中岡が、文久三年一〇月一九日に脱藩し、翌年正月の上京の時にはこの家に隠れ住んで活躍した。

◎宮川助五郎寓居の跡(木屋町四条上ル)

十軒町橋東側(巴家)にあった宮川助五郎(土佐藩士/一八四四〜七〇)の家に、慶応二年九月一二日夜、安藤鎌次・藤崎吉五郎・松原和助・沢田屯兵衛・岡山禎六・本川安太郎・中川鎌太郎が集り、三条の制札取り捨ての計画を練った(一三一頁)。円山で酒盛りの後、三条大橋西詰にいたり、長州人追放の高札に手をかけた途端に、三日前から警戒中の新選組が襲いかかり、月明の河原で死闘となり藤崎は斬死、宮川は重傷を負い捕えられ、安藤は負傷して土佐藩邸へ辿り着き、翌日自殺した。坂本龍馬遭難の日に中岡が坂本のところを訪れたのは、右の制札事件で入牢中の宮川を、会津藩の計らいで放免するという連絡があったので、赦免後、脱藩士宮川の身の振り方を任された中岡が、坂本に相談を持ちかけたのである。宮川はのちに土佐藩へ引き渡されたが、脱走して潜伏した。

◎塩屋勘兵衛宅跡（木屋町通四条上ル）

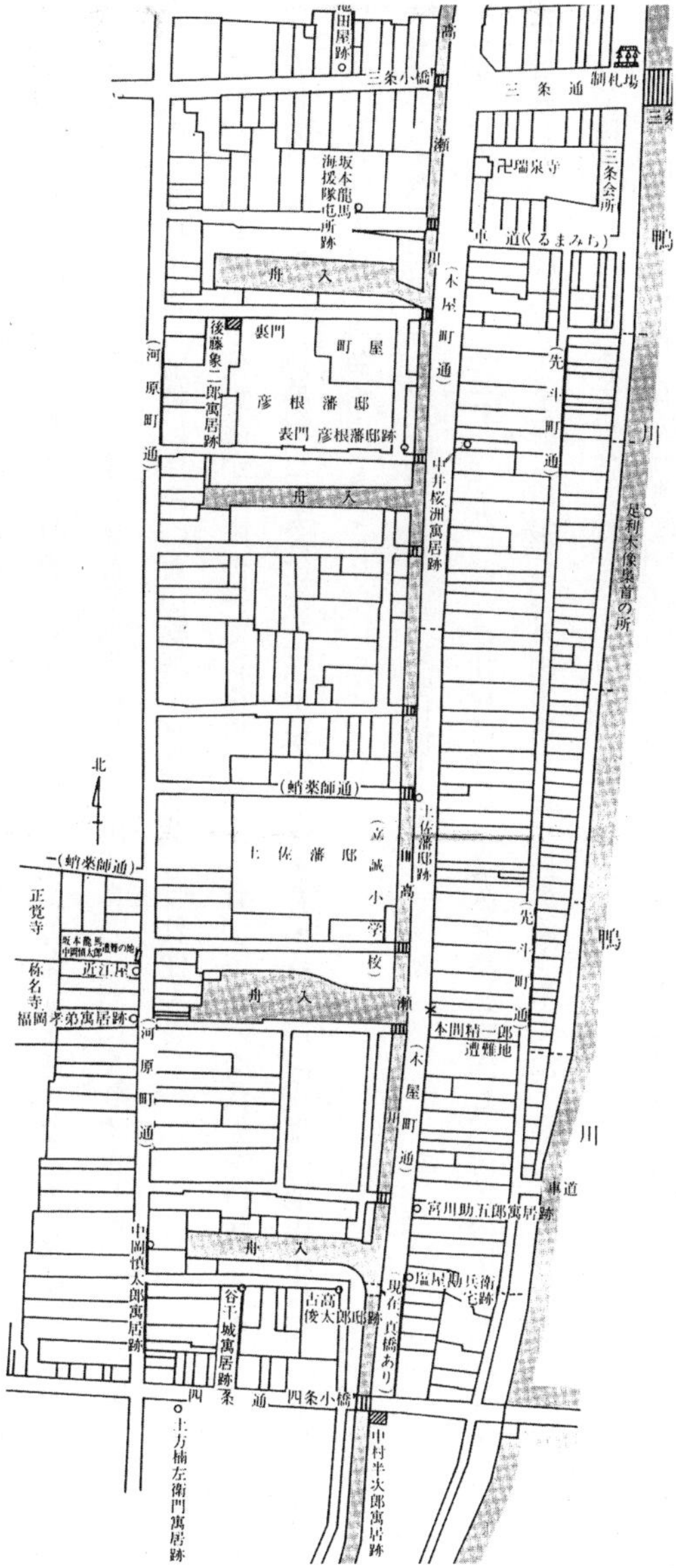

図59　高瀬川沿いの維新史跡（幕末復元図その2／三条～四条間）

塩屋勘兵衛（一七六五～一八二〇）は京都の人（現ニュートレッカビルの地に住み）、勤王の志厚く、山陵の荒廃を憂い、家業を弟に譲り、同士を募って山陵を調査した。

勘兵衛は畿内の地理に詳しく、かつ土地の古老に尋ね、一〇年一日の如く倦むところなく調査探索して、かねて蒲生君平の『山陵志』などで不明とした中の二〇陵ほどを明らかにした。晩年に『山陵大全誌』を著した。後年、山陵調査に当った戸田大和守や西野宣明なども、大いに塩屋の調査を参考にしたようである。

◎古高俊太郎邸跡（西木屋町通四条上ル）

古高俊太郎（一八二九～六四）は大津の人で、山科毘沙門堂の家臣。勤王に志し、初めの家（堺町丸太町下ル）は志士たちの集会所の如く、幕吏の目をくらますために店先に骨董品を並べた。のち木屋町の湯浅喜右衛門の養子に入り、万延二年三月、まんまと割木商桝喜こと湯浅喜右衛門になりすまして、勤王活動を続けた。大高又次郎・北村善吉も別棟に住み、吉田稔麿・宮部鼎蔵も隠れ住んだ。

ある日、宮部鼎蔵の下僕忠蔵が、南禅寺で新選組に捕えられ、主人の潜伏先を白状したために、元治元年六月五日の早暁、桝喜は新選組の手入れを受け、証拠をあげられた結果、同夜半の池田屋事変へと進展した。古高は、七月二十日、六角牢内で殺された。

◎谷守部（干城）寓居の跡（河原町通四条上ル一筋目東入南側）

谷守部（土佐藩士／一八三七～一九一一）は江戸に学び、文久元年秋帰国し、藩校の史学教授となり、尊攘論に賛成したが、慶応二年上海に出張し、外国事情を知り攘夷論を捨てた。翌三年三月、小監察となり上京し、河原町四条上ルの大森方に住んだ。

一一月一五日夜、坂本・中岡の遭難を知り、すぐに駆けつけ、重態の中岡の枕頭で様子を聞き刺客を調査した。

明治元年以降は軍人として国に尽し、陸軍中将・子爵・貴族院議員となる。
◎土方久元寓居の跡（四条河原町東入ル南側）
土方久元（楠左衛門、土佐藩士／一八三三〜一九一八）は、文久元年、土佐藩勤王党に入り、同三年上京、鷹司・三条・姉小路卿へ出入し、薩長の志士と交わった。間崎哲馬とともに藩主山内容堂に直言して怒りを買い、帰国を命じられたが、彼は脱藩して京にとどまり、四条小橋西入ルの薬種商亀屋七兵衛方に下宿して活躍した（間崎哲馬は土佐に護送されて切腹を命じられた）。

八・一八政変で七卿と西下、中岡慎太郎とともに薩長連合のために尽した。維新後、政府の要職を歴任し、伯爵になった。
◎中村半次郎寓居の跡（四条小橋東詰）
中村半次郎（桐野利秋、薩摩藩士／一八三八〜七七）は示現流の達人で、人斬り半次郎といわれた。文久二年四月、島津久光の供をして京へ上り、久光が薩摩へ帰った後も京都へ残った。半次郎は四条小橋東詰南側、煙管屋村田の娘「おさと」と仲良くなり、禁門の変後は同家に潜み、長州の桂小五郎などと密議をした。

鳥羽・伏見の戦いでは小枝橋で薩軍の先頭に立ち、くわえ煙管で平然と幕軍に対応して度胸を示し、会津まで従軍した。

維新後は陸軍の幹部に昇るが、西郷の下野とともに官職を棄てて鹿児島に帰り、明治一〇年九月、西郷に殉じた。
◎亀田太兵衛宅跡（河原町通四条下ル西側）

坂本龍馬・中岡慎太郎が襲われた夜、近江屋の二階には藤吉のほかに菊屋峯吉と土佐藩下横目岡本健三郎(一八四三〜八五)もきていた。「しゃも」を買いに行く峯吉と連れ立って、岡本も腰を上げた。「ちょっと他所へ寄る」という岡本を「亀田へ行くのじゃろう」と中岡はひやかした。岡本は薬種商亀田の娘と好い仲であった。岡本はつい先日、龍馬と越前へ同行し、三岡八郎とあってきたところである。

維新後、岡本は大阪府に勤め、また大蔵大丞に昇進するが、晩年は実業界に入り日本郵船の重役となる。

四　四条から五条まで

四条通以南、五条通にいたる高瀬川沿岸の町々は、現在その東岸に斎藤町・天王町・和泉屋町・美濃屋町・材木町・下材木町が、北から南に連なる。

西岸には、真町(南部)・船頭町・市之町・天満町・清水町・難波町・西橋詰町と順次連なっている。

これらの地は従来は、寺町以東の畑地や鴨河原であったり、あるいは鴨川と高瀬川にはさまれた中洲であったところで、新しく土地造成が成されたとすれば、鴨川の沿岸を堅固にするための、両岸の石垣の完成後でなくては、造成不可能である。(2)

(1)四条以南五条までの新地形成

まずこれらの地の発展形成が、古地図の上に如何に反映しているかをみると、次のようになる。

承応二年(一六五三)と万治元年(一六五八)の「新版平安城東西南北町並洛外之図」には、四条〜五条間の高瀬川と鴨川は一つの流れとして描かれ(つまり鴨川だけ)、もちろん両川間の中洲もない。そして高瀬川は五条石橋の下手で鴨川から分流して、東九条に通じている。

なお明暦三年（一六五七）「平安城東西南北並に洛外の図」および寛文八〜一〇年（一六六八〜七〇）「帝都図」・寛文八年「洛中洛外之絵図」等では、高辻通下ルの浄国寺の東岸あたりで高瀬川が鴨川へ流入していて、四条からこの辺りまでの中洲がみられるが、未だ町の区画は、四条以南の東岸にはない。西岸も船頭町以南はみられない。

寛文一二年「洛中洛外大図」になると、西石垣《さいせき》の斎藤町が出現し、松原下ル辺りまで町の区画がみられ、高

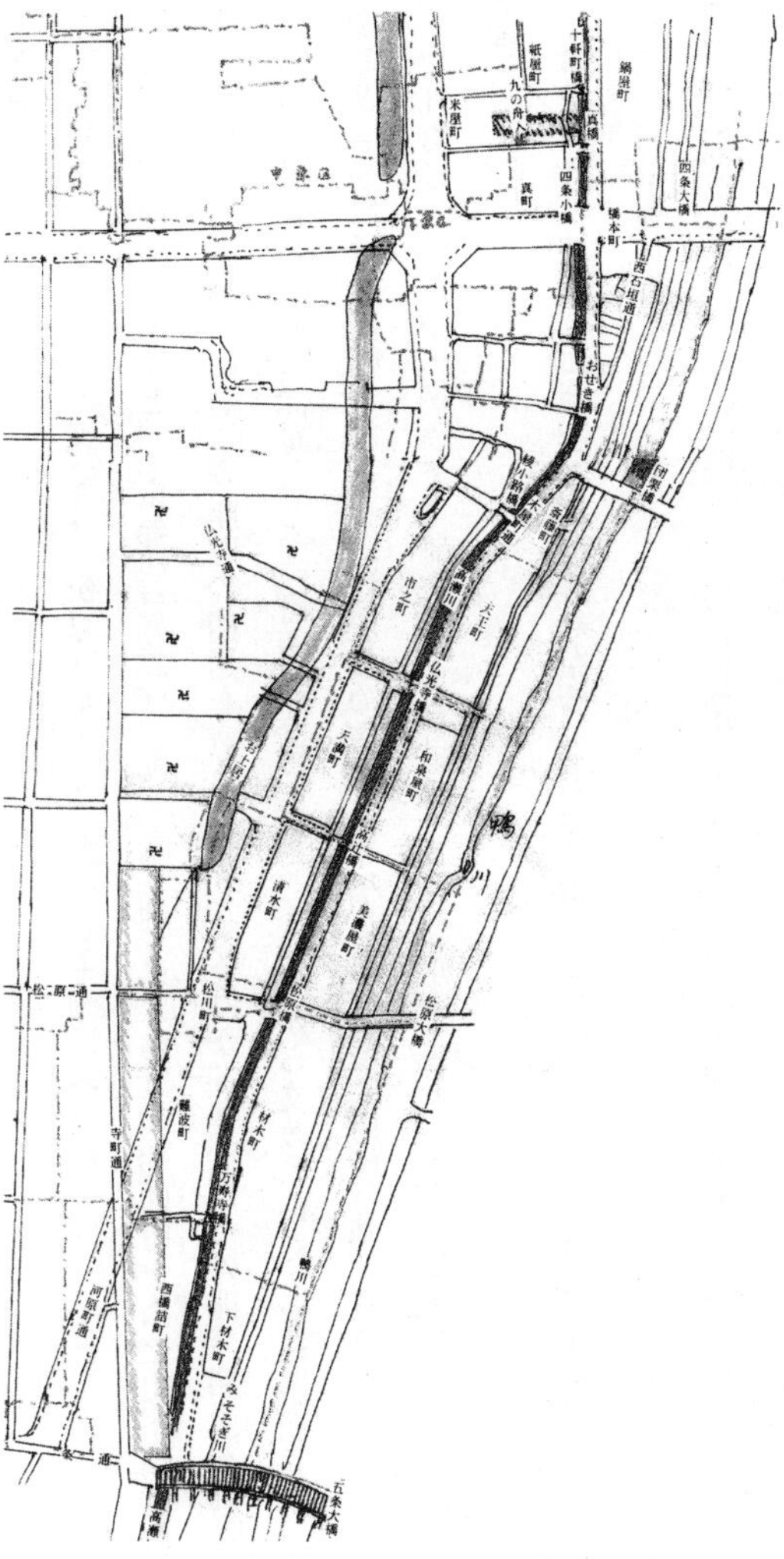

図60 『町儀難波録』にみる四条以南の開発地域

辻の船廻しができている。

元禄年間（一六九一〜六）図には、松原下ルまでの町域が中洲にみられる。

一方、文献面からみると、『京都坊目誌』（一九一五年刊）によると、船頭町・市之町・斎藤町・和泉屋町・美濃屋町の町名起源を記し、斉藤町の開通を寛文十年とするほか、多くはその開発期を不詳とする。

その他の町々の開発の記録として『町儀難波録』（寛文一〇年から文政にいたる難波町辺りの記録／筆者蔵）によると「当町は華洛鴨川に近く、松原橋の南万寿寺橋の北、高瀬西岸の地に寛文年中に開かれ新屋舗と呼ばれ、九町に分れた中の一つで、難波町と云う」、「又享保年中（一七一六〜）に下材木町が開かれた」と記す（拙訳）。

なお難波町・材木町にはさまれた万寿寺橋下手の舟廻しは、付近開発の目的で元禄二年（一六八九）に設けられた（『町儀難波録』）。

『史料京都の歴史12・下京区』二二一頁12項（平凡社）には、「周囲の地尻を合せて、新たに松川町が町立てされる」とし、『月堂見聞集』（享保九年＝一七二四）に、

「当冬、松原寺町東入町、唯今迄は四方の地尻にて事済候処に、今度別々町と、松川町と申し候。」

とあり、松原通沿いの新しい町（家並みは古くからあったに違いない）が誕生した。

『町儀難波録』も、この件についての記録を残している。(3)

さて四条以南の新地開発の概観を終り、高瀬川の橋と周辺をたどってみよう。

(2)四条以南五条までの橋と周辺

図61　番外橋E(1971年撮影)

図62　番外橋F(1981年撮影)

高瀬川の四条より下手に架かる最初の正式な橋は、⑳善四郎橋であるが、現在は、その間に二つの私設橋がある。

(番外橋E／図61)

四条小橋下手六五メートルほどの地点に、西岸三階建の家の入口に当り、欄干擬宝珠付きの私設橋がある。鉄製欄干の高さ一・一メートル、橋幅二・九メートル。かつてこの橋には幌屋根がついていた。

(番外橋F)ガレージ入口橋(丸十駐車場／図62)

私設橋、一般通行および消防用をかね、河川使用料を支払い、許可を受けたものという。

幅　八・二メートル

長　六・三メートル

川幅　五・六メートル

この橋は、前記E橋のすぐ下手に架かる。近年、ガレージのビル化とともに、架け替えられた(その規模については未調査)。

⑳善四郎橋(おせき橋・於石橋／図64)

番外橋Fの下流三〇メートルのところにある。

橋幅　古くは不明、明治期は一・五間

大正元年の地籍図上には見当たらない。東岸の斎藤町から西岸の船頭町に通じる道に架かる。昔（電車開通前）は、四条通から団栗橋《どんぐりばし》たもとに通じる道は西石垣《さいせき》通だけで、高瀬川沿いの道路はなかった（図63）。

「お石橋は木造で元民設で、橋の西北詰にお石稲荷を祀ってからお石橋と呼び、咳の神様の信仰がありました。昨年（一九五八）祇園東新地へ移りました。（中略）善四郎は船頭の親方の名ではないでしょうか」（田中緑紅『高瀬川』下）

於石橋（平成一〇年一〇月架け替えまで）

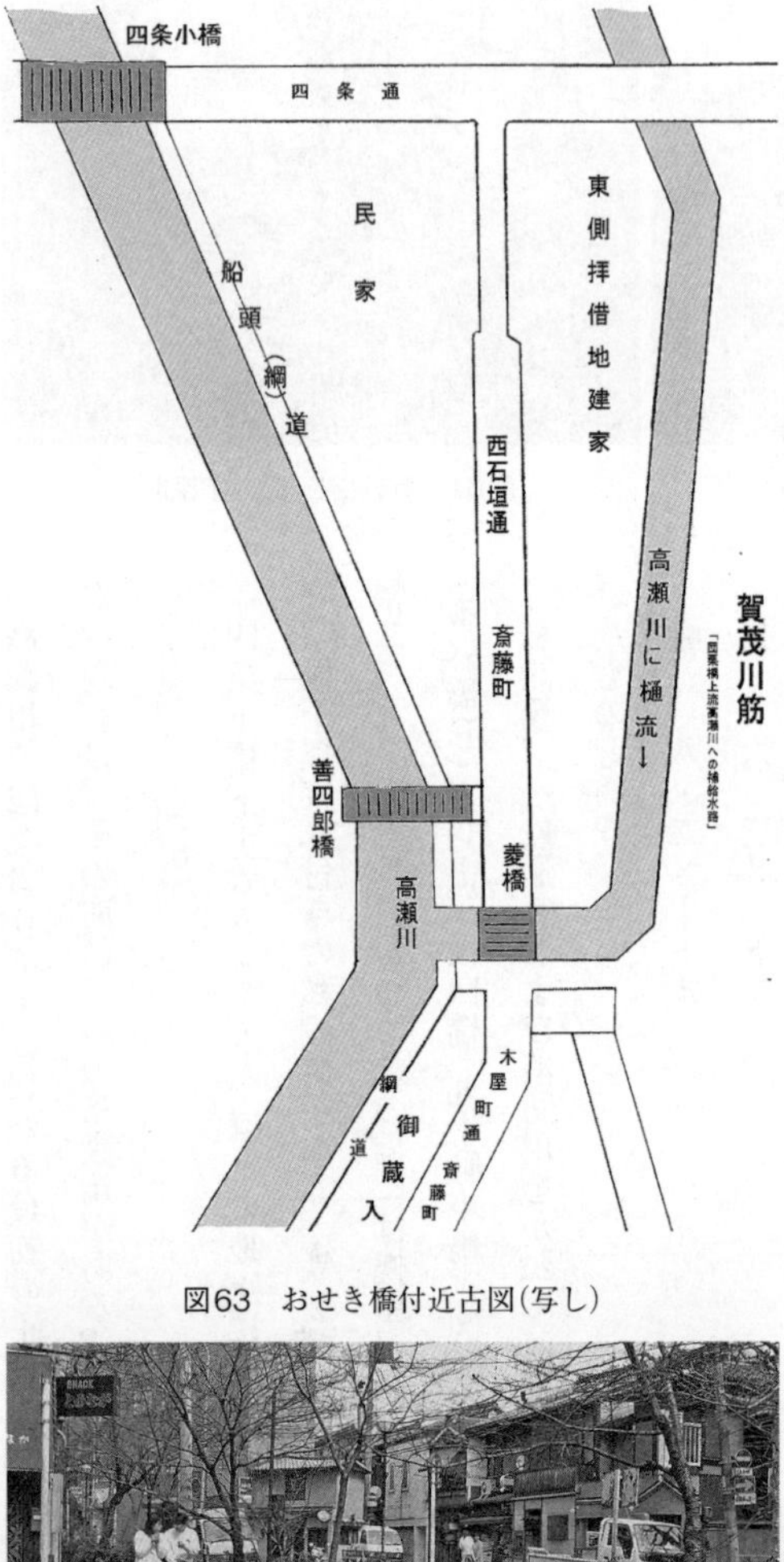

図63　おせき橋付近古図（写し）

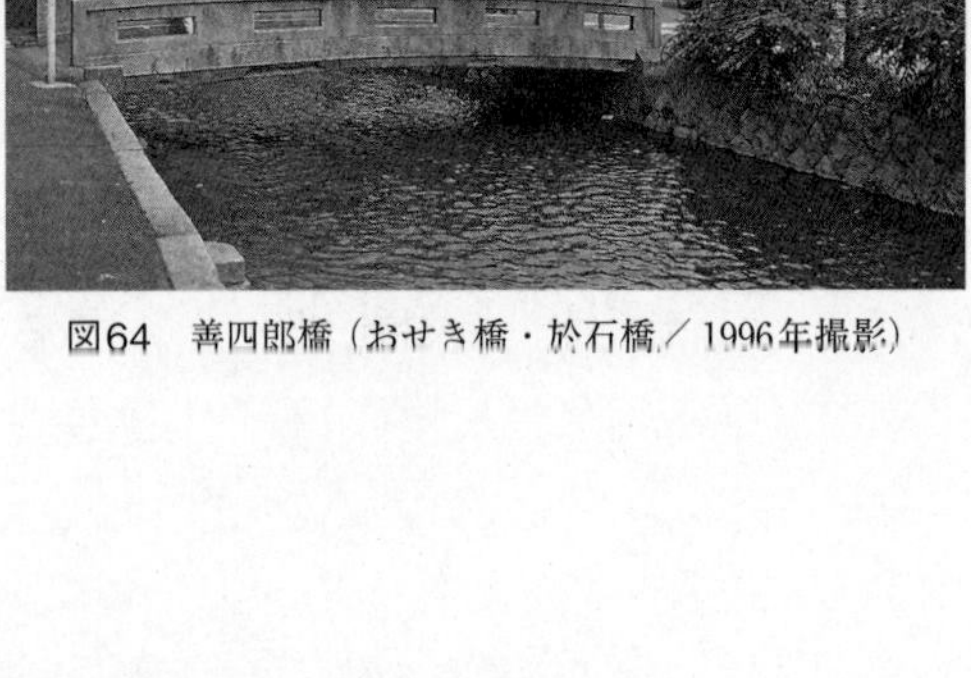

図64　善四郎橋（おせき橋・於石橋／1996年撮影）

コンクリート製反《そ》り橋
長　六・四メートル
幅　二・六メートル
勾欄高　六〇センチ
同幅　一五センチ
川幅　五・七メートル
石垣高　八〇センチ
水深　一五センチ

古老の語るに「この橋の土台は元のままだが、欄干は本来鉄製であったのを、戦時中供出したために、現在の如くになった」と（山栄主人、昭和元年来住、七〇歳、一九七四年）。

新⑳於石橋（平成一〇年一〇月完成／図65）

上・下部とも改良（プレストレスト・コンクリート桁）
幅　二・七メートル
長　六・一メートル

なお船頭町西岸の石垣は現在、高瀬川沿岸二条～七条間で一番低く、約五〇センチで、いかにも船頭たちが船に乗り込みやすいようにしてあった、その名残りであろう。東岸団栗橋上流から鴨川の水を堰《せ》き分けて、高瀬川の水の補給路があったが、今は全くその跡はない。

（番外橋G）菱橋

団栗橋上流に、高瀬川への補給水路があり、鴨川から流入するこの水路を跨ぐ木屋町通には橋が架かっていた。この橋は「菱橋」と称した。この橋に関して、明治一五年五月四日、区土木費として、斎藤町内「川口石橋」（菱橋）長さ二間、幅一間五分。架け替え費用八二円一八銭四厘とある（府会決議）。大正元年の「京都市地籍図」にこの橋はみられるが、その後については不詳（図63参照）。

木屋町通四条から南の東側地区は、西石垣《さいせき》通にはさまれた三角地帯で、ホテル・旅館・飲食店が多い。西石垣通もほとんど料理飲食店で占められている。西岸の高瀬川に背を向けている船頭町の一帯も飲食業が多い。

図65　於石橋（1999年撮影）

図66　綾小路橋（1996年撮影）

図67　綾小路橋（新／2005年撮影）

西岸四条小橋を下ったあたりは昔は船着場で、初午詣《はつうまもう》での人々も、島流しの囚人もここで舟に乗った。傍らの地蔵尊は涙の別れ地蔵と呼ばれたという。

㉑鳥羽屋橋（綾小路橋）

幅　一間

明治期　幅一間（木橋）

鳥羽屋橋の名は、市之町（西岸）の鳥羽屋嘉助（三郷仲間、薪炭商）に由来する。

市内の綾小路（東西路、寺町以西）に通じる道はないが、位置的に綾小路橋と呼ばれている。高瀬川の東岸は木屋町通で、町並みは古風な「鳥弥三」をはじめとして料理屋・旅館が多く、間に一般商店や医院などが並ぶ。

西岸は高瀬川を背にして、西木屋町に面した家ばかりで、たまに料理店などの看板が目につくだけである。

［綾小路橋／図66、明治三七年架橋］

鉄筋コンクリート

幅　　二・七メートル

長　　六・三二メートル

欄干高　六〇センチ

同幅　　一五センチ

川幅　六・一メートル
石垣高　九〇センチ
同右（橋際）低い所　七〇センチ
綾小路橋も木屋町通の整備とともに架け替えられた。
新㉑綾小路橋（平成一〇年一〇月完成／図67）
上・下部とも改良（プレストレスト・コンクリート桁）
幅　二・七メートル
長　六・一メートル（市建設局道路維持課調、平成一一年四月一二日）

㉒仏光寺通橋（谷屋辻橋・仏光寺橋／図68）
幅　一丈二尺（三・六四メートル）
幅　一・二間（明治・木橋）
天王町と和泉屋町の境から、市之町と天満町の境に架かる。
川東の木屋町通には、旅館・飲食店が多く、仏光寺通は鴨河原に抜け、消防道路となり、鴨川の西沿いに流れるみそそぎ川を渡る橋があり、中洲へ出られる。すぐ南は児童公園で、以南も旅館・飲食店等が続く。
川の西岸は、舟運盛んなりし頃の納屋・土蔵等が改修されて、一般家屋となり、いずれも川に背を向けている。
仏光寺通橋と河原町通間は戦後、拡幅されて、橋幅も拡げられた。河原町通と寺町通の間の仏光寺通はやや北方についており、寺町通以西は、この仏光寺橋に対応した位置にある。この橋と河原町通の間は団栗橋をへて鴨川東岸へ行くポイントで、始終自動車が渋滞したが、平成一〇年七月から、木屋町四条以南の路面改修工事のため、南行一方となり、完成後も同様である。

図68　仏光寺橋(1996年撮影)

○仏光寺橋(一九七四年測定)

鉄筋コンクリート製

欄干高　五七センチ

幅　　二〇センチ

橋幅　一一・四メートル

橋長　六・六五メートル

川幅　　五・八五メートル

石垣高　一メートル(低いところ九〇センチ)

水深　　一〇センチ

近年、橋西詰北側の川魚料理屋の跡は空地になったのち家が建った。その西、道路沿いの古い料理屋・古物商等もなくなり、立体ガレージになった。道路南側もビルになった。

仏光寺橋は平成七年一一月より架け替え工事が始まり、同八年三月二五日に完成、渡り初《ぞ》めがおこなわれた。

新しい仏光寺橋については規模等未調査。

図69（右）　高辻橋（1987年撮影）
図70（左）　新高辻橋（1996年撮影）

㉓高辻橋（藪の下道橋／図69）

幅　二間

幅　一・二間（明治）

東は、和泉屋町と美濃屋町、西は天満町と清水町のそれぞれ境界点を結ぶ橋である。

この橋のすぐ下手に、寛文一二年図から舟廻しの出現（六四頁）をみる。寛文以降の周辺地区開発のために設置されたのである。河岸の景観は、上流仏光寺橋辺りから引き続き変らず、旅館・飲食店が立ち並ぶが、近年ビル化されたものが多い。

高辻橋は先年改築されたが、それまでの規模は次の通りである（一九七四年測定）。

鉄筋コンクリート製

欄干高　六二センチ

欄干幅　一五センチ

幅　二・六メートル

長　六・四メートル

川幅　五・五四メートル

石垣高　九〇センチ

水深　　三センチ

近年この辺りの川の西岸に、コンクリート製の石垣が内側に設置され、河中の水流の幅がせばめられた。かつ何か所かに階段状（二―三段）の低い堰《せき》が、水流を横切るかたちで設けられた。川の流れがそこで堰止められて溢れて流下するかたちとなっている。いずれもその目的はわからない。

高辻橋は一九九一年四月に新しいスタイルの橋が、市南部土木事務所の手で架け替え竣工した。橋の南側、橋桁横の裳層板に取り付けられた銘板によると、二等橋、定着方式、プレテンション方式とある。

○新高辻橋（一九九一～）の規模は未調査（図70）。

㉔松原橋（松原通橋）

幅　古くは不明

幅　二・六間（明治・木橋）

昔はすぐ南側に車道がついていた。橋の東は、美濃屋町と材木町との境、西は清水町と難波町の境に当たる。

『町儀難波録』中に、松原橋について左の如き記述がある。

「享保二（一七一七）酉十一月三日、松原高瀬橋架け替え、同十日出来る。入用合壱貫百四拾匁八分五厘、九町に割り百廿七匁三分宛、諸事当町清水町世話也。

享保一三申六月、松原高瀬橋修復入用、百七六匁四分、此割銭壱匁四百五六文当町泉屋町へ渡す」

松原橋東岸は鴨川に架かる松原（大）橋に通じ、木屋町通東沿いのこの辺りも旅館が多く、松原通上手には大きな旅館も一、二軒ある。

松原通も、河原町通と木屋町通間は南へ拡幅されている。なお松原橋東北隅に植樹帯が一部撤去されて人道が作られ、また橋南側に歩道部分が拡張設置されたのは、昭和四八年(一九七三)三月であった。以来、橋幅は現在の約二〇メートルになった。

現在の松原橋は昭和三〇年架橋以来のものである。平成一一年一〇月二六日から右の松原橋の架け替え工事が始まった。完成予定は平成一二年六月三〇日という。工事発注者は京都市建設局道路維持課であり、施工者は名村造船所である。

図71　松原橋(1996年撮影)

(付)松原橋(旧五条橋鴨川に架かる)

松原大橋は、鴨川東岸、宮川町五丁目から西岸、美濃屋町と材木町の境の松原通に架かる橋で、清水寺の参道に当たるので清水橋と言い、またその架け替え費用が、清水寺の僧の勧進によりまかなわれたので勧進橋とも呼ばれた。

天正年中に秀吉が、大仏参詣および伏見往還の便のため、六条坊門に大仏橋を架けさせ、通り名も大仏通と称したが、正保二年(一六四五)に同橋が石橋に改修された時に、五条石橋と改めて称された。以来、公儀橋となり、古い方の五条橋は松原橋にかわった。

五条通も松原通となり、現在にいたっている。

古くは松原橋は仮設木造で、その長さは四四間であったが、明治以来、京都府の管理となり、明治三一年に京都市に引き継がれて、架け替えがなされた。

橋の総延長五四間七分、幅員三間三分、面積一八二坪三分。明治四四年の疏水拡張により、橋のかたちはかわった(『京都坊目誌』)。有名な牛若丸と弁慶の五条橋上の出会いも、今の松原橋の上であった、ということになる。

現在の松原(大)橋は、幅六・五メートル、長さ八四メートル。

図72　万寿寺橋(1996年撮影)

㉕万寿寺橋(万寿寺通橋/図72)

幅　七尺

幅　一・二間(明治)

材木町から難波町に向けて架かる。この橋のすぐ下手西側に、元禄以来の舟廻しがあった(六五頁)。近年はホテルがその跡地に建っていたが、今は空地となり、さらに西側も河原町通まで広々と空地ができ、一時は、わずかに西へ通じていた万寿寺通まで、建築物の設計内に入って消滅の危機が生じた。そこで近隣住民を中心とした保存運動(万寿寺通を守る会)が起きた。現在は空地一帯がガレージからビルとなり、万寿寺通は目下健在である。

万寿寺橋の東にあった弁慶楼はビルとなって消えた。一帯は材木町とは名のみですでに材木商の看板は一軒だけになり、五条にいたる下材木町も旅館業が多い。

万寿寺橋も新しくされた(平成一二年)。

○万寿寺橋(明治四二年架橋・一九九五年測定)

鉄筋コンクリート製
欄干高 六六センチ
同幅 一五センチ
橋幅 二・七メートル
橋長 六・六メートル
川幅 六メートル
石垣高 一・二メートル
水深 一〇センチ

なお『町儀難波録』に、

「享保三年戊二月、万寿寺橋掛替入用弐百廿九匁七分五厘
享保十三年、万寿寺橋修復の割銭弐貫六百九拾弐文、材木町に渡す」

とある。

近年の架橋記録としては、明治四二年のものがある。

◎五条近辺

万寿寺橋東側の下手三〇メートルのところから下材木町となる。享保年間に開けた(一四〇頁)。町の最南端は現在、児童公園である。南隅に五条大橋を支えた石柱が遺されている。

昔は五条大橋は、鴨川と高瀬川を一緒に一跨《ひとまた》ぎしていた(明治一〇年まで)。その頃には、高瀬川と鴨川の

境は、高瀬川沿いの綱曳き道だけであった。明治初年に中の島を築き、大小二橋を架けた（この橋は白塗りの洋風橋であったので評判が悪く、もとに戻された）。

この中の島に当初建物はなかったが、明治一七年（一八八四）七月に五条警察署が置かれた。同三七年に同署が移転した跡地は、明治三八年一一月に公園になった(4)。

五条児童公園の南に、鴨河原へ下りる石段がある。その下は二条から流下してきたみそそぎ川が鴨川へ合流する地点である。

児童公園の東側、鴨川西岸の石垣面の中ほどに、かつて鴨川から高瀬川へ補給導水した水門の名残りがみられる（図73・74）。

図73　五条児童公園水門跡

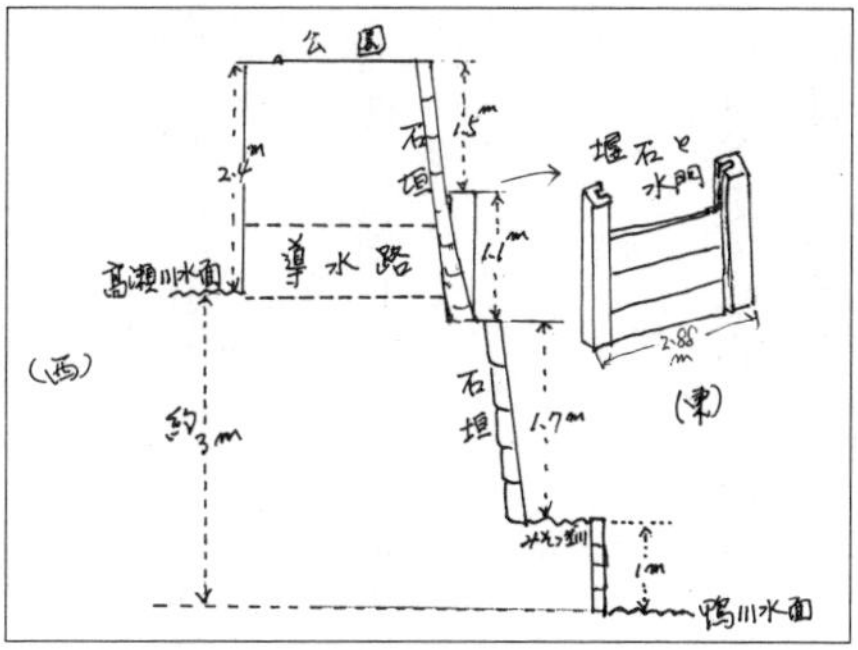

図74　同上断面図

今は石垣で閉鎖されているが、柱石内側に刻まれた溝からして、明らかに閘門《こうもん》の跡である。

この式の水門は、今も働く二条取水口南の、みそそぎ川に溢れ下る水流の調節水門や、五条橋下の交番の足下にみられる高瀬川の余剰水排出用水門として生きている。

二条の取入口も勿論であるが、この辺りの高瀬川の水面は明治以降川底を浚《さら》え続けてきた鴨川の水位低下により、およそ三メートルは鴨川の水面より高くなっているので、今はとても直接取水はできない。

公園の南側、五条大橋西詰には、「扇塚」がある。これは、新善光寺・御影堂（五条下ル高瀬川西にあった）の扇子製造の盛んであった頃を偲んで、昭和三五年（一九六〇）に、扇子団扇同業組合が建てた。設計は、故・井島勉京大名誉教授である。

㉖五条大橋（付五条小橋）
古く秀吉が天正年間に架けた橋を当初は大仏橋と称したが、のちに五条橋となり、本来五条橋を称した松原橋からその名を奪った（一五〇頁）。通り名も同様である。

五条大橋は、江戸時代を通じて公儀橋（幕府の管轄）であったが、維新以来、京都府の所管になり、やがて大橋と小橋の二つに分かれた。
○五条大橋の現在の規模
幅　三六メートル
長　六七メートル（五条大橋については、『京都坊目誌』や『京都史跡事典』等に詳しいので略す）
明治以降五条小橋ができたが、記録は電車開通時の幅七・五間が最初である。

五条小橋上は、京電が開通以来、単線軌道のとき(明治二八〜四五年)は斜めにわたっていたので、歩行者の危険を招いたため、別に歩行者用の橋が架けられた(図75/大西友三郎氏談)。

その後の複線化と橋の軌道敷の名残りが、木屋町通西側の、五条北方の三角地帯と西木屋町通の細い抜け道である。

そして五条通が広くなった今は、橋の存在はほとんどわからない。

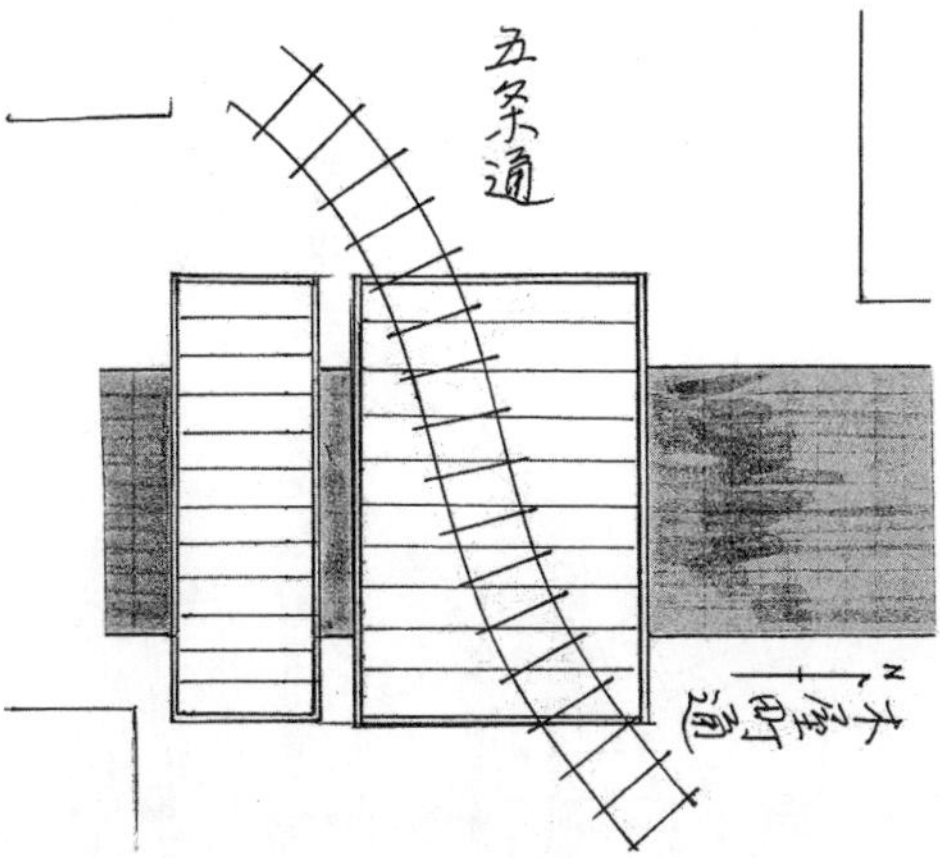

図75　五条小橋(明治末)

図76　五条小橋の現況(2005年撮影)

五　五条以南七条まで

⑴五条以南の新開地

五条以南の鴨河原は、正面から七条辺りにいたるまで、古く中世以降、戦国時代には六条河原と呼ばれてその範囲も広く、しばしば戦場となり、あるいは敗者の処刑場となった。(5)

鎌倉以降、六波羅探題の処刑地として鴨河原一帯が使われ、一遍上人（一二三九～八九）開祖の時宗（遊行

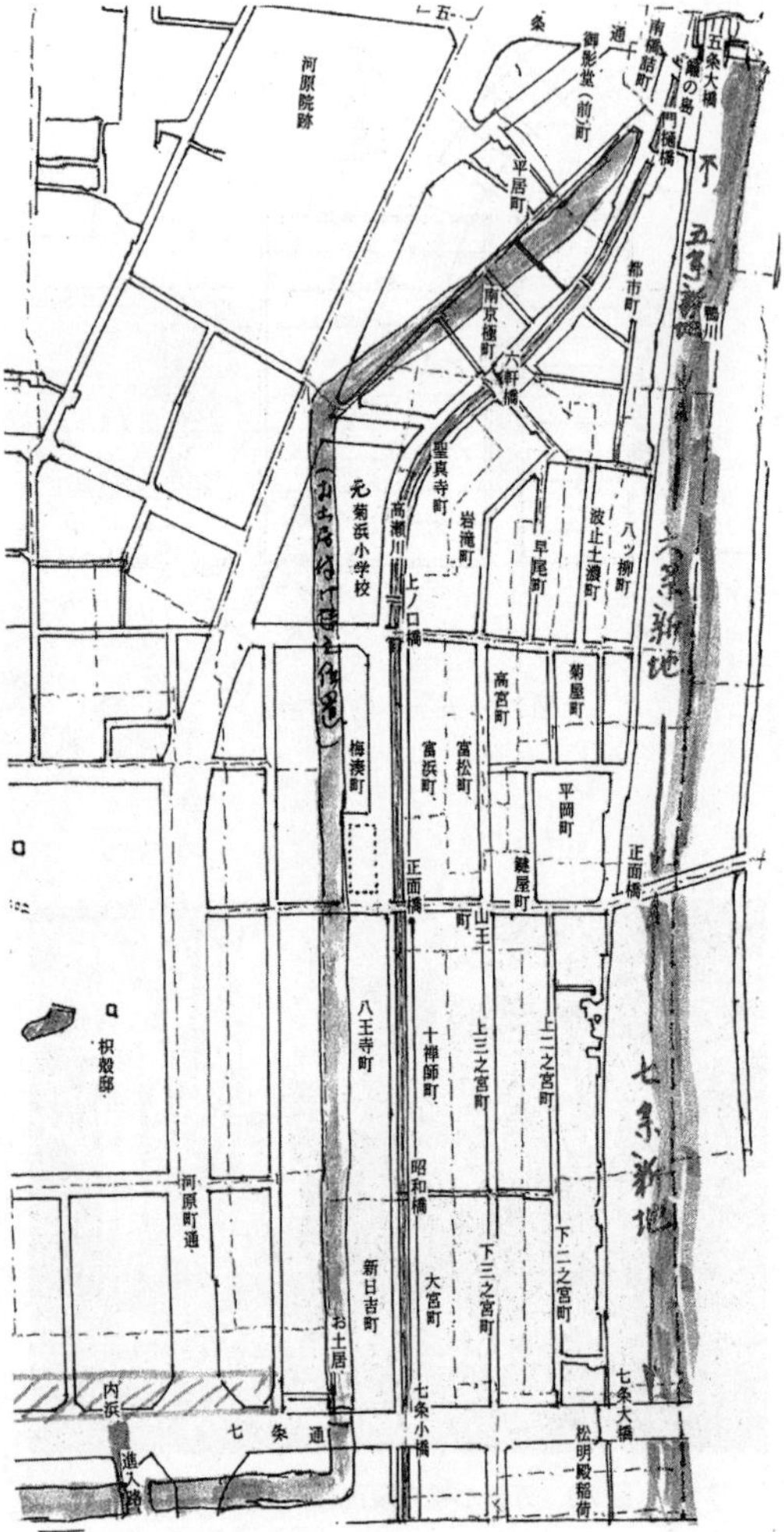

図77　五条以南と高瀬川沿いの町々

念仏宗）の寺僧たちが、処刑される罪人に引導を渡した。一遍の下には、一般庶民の他に、社会から排斥されていた「乞食、癩病人、囚人」なども慕い寄った。ときにはこれらの人々が刑罪の執行を手伝わされた(6)。

五条通の南七条まで、東洞院通以東鴨川西岸までの地域は、新地の発生とともに逐次開発された町である（四四頁）。

この時つけ替えられたお土居以西の開発地は、東本願寺新屋敷とし、明治維新まで寺内町であった。

お土居以東の鴨河原までは、当初の高瀬川はお土居ぎわを南下し、その東側は五条から上の口辺りまでは金光寺領と中島村、その南、正面までは六条村、正面から七条通までは妙法院領であった。

この地域内に開発された新地は、七条新地が最も早く、宝永三年（一七〇六）で、六条新地がこれに次ぎ正徳三年（一七一三）、五条新地は最北端にもかかわらず一番遅く、宝暦八年（一七五八）に開かれた。この間、高瀬川の流路も再三変更されている（四三頁の図13参照）。

これらの町々は五条大橋西詰の南橋詰町（明治以降の呼び名、もとはなし）・御影堂（前）町の旧い町に続き、北から平居町・南京極町・都市町《といちちょう》・梅湊町・聖真寺町・岩滝町・早尾町・波止土濃町《はしどのちょう》・八ッ柳町・富浜町・富松町・高宮町・菊屋町・平岡町・鍵屋町・山王町・八王寺町・十禅師町・上三之宮町・上二之宮町・新日吉町・大宮町・下三之宮町・下二之宮町・稲荷町の二五町ができた(7)。

(2)五条以南の橋と周辺

（番外橋H）南橋詰橋（五条橋のすぐ南／図78）

昭和三四年二月竣工、都市町頭と南橋詰町を結び、斜めに架かる。

図78　南橋詰橋（1996年撮影）

鉄筋コンクリート造
幅　五・二メートル
長　七メートル
欄干高　八〇センチ
同幅　一八センチ
川幅上流　五・五メートル
　下流　六メートル

五条大橋の西詰南側には首途《かどで》八幡宮があった。貞観年間（八五九～七七）の創始で、源氏の信仰を得、また高瀬川開削以来は、船八幡として崇められたが、どんど焼け（一八六四）で類焼し、仮殿のままに明治二年（一八六九）に廃社となった。

八幡宮の西隣りには新善光寺・御影堂があり、京名物の久寿扇で有名であった。ここも元治元年の兵火に焼かれ、明治二七年に再建されたが、昭和二〇年（一九四五）三月、軍命令の疎開によって立ち退き、長浜市へ移った。首途八幡と御影堂の跡地は、ともに五条通の中に入ってしまった。

なおこれらの地の西南方一帯は、源融の河原院の跡で、縁の深い史跡が多い（一六〇頁）。

㉗門樋橋（都市橋・孫市橋・榎橋・枝橋）都市町と平居町を結ぶ（図79・80）
明治時代木製
長　三間一尺五寸

幅　二間二尺
（現在）鉄筋コンクリート製、鉄欄干付き
幅　六・二メートル（道幅五・二）
長　六・二メートル
石垣高　東　二・二メートル
　　　　西　二・〇五メートル
川幅　五メートル
水深　一〇センチ

門樋橋の由来は、この橋のところに開閉できる、観音開きの水門（木製）を作り、非常のさいは固く閉ざして、川の流れを止める装置があったからである。

なお昔はこの橋の東岸に、高瀬の普請小屋があった。橋の上流東側には、余剰水を鴨川へ落す閘門《こうもん》と水路がある。これは昔からの位置にそのままあるようである。

水門の東岸にある五条小橋交番の右側に鴨川畔へ通じる露地があり、ちょうど川岸へ出たところの左側に、地蔵尊を祀る小堂がある。古くから角倉地蔵と呼ばれている。

◎河原院跡

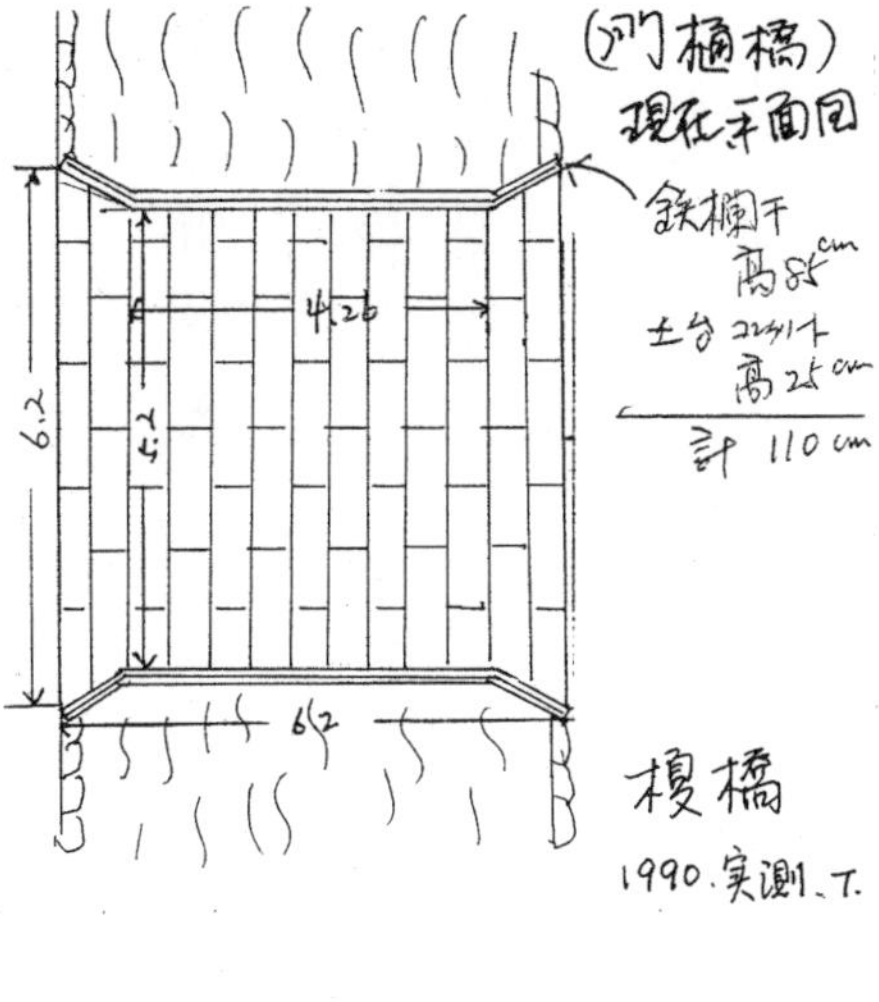

図79（右）　榎橋（1996年撮影）
図80（左）　榎橋（門樋橋）平面図

榎橋の東詰、五条小橋交番のすぐ南に榎の大木が二株に分かれて高々と生い茂っている。その根元に「此附近源融《みなもとのとおる》河原院址」の石柱標が立っている。

源融（八二二〜九五／嵯峨天皇の第六皇子）が六条鴨河原西岸に構えた邸宅が河原院で、南北は今の五条通から六条通まで、東西は柳馬場通から鴨河原にいたる広い地域を占め、壮麗を極めたという。

源融は邸内に陸奥国塩釜の景を移し、毎月、難波江（大阪湾）から潮水を運ばせて、塩を焼く煙の風情を楽しんだ。そして塩釜の浦の沖合にあったという、籬《まがき》の島に見立てた森が鴨河原にあったと言い、その森の名残りが今に残る老榎の大木であるという。

（番外橋I）私設鉄橋（榎橋下流）

東岸、都市町の商店前から、西岸、平居町のお茶屋街を結ぶ。

総鉄製

幅　六五センチ

長　五メートル

欄干高　七〇センチ

石垣高　東　一・一二メートル

　　　　西　一・二メートル

水深　一〇〜一二センチ

（番外橋J）私設鉄橋（六軒橋上流七五メートル／図81）

東岸、都市町から西岸、平居町の弁天湯通用口上手に架かる。昭和四九年初めまでは木製であったが、総

図81　番外橋J（1987年撮影）

図82　六軒橋（1996年撮影）

鉄製にかわった。

私設鉄橋

幅　八七センチ

長　五メートル

石垣高　一・一メートル

水深　一〇センチ

この橋は川東より弁天湯に通う人々の利用が多い。なお川東、金光教高瀬教会の北側露地を東へ行くと、三叉路の突き当りに地蔵尊がある。背面の寄進者名により、小鉄地蔵と呼ばれている（会津小鉄は幕末の侠客）。

㉘早瀬橋（六軒町橋・六軒橋／図82）

東岸、早尾町と岩滝町の境と、西岸、南京極町と聖真子町の境とを結ぶ。

この六軒橋付近は元遊廓の名残りを残しており、榎橋以南の西岸は道はせまいがお茶屋が多い。六軒町の由来については知らない。

○六軒橋

明治時代は木製

幅　一間半

長　五間三尺五寸

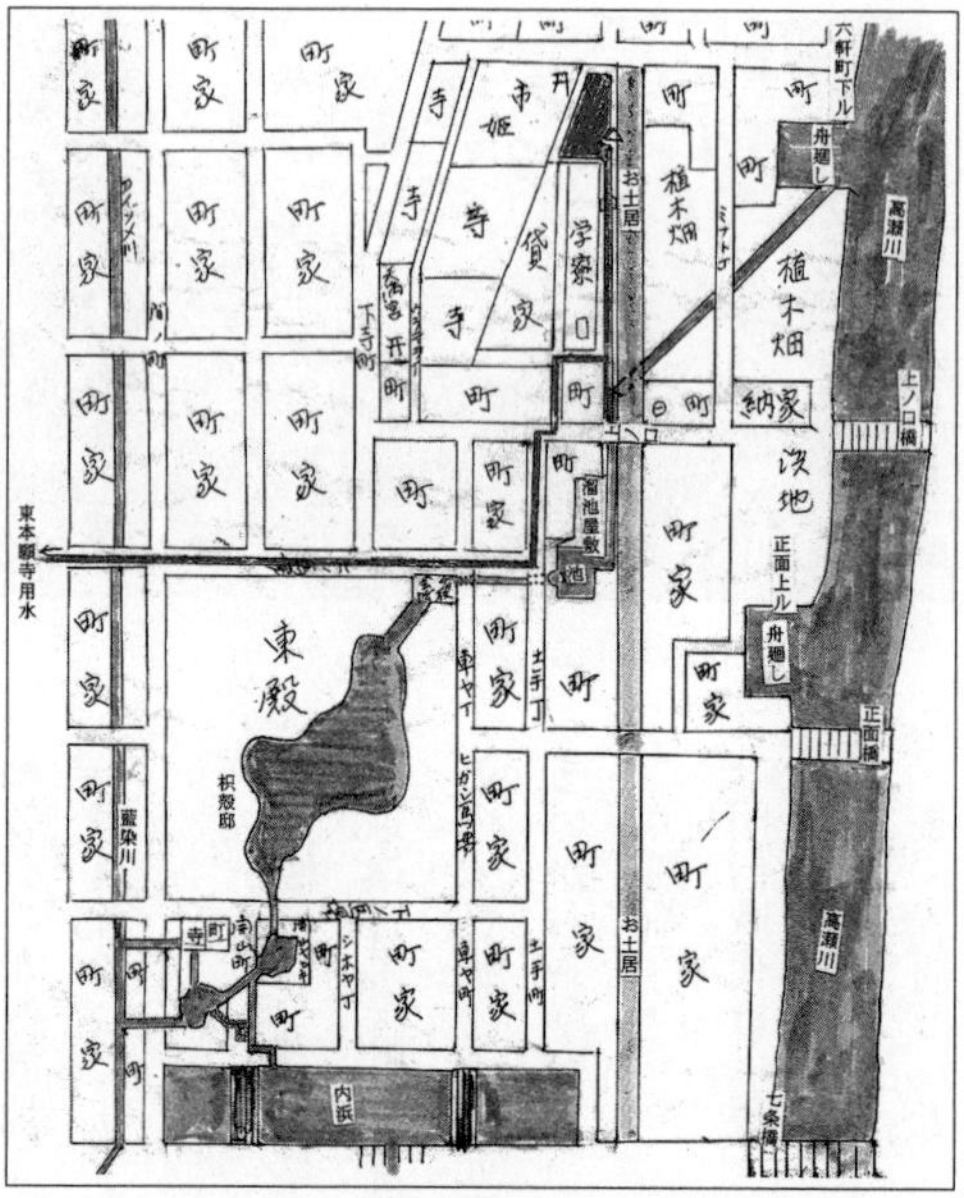

図83　枳殻邸水路図（岡島文書写／部分）

現在　鉄骨梁、鉄筋コンクリート造

幅　五・六五（道幅　五・一五）メートル

長　六・〇八メートル

石垣高　一・一メートル

水深　一〇センチ

○枳殻邸《きこくてい》付近の用水路

高瀬川の初期の流れを利用して造成された枳殻邸の庭はもちろん後年まで高瀬川の水を園池の用水として引いていた（図83）。

六軒町橋と上《かみ》ノ口橋の間の西側には、当地域の開発以来、舟廻しがあった。舟廻しから用水路が引かれ、上ノ口上手から溜池屋敷（溜池町北）をへて、西へ枳殻邸の北東隅へ導かれていた。

枳殻邸の池の排水は、南口から開山町の開山屋敷をへて藍染川と内浜へ通じていた。のちに上ノ口から東本願寺用水としても導かれた。

また上ノ口上手東側からは、岩滝町から南流して、柳原村への用水路の分水点もあった。

（番外橋K）（元菊浜校門前五メートル北／図84）

私設鉄橋

幅　五五センチ
長　六メートル
欄干高　七三センチ
石垣高　一・二メートル
水深　一〇センチ

菊浜小学校に通う児童がよく利用した。なお同小学校は、平成四年三月に、六条院（旧稚松）小学校に統合され一二四年の歴史を閉じた。

（番外橋L）（上ノ口橋上流三〇メートル／図85）

私設鉄橋
幅　六〇センチ
長　六・六メートル

すぐ下手の上ノ口橋へ廻らず、この鉄橋をわたる人の気持ちもわかるような気がする。

㉙上《かみ》ノ口橋（六条上ノ口橋）

東岸、岩滝町南端と富浜町北端の境から、西岸、梅湊町（かつては六軒町上ル下ル辺りを湊町と言い、正面上ルところを梅沢町と称したが、明治七年に合併し梅湊町となる）に架かる橋で規模は次の通りで

図84　番外橋K（1996年撮影）

図85　番外橋L（1987年撮影）

ある。

明治年間　木製

幅　一間余

長　五間

○上ノ口橋（現況）

鉄筋コンクリート造

幅　六メートル（道幅五・五八メートル）

長　七メートル

川幅　六メートル

石垣高　一・二メートル

水深　一〇センチ

上ノ口橋上流には舟廻しがあった。

この橋を上ノ口橋と言い、下手正面橋を中ノ口と言い、さらに七条を下ノ口というのは、どこからきたのであろうか、おそらく五条以南に築き直された、新規のお土居（四三頁の図13）に設けられた、三か所の出入り口からきたものであろう。

上ノ口橋の東岸は、六軒町からお茶屋・下宿業・飲食店等が続き、橋の上手に図越組事務所・梅湯と続く。西岸は六軒橋からガレージが多く、菊浜小学校地に続く。

菊浜小学校は、初め明治二年七月六日に、下京第一八番組小学校として菊屋町に開校した。明治三八年三月に菊浜小学校が移転した地は湊町であったし、付近に舟廻しはあったが、高瀬川の浜としてこの辺りを菊浜と称したことはない。

（番外橋M）木仮橋（理容店前）

無雑作に置かれた角材

幅　三五センチ

長　七・五メートル

厚　一八センチ

これでも立派に橋の役目を果たしている。二〇余年を経て、両端にだいぶ腐蝕の跡があり、時折り橋端に猫の昼寝する姿をみる。

㉚中ノ口橋（六条中ノ口橋・正面橋／図87）

東側は鍵屋町と山王町の境、西側は梅湊町と八王寺町の境、正面通に架かる。

正徳三年（一七一三）のこの付近の高瀬川を描いた図（京都大学附属図書館蔵「高瀬川筋五条門樋より八条領境迄絵図」／図86）によると、正面通で高瀬川の下流が、お土居ぎわから離れて、やや東へ並行して付け替えられ、七条新地の開発が進行しやがて六条新地に着手される頃が描かれている。正面橋が正面通より南へ寄ったところに架かっている。

『京都市学区地誌』第一九回（高橋正意）によると（括弧内は筆者註）、

「正面橋、同川に架して本学区（下京第二六）山王町上方にあり同八王寺町に通す長五間五寸巾二間、延宝年間（一七六三〜八〇）高瀬川流域の図（大塚本）に拠れば、此処橋は南に偏する事七、八間、其当時は橋の西詰及付近は悉く田畑而已なりしを三〇余年後（宝永年間）に始て此辺開拓して市街と為す。同図に正面通と七条通の中央に巾三間半の橋あり（七条上流一一〇メートル、現昭和橋の辺り）、今の十禅師町より八王寺町に架せるの位置なり。」

とある。

先述の正徳三年図に酷似した姿である。なお右文中の正面橋の規模は明治年間のものである。

中ノ口橋（正面橋）は古くは東本願寺の負担で架けられたのであるが、のちにはかわった。即ち高瀬川架替工事（嘉永元＝一八四八）に当り、その普請費用分担に、新方法が採用された。これは妙法院からの助成金を

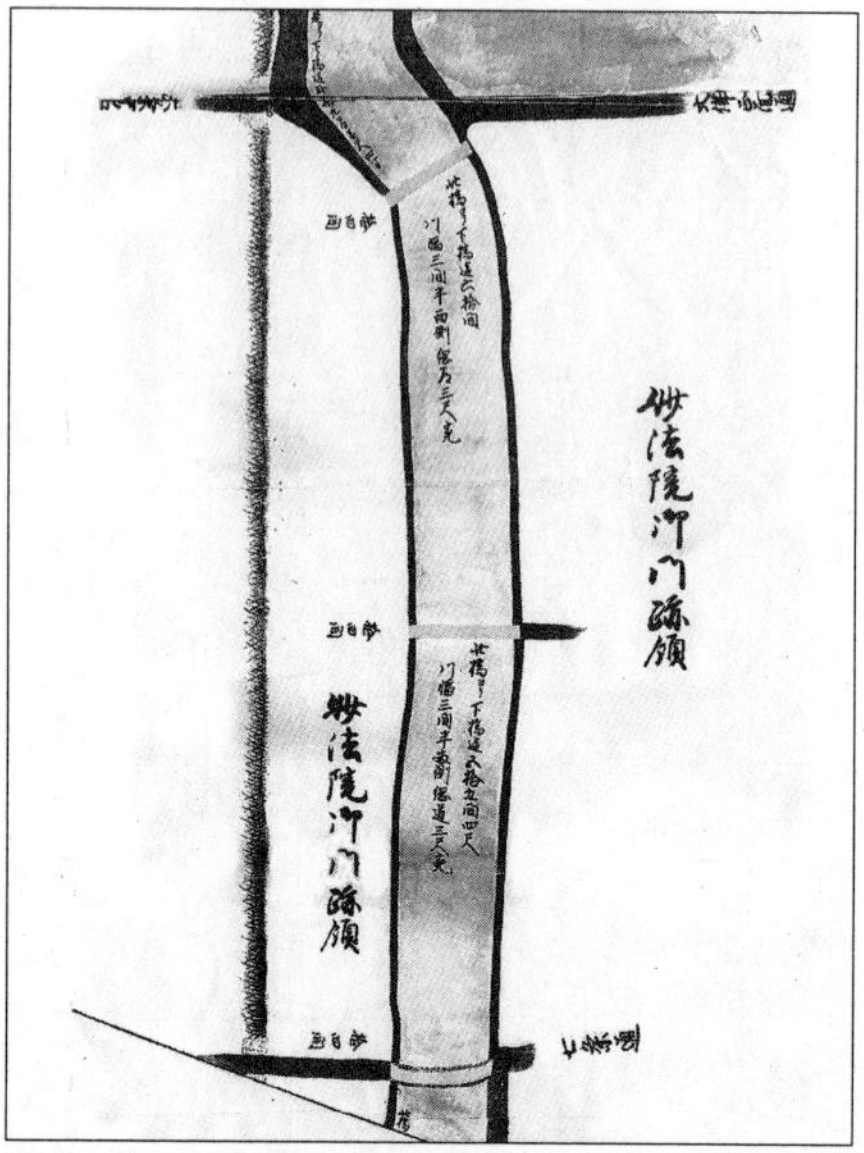

図86　正徳三年絵図（部分）

図87　正面橋（1981年撮影）

独り占めしていた七条新地の今までの習慣を改め、全助成金を公平に六条・七条に分け、その上で分担金を定めようとしたものである（「上月（百）家古文書」、『史料京都の歴史12』三四九頁29項）。

正面橋東入ル一筋目の上三之宮町西側に、享保一三年（一七二八）以来、米売買の市ができた（明治一九年一二月に東洞院錦へ移り、米穀取引所となる）。正面橋西側上手に舟廻しがあり、一帯を米浜と称した。現在、児童公園南側の郵便局にその名を残していたが郵便局も今はない。

上ノ口橋から正面橋にいたる高瀬川東岸は、各種商店・製造業・旅館・住宅が並ぶ。正面橋東南角にあった交番は昭和四〇年代末に取り払われた。西岸は、疎開跡の計画道路が、上ノ口から正面まで広く続き、その西側はガレージ・倉庫等が多かったが、近年、上ノ口南に大マンションが出現した。正面橋上手は児童公園である。

なお正面通に面した、河原町通から大橋にいたる両側は、古くからの商店街が続く。

○正面橋の現況

鉄筋コンクリート造、欄干鉄パイプ（かつては橋柱四隅上に電灯照明設備がついていた）

橋幅　六メートル（道幅五・五八メートル）

長　七メートル

川幅　六メートル

石垣高　一・三メートル

水深　五センチ

（付）正面橋（鴨川筋、大仏正面通に架かる）

一名、勧進橋ともいわれた。『京都坊目誌』に、「山王町より橋東正面に通す。元民費なり。今市費に属す。木造上面土橋とす。延長四八間二分。幅員三間とす。大正四年調査」とある。

現在、鴨川東岸は東山区で、鍵屋町尻と上堀詰町北部の境より、西岸は下京区で東岸と同町名の鍵屋町南側と上二之宮町の境に架かる。

現在の橋は、昭和二七年(一九五二)竣工の鋼材コンクリート橋で、長さ七一メートル。

(番外橋N)私設(正面橋下流四五メートル)鉄製

幅　六五センチ、

東側開幅　四・一メートル

長　六・八メートル

河川使用許可を得て構築したもので市川商店用という(長尾製麺前)。

(番外橋O)昭和橋(正面と七条の間／図88)

正面橋下流一四七メートル、七条小橋上流一一七・五メートル(いずれも橋梁中心点の距離)に架かる正式の橋で、東は十禅師町南端と大宮町の境、西は八王寺町と新日吉町の境を結ぶ。橋より東行する露地は二之宮町にいたる。

昭和橋はその名から昭和初年の架橋であろう。以前は、全長七・一メートル、全幅一・四メートル(道幅一・一五メートル)であった。平成六年五月に新しい橋が竣工した。

新昭和橋(現況)

石と鉄筋コンクリート造

幅　三・三メートル
長　七・一メートル
鉄欄干総高　一・一メートル（石台一〇センチ、欄干一メートル）
橋入口中央よりやや南寄りに、車止めの石が東西に立っている。

㉛七条橋（七条通橋・七条小橋・下ノ口橋／図89）

七条通に架かる橋で、大宮町南部と新日吉町南部を結ぶ。

明治の頃、幅二間二尺、長五間一尺。

大正二年四月、七条通に市電が開通した。それに先立って七条小橋は鉄鋼桁、コンクリート造となった。

㉛七条橋（大正元年一二月竣工）
幅　一八メートル余
長　八・一八メートル
川幅　上流六・二、橋のきわ七・七メートル
石垣高　二メートル
水深　一〇センチ
以来、老朽はなはだしく、平成六年に、河床の強化を含めて全面的に改修され、北西隅の橋柱も（橋名入）折れていたので取り替えられた。

図88　昭和橋（1981年撮影）

図89　七条橋（1981年撮影）

図90「文久天誅図」にみる七条大橋

新㉛七条小橋（平成六年五月完成）
上・下部とも改良（プレストレスト、コンクリート桁）
幅　一八メートル
長　九・四メートル
（市建設局道路維持課調、平成一一年四月一二日）

高瀬川沿岸の植樹帯は五条以南、東側は五条南橋詰橋から七条橋まで、西側は榎橋から七条橋まで続いている。

（付）七条大橋（鴨川筋七条通）

一説に天正以前（～一五九〇）は石橋とあるが、文久三年（一八六三）、四条油小路の商人百助が天誅にあい、斬られた首が置かれた、鴨河原七条の橋は図90の如く仮橋であった。

明治末年までは木造であったが、同四四年一一月に道路拡張にともなう橋梁工事が始まり、一七か月後の大正二年（一九一三）四月五日、電車が開通し、同一五日竣工式があった。

橋の延長六一間三分三厘（一一一メートル、疏水部分も含む）、幅員一〇間（一八メートル）、欧風鉄筋コンクリート造、石材併用、工費一八二、〇〇〇余円であった（『京都坊目誌』）。現状は京阪電鉄の地下化とともに、疏水も暗渠となり、七条大橋も鴨川部分だけになった（幅二一メートル、長さ八〇メートル余）。

◎松明《たいまつ》殿《でん》稲荷《いなり》

七条大橋の西詰の南角にある松明殿稲荷は、天照大神《あまてらすおおみかみ》、大己貴命《おおむなちのみこと》、伊弉諾命《いざなぎのみこと》、伊弉冉命《いざなみのみこと》、猿田彦命《さるたひこのみこと》、倉稲魂命《うがのみたまのみこと》を祀る。祭日は三月の午の日。今も毎年伏見稲荷の祭礼のとき、御旅所に神幸する神輿《みこし》五基を、社前に松明《たいまつ》を点じて迎える。社号のよってきたるところである。

松明殿発祥の地は、現在京都リーガロイヤルホテルの建つ松明町にあった。一帯は昔は耕地であったが、その一画に毎年稲荷神社の祭日に、頓宮《とんぐう》（仮宮）を設けて松明を灯し神輿《みこし》を迎えた。これを松明殿といった。弘長三年（一二六三）二月、神託により、東洞院七条に移り、頓宮の移転した跡地は、五基の神輿の集《つど》う踊場《おどりば》と称した。

天正一八年（一五九〇）、秀吉の命により、七条通鴨川の西北土堤竹藪の傍ら（新日吉町、「加茂川図」、貞享・元禄頃）に鎮座し、宝永八年（一七一一）新地の開発にともなって鴨川西岸の現位置に移っている。この松明殿の、東洞院から現在地に移転する過程は、鴨川西岸の逐次の開発整備と関連したものであることは明らかであろう。

六　七条以南九条まで

㉜六条上ノ橋（吾妻橋／図91）

『高瀬川全部実測図』によると、七条橋下ル三九間（七七メートル）のところに「六条上ノ橋」が描かれている。

現在ここには「吾妻橋《あづまばし》」という粋《いき》な名の、鉄筋コンクリート造の橋が架かっている。大正一〇年（一九二一）架橋。

幅　二・五メートル

図91　吾妻橋(1987年撮影)

図92　久作橋(2001年撮影)

◎六条村について

六条村は宝永四年(一七〇七)に高瀬川沿いの鴨河原、現六軒町付近の地から、柳原庄に移住させられた。

同地は、東西と南を高瀬川に囲まれ、北側にお土居がある三角形の土地(東西は北部で一三五メートル、南部で一六〇メートル、南北は東で六〇メートル、西で一一〇メートル)である。移転当時、六条村の実際の広さは、一町歩(九九アール)ほどで、人口は一八八戸・七八九人であった。一戸当りの平均敷地は一六坪(四八・五平方メートル)で、かなり過密であり、移転条件としては、倍の敷地を確保するということであったが、それはかなえられず、また移転地が刑場や牢屋敷から遠いことと、窪地で水がつきやすいことを理由に難色を示したが、三尺の地上げをすることと、移転料として銀一〇五〇枚を受け取ることを条件に承諾した。先の六条上ノ橋と、次の久作橋は六条村への出入口である。

㉝久作橋(図92)

吾妻橋下流九〇メートルに架かる橋で、鉄筋コンクリート造。

なお吾妻橋と久作橋の間には現在、コンクリート製と鉄製の二つの私設橋が架けられている(規模未調査)。

久作橋の上流で、高瀬川は現在の流路が付け替えられて南下し、崇神隣保館の方へ向けて流下するようになる日も近いと思われる（平成一四年工事完了）。

河原町通の南進拡幅道路が、ＪＲ線下をくぐるのに、高瀬川の流れが邪魔になっているためである。

旧六条村（郷之町）は現在、河原町通で二分されており、高瀬川は河原町通に架かる橋の下をくぐっている。

河原町通の橋の欄干は一九九六年に新しいものがつけられて、橋名も新しくなった。久作橋下流にも一つ私設橋がある。

○河原町通橋（ふれあい橋／図93）

長さ二〇メートル、鉄骨コンクリート造。

河原町通をくぐった高瀬川は、西行六〇メートルのところで南へ方向を変える（図96—D点）、ここで西側を北上する道路は、かつては内浜へ入る水路の跡で、今も河原町通のすぐ西側の道路として残り、郷之町と小稲荷町の境界となっている。

◎銭座跡村の開発

当初一町歩ほどの地に発足した六条村は、その後人口が増えたため、享保一一年（一七二六）に、村の南に当る地の開発を庄屋たちが願い出たが、年寄の反対でつぶされた。同一六年に天部村住人で六条村年寄の与三兵衛と、天部村年寄の源左衛門が共同して、同じ畑地の開発を奉行所へ願い出て許可を得た。

この土地は江戸時代の初めに、貨幣を造る銭座(8)（後述）が一時あった場所で、土地に金気《らなけ》が多いので作物の育ちが悪く、領主であった妙法院も住宅地にすれば、年貢が増えるために開発を許し、村の名前も「銭座跡村」とつけられた。

当時の六条村の南二五〇メートルほどのところから八条通にいたる地域で、現在のJR線路北側約五〇メートルのところから、同線路を跨ぎ、南は八条通まで、東は須原通、西は高瀬川におよぶ地域であった。当時、銭座跡村には二〇〇人近い人が移住したという。

さて右の銭座跡村は、鋳銭事業終了後二二年目に開発されたのだが、六条村と銭座跡村の人口はさらに増え続けた。

図93　河原町通橋
（七条～塩小路間／1987年撮影）

図94　同右の新設
欄干（1996年撮影）

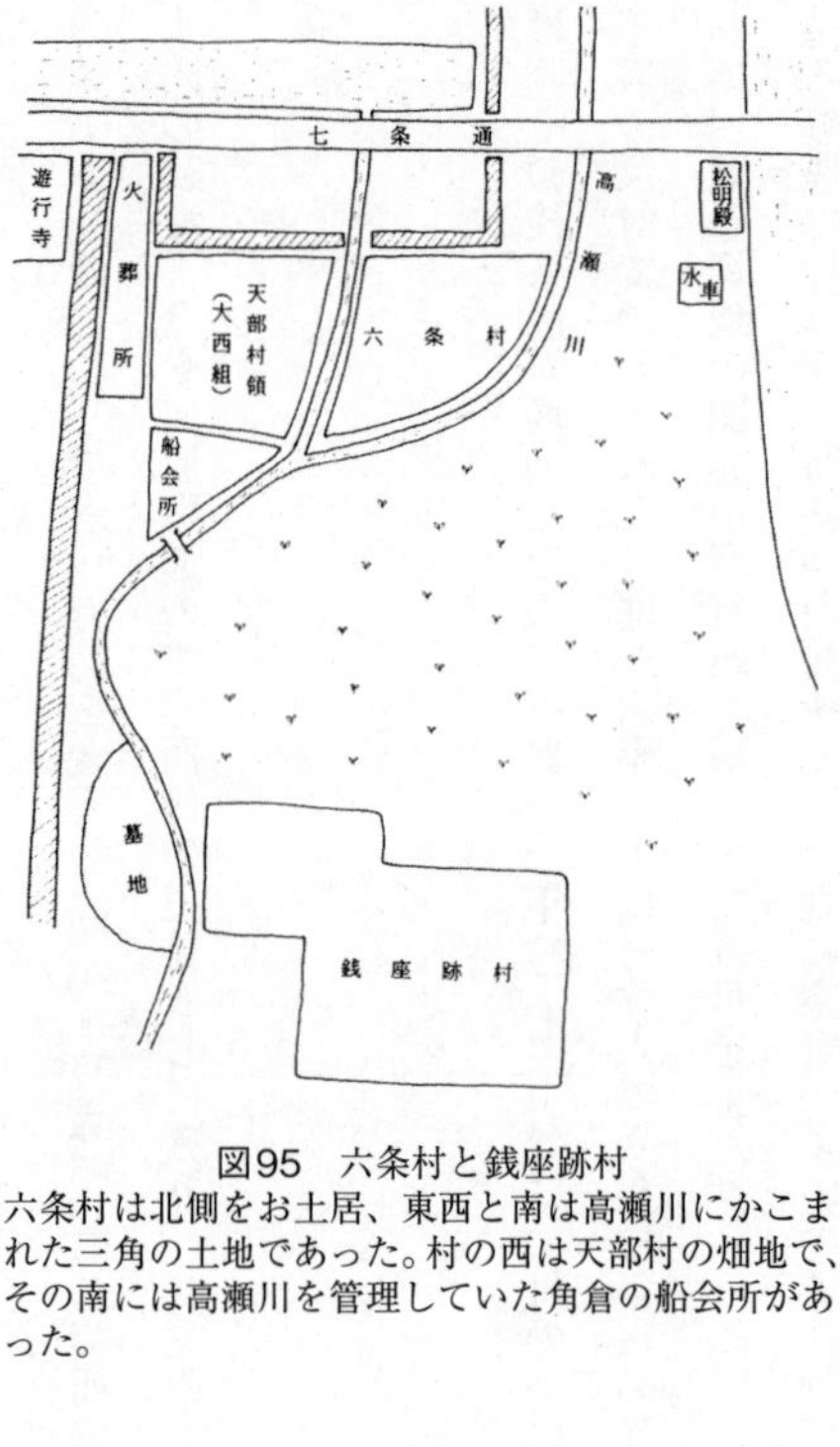

図95　六条村と銭座跡村
六条村は北側をお土居、東西と南は高瀬川にかこまれた三角の土地であった。村の西は天部村の畑地で、その南には高瀬川を管理していた角倉の船会所があった。

図96　五条以南鴨川横断点までの流路の変更

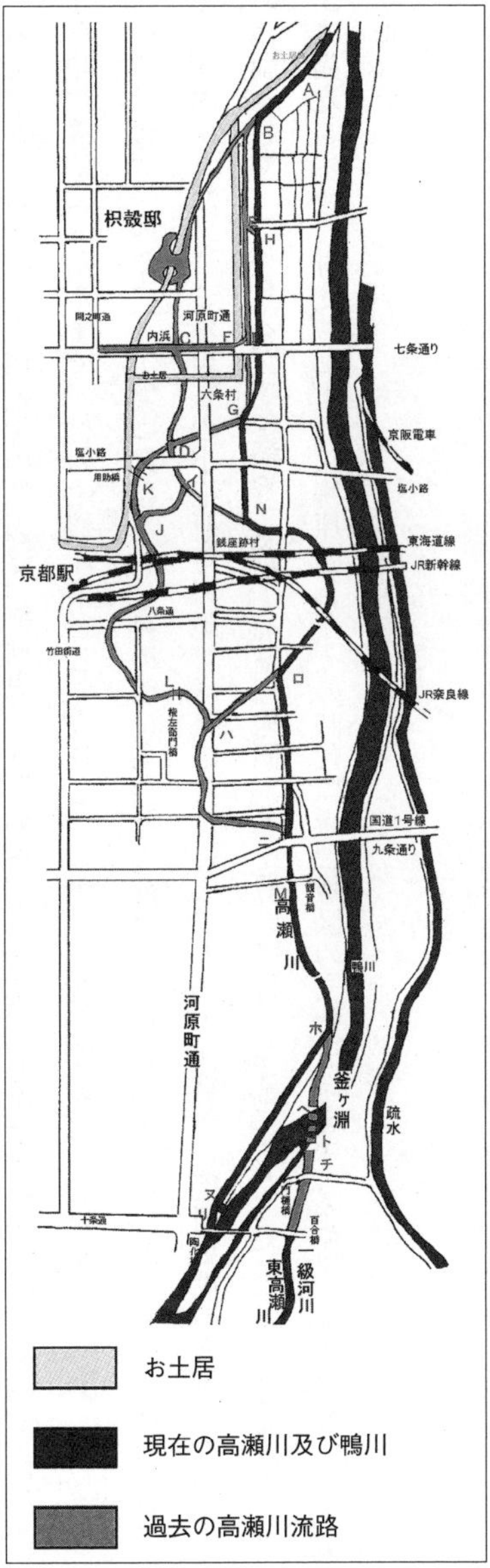

①初期の高瀬川

1	ABCD	慶長16年(1611) ～慶安5年(1652)まで	795m
2	ABEIFCD	慶安5年(1652) ～?年まで	905m
3	ABEIGD	寛文12年(1672) ～宝永4年(1707)まで	862.5m
4	ABEHGD	宝永4年(1707) ～正徳3年(1713)まで	900m
5	ABHGD	正徳3年(1713) ～平成14年(2002)まで	870.5m

②塩小路～九条間の水路の変遷

6	GD	寛文12年(1672) ～平成14年(2002)まで	150m
7	Dイ	慶長16年(1611) ～慶安5年(1652)まで	80m
	同上再利用	明治10年(1877) ～平成14年(2002)まで	80m
8	イJ	慶長16年(1611) ～慶安5年(1652)まで	120m
	同上再利用	明治10年(1877) ～大正3年(1914)まで	120m
9	DKJ	慶安5年(1652) ～明治10年(1877)まで	175m
10	イロ	大正3年(1914) ～平成14年(2002)まで	550m
11	イJハ	慶長16年(1611) ～大正3年(1914)まで	720m
12	イNロハニ	大正3年(1914) ～昭和13年(1938)まで	960m
13	イNロニ	昭和13年(1938) ～現在(2003年)まで	750m

③鴨川横断点の水路

14	ホヘ	慶長16年(1611) ～昭和13年(1938)迄	150m
15	ヘト	慶長16年(1611) ～昭和13年(1938)迄	70m
16	トチ	慶長16年(1611) ～昭和13年(1938)迄	35m
17	ホリ	昭和13年(1938)以降の 付替え流出路	425m
18	ヌ	平成11年(1999)以後の 鴨川への落ち口	20m

④その他

19	GN	平成14年(2002)以後 付替水路	200m

20　K　用助橋
21　L　権左衛門橋
22　M　観音橋(十条橋)(20～22の橋は旧位置)

六条村とその分村の人口増加の原因は、警刑吏役の増加よりも、革細工と中でも雪踏《せった》の製造販売と修理が、江戸時代後期にいたるまで、村の中核産業として成長したのが主な要因であったという。

そこで天保一四年（一八四三）には、六条村の西にあった天部村の畑地を宅地として開発し、大西村と称する村が開かれた。ここは現在の小稲荷町の地で、天部村に対し二五石の年貢と、警刑吏役の人足一五〇人分の代金として、一八貫文の銭を納め、支配人五名、組頭六名を置いて村の運営にあたった（六条村関連の項は、山本尚友『六条村村史』および『柳原銀行とその時代』（崇仁地区の文化遺産を守る会刊）より引用させて頂きました）。

○塩小路以南の高瀬川と橋

図96―D点から南下して塩小路の下をくぐっている高瀬川の流路は、創始以来のものではない。明治以前の高瀬川の経路と現在のそれは想像もつかぬほどかわっている（後述）。従って以下の現在所在しない橋は昔の記録をとどめることにする。

㉞用助橋（東塩小路村の名主若山用助による／図96―K点）

明治一二年八月開通の京都～大津間の鉄道工事にともない姿を消した。高橋ラーメン店の北側道路を東へ延長して高倉通を越えた辺りにあった。

㉟権左衛門橋（東九条～九条間）

東九条西岩本町辺りにあった（図96―L点）。長四間余、幅四尺三寸（『高瀬覚書』によると大正三年の高瀬川の付け替えで姿を消した）。

㊱観音橋（九条通橋）
幅　四尺二寸
長　四間（『高瀬覚書』）
明治以降数度にわたって、塩小路以南の水路がかえられたが、国道一号線東山橋（大石橋から泉涌寺へ向う陸橋）下の（ニ）地点で高瀬川はもとの水路に導入され、（ホ）地点までの約三六〇メートルは、河岸や橋梁も近代化されて昔のおもかげはないが、流路そのものは昔のままである。観音橋は（ニ）地点の下流一〇〇メートルの九条通に架かっていた（M）。現在は鉄筋コンクリート造で「九条南橋」と呼ばれる。

○鴨川横断点付近
（ホ）地点以南の、高瀬川が鴨川を横断していたかたちは、今は全くみられず、高瀬川は中洲をはさんで鴨川西岸（東九条南松ノ木町）を直線状に五〇〇メートルほど十条橋上手まで導かれ、鴨川に流入していた。
近年、中洲上の住民問題（四〇番地）の解決策がはかられ、川の付け替えや、マンション建設等の処置が進行しマンションも三棟完成し（東松ノ木住宅）、四〇番地の住民の移住も平成一六年春には完了して問題も解決したようである。

七　鴨川横断点以南

○釜ケ淵
高瀬舟運の盛んな頃は、九条辺りで鴨川に流れ込んだ高瀬川は、鴨川本流を数多くの土俵で堰《せき》止めてできた深い淵（文禄三年＝一五九四に三条河原で釜煮にされた石川五右衛門の処刑に使われた大釜が、洪水で流れついたというところから釜ケ淵という)を越えて東岸、宿村の水門から導かれた水路に入り、伏見・竹田を経て三栖浜《みすはま》にいたっていた。

○鴨川以南の高瀬川の水源

昭和一〇年六月二九日の大洪水の後、鴨川の河川改修が、翌年四月から大規模におこなわれた。特に川底の浚渫《しゅんせつ》は各区間で平均三メートルに及んだという。従って高瀬川も旧来の位置で鴨川へ流入すると、滝の如き落差となるので、十条橋上流まで、その流入口を延長した。一方で横断点東岸の今までの取入口からは、全く取水不能となった。そこで下流取水口は完全に閉ざし、同地点東方の福稲高原町東の疏水「上高松橋」上手から西へ流水を分け、途中砕石業者二軒の動力源の水車を回し、さらに流下した水は鴨川以南の高瀬川の水源となった(図97)。

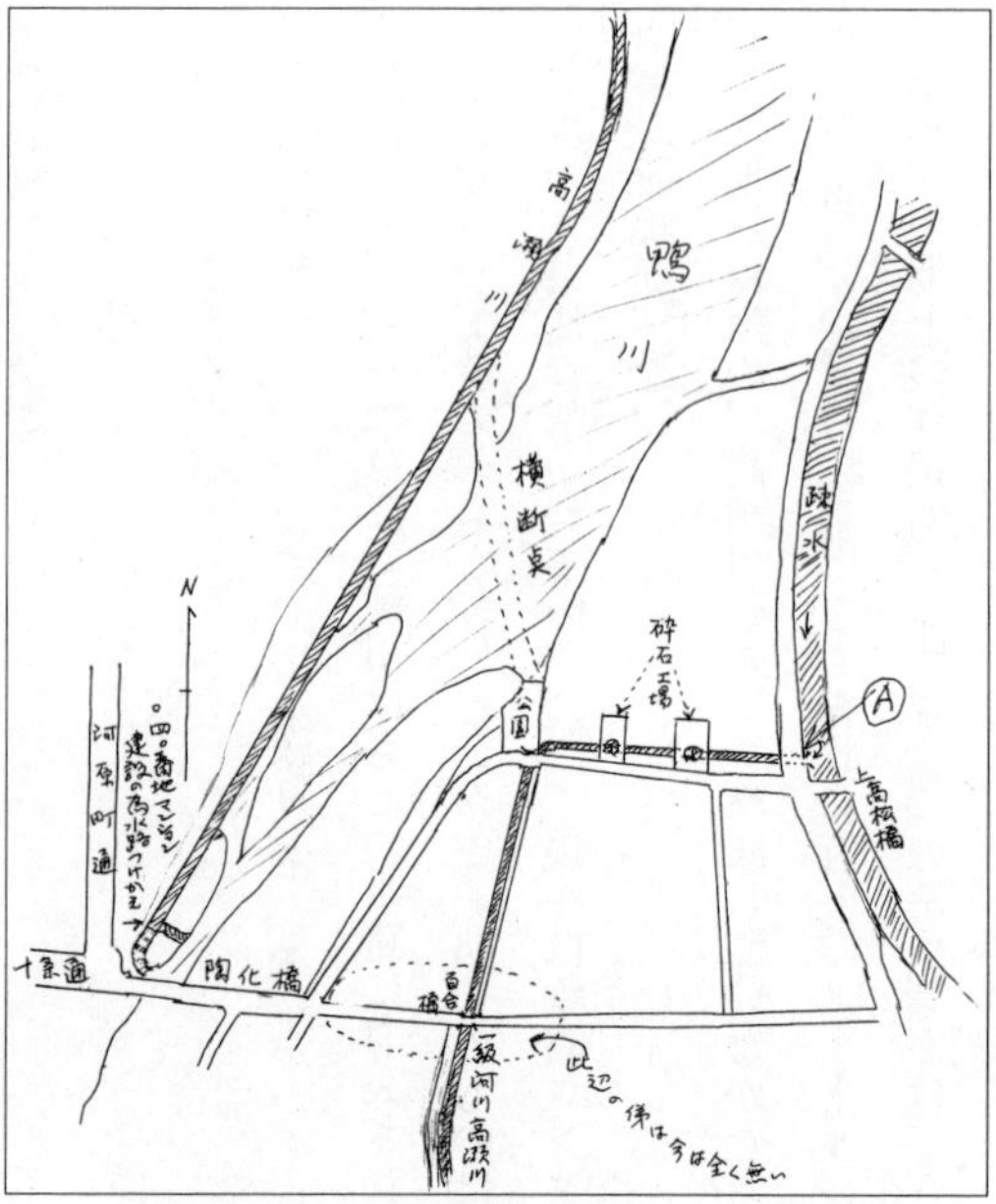

図97　鴨川以南の出発点図(1936以降〜66年)
(陶土工場主・太田氏談、昭和46年10月)
疎水より、Ⓐ点にて引き込まれた水は、落差を利用して、二軒の陶土業者の水車を回しその後、高瀬川に流下していたが、1966年に流入はストップした。

のちにこの水源は、砕石業者の動力源が電力に代り、かつ疏水の分水口に子供が溺れるなどの事故もあり、また雨季に福稲一帯の浸水などという災害も頻発したために、遂に鴨川以南の高瀬川の水源は昭和四一年に全く閉ざされてしまった。

かくして現在は、「一級河川東高瀬川」と大看板を上げながら、その水源は家庭排水や工場廃水の集りというお粗末な状況が昭和五〇年頃まで続いていた（水質汚濁防止法・昭和四六年六月二四日施行）。現在も南半分の高瀬川は、生きた流れとはとてもいえない状況である。

○鴨川以南を歩く

鴨川に架かる陶化橋（十条通東端、山科に通じる新道路に合せて平成九年に新しく架橋）東畔から土手道を北上すると、約一五〇メートルで道路左側に「わかくさ児童公園」がある。この公園の南隅（道路直下）辺りが元取入口の地点である（鴨川から流下するのを堰止めたのは昭和初期で、今の公園のところは水溜りであった）。

公園前から東進一五〇メートルで、疏水沿いの国道二四号（師団街道・墨染街道・奈良街道）と交叉し、疏水に架かる「上高松橋」をわたり東へ一〇〇メートル行くと、京阪電鉄鳥羽街道駅へ出る。この道路が国道二四号に出る手前の坂道左側に、砕石工場が二つあった（陶土用石粉製造業、現在は東の一工場のみ、周辺は住宅地となった）。

○一級河川東高瀬川の出発

先の土手道から児童公園の反対側へ南の急坂をくだると、すぐ右側の土手下にコンクリート管をつき出して小水路が始まっている。

これがかつて鴨川を横断していた高瀬川の南の出発点で、ほとんど水気のない変わり果てた姿であるが、名称は立派に「一級河川・東高瀬川」となり、公称に東の名が冠せられる（幕末に洛西方面にできた「西高瀬川」に対して、二条～十条間の高瀬川も「東高瀬川」と呼ばれるときもある）。ちなみに二条～十条間の高瀬川は京都市の管轄下にあり、右の出発点以南は京都府の管轄である。

出発点から十条橋にいたる小溝は、しばらくは泥流で草茫々の汚い状態が続き、流れを跨《また》ぐ不法建築などもみられたが、昭和六二年中に三面をコンクリで固められたごく一般的な水路になった。

㊲門樋橋・宿門樋橋（横断点下流取入口）

昔あった下流の門樋の上の門樋橋（七三頁の表2—37参照）は今はない。先の児童公園南端の土手道辺りが、その跡らしく、改修前は幅一メートル、長さ三メートルほどの石橋があったという（陶土工場主・太田氏談、一九七一年一〇月）。

㊳百合橋（十条通）

今は道路工事でなくなったが、かつて東高瀬川の出発点の下流一一〇余メートルのところに、十条通に架かる橋があった。基礎に鉄骨をわたし、丸太材を敷きつめ、上面アスファルト装の旧式の橋であった。

幅　五・三メートル

長　六メートル

周辺と同様に汚れた状態で、建造年・橋名も定かでないが、おそらく十条橋というのであろう。橋の南畔の東西に、川を背にして、「一級河川東高瀬川起点」の標識板が立っていた。これによると、先の土管から十条橋の間の流れはなんなのであろうか。なお私考であるが、古名「百合」はユリではなく、十升（十条）＝

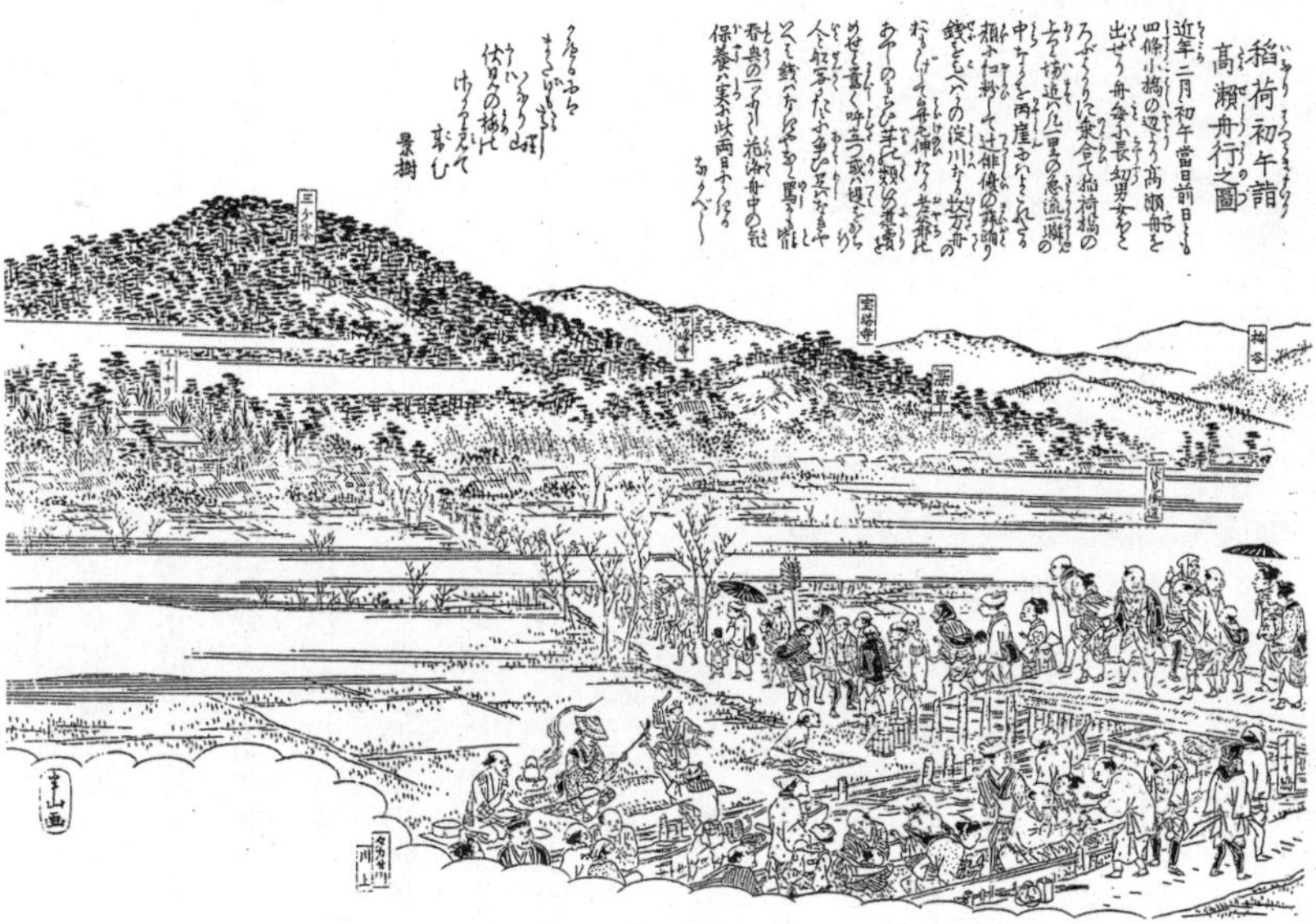

図98　稲荷初午詣高瀬舟行之図（半山画／幕末刊『再撰花洛名勝図会』）

百合（升目）と洒落たのではなかろうか。

高瀬川の再出発点沿岸は現在、再製紙資源の業者が多く、東岸は自転車保管所・工場・伏見工業高校等が続くが、昔はもちろん一面、田園地帯であった。

近年《きんねん》二月初午当日前日とも四条小橋の辺《ほとり》より高瀬舟を出《いだ》せり舟毎に長幼男女ほころぶばかりに乗合て稲荷橋の上り場迄は凡そ一里の急流一瞬の中なるを両岸にはよごれたる顔に紅粉《おしろい》して辻俳優《しばい》の舞踊り銭を乞えばかの淀川なる枚方舟のおもかげして鼻毛伸たる老爺《おやじ》のあやしのもちび芋の類《たぐ》ひの煮売をめせと 囂《かまびし》く呼立つ或は堤をかち行く人と船客かたみに争ひ足はなきやといえば銭はなきやなど罵《ののし》るも皆春興の一つにして花洛舟中の気保養は実に此両日にかぎるなるべし

かへるまだ日も高しいなり山
伏見の梅のさかり見て来む　　景樹

㊴新稲荷橋・農業橋（稲荷新道／図99）

十条通橋から南へ、高瀬川は追々川幅を増し、四角いコンクリート底の川が大きくSカーブして続く。沿岸は昔は農村地帯であったが、近年は工場地帯から住宅地域にかわった。

約五〇〇メートルで稲荷新道に架かる橋がある。昔は稲荷神社の初午《はつうま》の日に、高瀬舟の乗客となり、お詣りにきた人々は、この橋の袂《たもと》で岸へ上がり、東へ歩を運んだという（図98参照）。

東高瀬川もこの辺りまでくると、多少沿岸の敷地から流入する水もある。昭和五〇年頃までは、付近にあった染工場から排出される水のために汚染がひどかったが、今は周辺の多くが高層住宅化し、下水道の完備とともに流水もかなりきれいになった。しかし水源のない川は仕方ないもので、川床に溜《た》まる水は腐り、あるいは乾き、雑草の生い茂るままになるという状況は、高橋下流まで続いていた（後述）。

現在、この橋は「稲荷橋」と言い、古い石橋の上手に人道橋が並んでいる（図99）。

人道橋は鉄骨製で「高瀬稲荷人道橋」と銘板がつけられている。

幅　二・三四メートル

長　七・八メートル

車道用になっている橋は、古くから石造で、

幅　五・二メートル

長　五・五メートル

図99　新稲荷橋（1995年撮影）

欄干高　五〇センチ
四隅石柱六〇センチ
で東南隅の柱に「昭和二年二月竣工」とある。
稲荷橋の上流と下流では、川幅が下流でせばまっている（船着場があったせいかもしれぬ）。
稲荷新道を西へたどると、国道二四号（竹田街道）の勧進橋（鴨川）の下手へ出る。(9)
稲荷新道を東へ行くと、三〇〇メートルで国道二四号線を横切り、さらに東一〇〇メートルで京阪電鉄稲荷駅の北側へ出る。

（番外橋　数カ所）

稲荷新道の下流七〇メートルのところに架かる橋は、撤去された市電稲荷線（明治三七年＝一九〇四から昭和四五年＝一九七〇まで）の軌道跡にできた橋で「下河原橋」と称し、幅九・八メートル、長八メートル、鉄骨コンクリート造、鉄製欄干高（コンクリート台とも）八〇センチ（昭和四六年三月竣工）。

右の橋はもちろん、続く南側二〇メートルの小鉄橋、さらに三〇メートル南の小鉄橋、ここから四〇メートル南に架かる平田町のコンクリート橋、さらに数箇所の私設架橋などはいずれも古絵図にない橋で、一帯が田園地帯から住宅密集地になった後に必要上架けられた橋である。

下河原橋から二二五メートルの地点に架かる橋が、深草下河原町と川久保町を結ぶ。

㊵稲荷橋（旧名）　　幅　四尺二寸　　長　四間七寸（『高瀬覚書』）
この橋は現在「下平田橋」と言い、鉄骨コンクリート造、幅六メートル、長さ七・三メートル。橋の西方

図101　若菜橋（上流工事の状況／1995年撮影）

図100　高橋（東側の道路／1995年撮影）

約一〇〇メートルで竹田街道に出る。東方一三〇メートルで、京都府警察学校敷地（旧一六師団兵器庫跡など）の周辺道路の西側に行き当るが、昔は直進して稲荷神社に通じていた。

高瀬川は下平田橋の下流一九〇メートルで竹田街道の下をくぐる。

㊶一本橋（竹田街道車道沿い・高橋／図100）

古絵図によると、橋と並行して、竹田街道を往来する車輌が、川中をわたるための車道《くるまみち》がついていた。

竹田街道には明治二八年二月一日から、深草まで京都電鉄（株）の電車線路が通じ、大正三年六月からは、中書島まで延長された（狭軌）。大正末年からは広軌複線となり、市電に合併されて、昭和四五年四月一日の廃止まで、高橋上を往復していた。当時、電車線路はこの辺りでは、道路の東側専用軌道敷を走っており、市電撤去直後の昭和四六年当時、鉄骨石造橋であった。高橋の橋名を刻んだ石柱も残り、レールも仮舗装のアスファルトの條痕のままその跡を残していた。

その後、高橋も鉄骨コンクリート造になり、ほとんど道路と一体となり、東側歩道と手すり越しに、あるいは西側ガードレールの向うに続く河床を望見しなければ、橋も川も存在がわからない。

東高瀬川は高橋の下を斜め二〇度ほどの角度でくぐり、二三五メートル南下して若菜橋の下に達する。この地点は現在、府道中山稲荷線上にあり、竹田街道の久保町交叉点の西一四〇メートルで、さらに西に行くと水鶏橋《くいなばし》にいたる。

下流の竹田出橋の北方から、昭和六二年に始まった、東高瀬川の竹田中川原町付替工事は、すでに若菜橋のすぐ南まで完了した(平成七年五月)

平成七年八月中旬には、さらに若菜橋上流にまで工事区間が伸びた(図101)。

若菜橋の南袂《たもと》にあった、東方疏水からの用水排出水門はすでに工事壁にかくれてみえず(平成九年に新ポンプ式施設完成)、平成八年五月には、若菜橋から上流高橋にいたる区間の水路が改修され、深掘り、両岸装飾コンクリート壁面と底板カラー張り、中溝式の川に変身した。両岸の道路と鉄柵も整えられた。若菜橋も取付道路の拡張に応じて、四車線幅の丈夫なものに架けかえられた(規模未調査)。橋名も若葉橋とかわった。

『東高瀬全部実測図』によると、一本橋の南方二四一間のところに門樋があり、門樋上手には西へ払川用水を分岐し、下手東側には田の悪水と、深草山川の流入口を描いているが、右間数は四七五メートルで、その位置は竹田中川原町の松原牛乳の西側辺りになり、若菜橋地点よりさらに南になる。竹田の山内老の話では、この辺りの通称を「扇橋」と称したという、門樋の形状からきた名であろう。

現在、若菜橋と新竹田出橋間の高瀬川沿岸地域一帯は、市営地下鉄烏丸線の竹田駅開通以来、区画整理に基づく道路の新設とともに、高瀬川の付け替えと改修が完了し、一部直線化と深掘り(深さ平均五メートル)のコンクリート三面張りの川が完成した。

若菜橋下流に、上三杭橋《かみみつくいばし》(平成元年三月)、三杭橋(昭和六三年三月)、中川原橋(平成二年三月)、上出橋(昭和六一年一一月)とそれぞれ竣工し、川沿いの道路も両岸につけられた(各橋の構造・規模等未調査)。

従来、市街化調整区域として、長い間昔の風情のままに長閑《のどか》に流れていた高瀬川の、最後まで残されていた、原形を偲ばせる田園風景も、右の一連の工事とともに消失し、再び見ることはできない。思えば残念なことである。

若菜橋下流八二〇メートルで竹田井出橋にいたる。古い井出橋のすぐ北側に、名神高速道路開通(昭和三八年)の頃にできた城南宮に通じる道路上に新竹田出橋が架かっている。現在はこの道路の、もと近鉄奈良線の踏切があった場所に、地下鉄(近鉄乗り入れ)竹田駅ができたので、道路は遮断された。

右の道路の代りに、名神高速道路の北側に、近鉄路線の下をくぐり、城南宮方面に通じる道路ができた。この道路が高瀬川を渡る橋が上出橋である。

新竹田出橋のすぐ北側に、高架で通じているのが名神高速道路で、小牧市と西宮市を結ぶ高速有料自動車道で、初め栗東町と尼崎市間が通じた。さしずめ高瀬川の現代版である。

㊷井出橋(竹田出橋)　幅　四尺二寸　長　四間五寸余(『高瀬覚書』)

『東高瀬全部実測図』によると、この橋の下手東側には山川が流入し、西方は用水、芹川が分流している。つまり農業用水路の基点を示す橋名である。

東高瀬川の近代的大規模な河川改修は、この井出橋から下流が、最も早く着手されたようである。即ち昭和四六年頃から計画され、同四九年には、城南宮東方の新高瀬川へとの接続点にいたるまでの区間が、深く掘り直され、コンクリートで固められた箱形の流路、つまり三面張りの近代的な（近年は全国的に、この形式で改修された河川が多いそうである）川となっただけで、昔の流路はほとんどかわっていない。ただし井出橋に続く、下流五〇メートルほどの西岸は、用地買収が整わず、この間の河岸は変則的なかたちのままで、

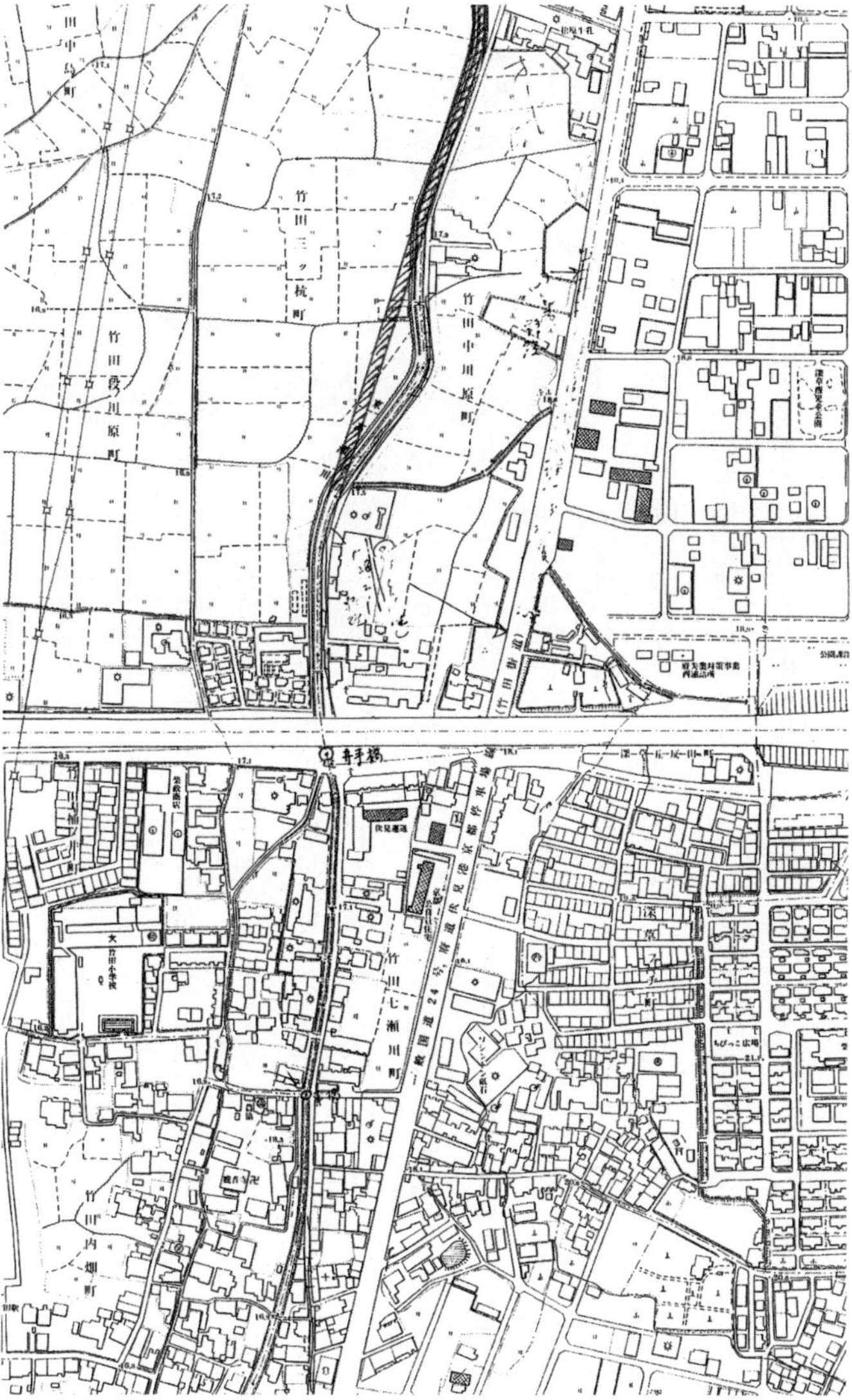

図102　昭和62年以降の高瀬川の工事区域（竹田方面）

図103　車橋（1995年撮影）

その下流と一直線をなしていない。

井出橋の南二六〇メートルのところにあるのが、㊸車橋（竹田村東の東竹田橋／図103）。

土橋也、幅二間半、長四間余（『高瀬覚書』）。

元竹田村の東出口に架かっていた。車輌の重量に耐えられるように、頑丈な石橋が架けられていた。

ところが近年架け替えられた際に、東竹田橋の銘板がつけられた。そこで土地の古老山内吉之助氏が、家伝の『高瀬川絵図』とともに、自らその橋の由来を府の方へ申し出て、訂正を願った結果、橋名は本来の車橋に直され（昭和四六年一一月）、現在にいたっている（高瀬川の橋の名は、意外と安易につけられてしまうようである）。

○車橋（昭和五八年六月竣工）　幅（中央）五メートル、長さ七・三メートル、口幅七・八メートル

車橋の下流四〇〇メートルで長左衛門橋にいたるが、途中、無名橋が一つと弁天橋があり、川の流れが城南宮方面へ向いた地点に架かる橋が、次の長左衛門橋である。

㊹長左衛門橋（長右衛門橋）　幅　四尺一寸　長　四間一尺（『高瀬覚書』）

この橋の名は古文書等には長左衛門橋とあるが、古老の話では、長右衛門橋であるという。

竹田村の南入口に架かり、鉄筋コンクリート造、幅五・二メートル、長八・五メートル。

橋の上流の曲折点の東沿岸に昔は舟番所があった。

◎竹田街道の電車と高瀬舟

なお先の竹田中川原町地頭（松原牛乳西・旧門樋扇橋）から、車橋南方一〇〇メートル辺りまで、およそ九〇〇メートルの区間は、旧竹田街道と高瀬川が並行していた。そこで竹田街道を南下して敷設された京都電鉄伏見線の電車は、明治二八年（一八九五）二月一日の開通（深草まで）から、西側を流れる高瀬川を往き来する高瀬舟と並んで走った。

この風景は、のちに、東側に直線状に作られた新竹田街道（府道伏見港京都停車場線）上に敷かれた、新設複線軌道上を、明治四五年五月一六日に電車が走り始めるまでの一八年三か月半続いた。これは先の木屋町線で見られた（七四頁）のと同じ景観で、もっとも竹田村は周辺ことごとく田園の中であったが、竹田街道での並行運転の期間は六年一〇か月半短かかった。

◎城南宮橋とその付近

長左衛門橋の下流一一〇メートルのところで近鉄の線路が高瀬川を跨《また》いでいる。城南宮へ向う道は、川の南側を東西に通じており、近鉄の踏切の西方三〇メートルに城南宮橋と称して四叉路の交叉点の橋がある（昭和四六年七月竣工）。

◎安楽寿院（竹田内畑町）

城南宮橋の北北西二〇〇メートルのところにあり、鳥羽上皇が鳥羽殿の東殿に開基（一一三七年）した寺で、本尊阿弥陀如来。寺院の西の鳥羽天皇陵（本御塔）、南の近衛天皇陵（新御塔）は宮内庁の管理である。

◎城南宮（伏見区中島宮ノ後町）

城南宮橋の真西八〇〇メートルのところにあり、応徳三年（一〇八六）、白河上皇が鳥羽殿を造営のとき、当社を鎮守社として創祀した。昔から方除《ほうよ》けの神として信仰を集めている。

祭神は国常立尊・八千戈神（大国主命）・息長帯姫命。

◎新高瀬川

城南宮橋から南へ向う東高瀬川は、しばらくは旧路を流れているが、その両岸は立派な堤が築かれて、堂々たる河川の姿になっている。

近鉄電車の踏切付近には、かつて「淀川維持区域標」の石柱も立ち（現在下流疏水合流点にある）、また「新高瀬川従是至淀川合流点　昭和六年四月一日内務省」という石柱も立っていた。従って城南宮橋以南の新高瀬川の工事はまず昭和六年（一九三一）になされた。特に、疏水合流点（景勝町）以南は、旧高瀬川水路の西側に昔からあった堤防の西に、新たに高瀬川の水路を掘り、その西岸にもさらに堤防を築き、疏水合流点から一直線に宇治川に向かって二三六五メートルの水路を開いた。これが新高瀬川と名付けられ、現在、七瀬川合流点（竹田狩賀町）以南の区間は、建設省の管理となっている。

さて近年開削の新高瀬川をたどり、長左衛門橋から、一気に宇治川へくだってしまったので、話をもとへ戻して、古図と足を頼りに、昔の高瀬川の後をたどってみよう。

『東高瀬全部実測図』によると、長左衛門橋の下手二七六間、七瀬川合流点上手に枝橋（野田橋）がある（途中、隣保館の西に、醍醐田橋〔平成五年三月竣工〕がある。野田橋上流一五〇メートル）。

㊺枝橋（野田橋）　幅　四尺二寸、長　四間一尺五寸（『高瀬覚書』）

野田橋は人道用の鉄橋が架かっていたが、その下手で高瀬川に注ぐ七瀬川と共に、大改良工事中（平成八年六月）で七瀬川は全面ふたがされている。

右の橋の下流二〇〇メートルのところに昔は、

㊻丹波橋[10]（『東高瀬全部実測図』）　（丹波街道橋）幅　四尺五寸　長　四間二尺（『高瀬覚書』）

があった。

以前は、七瀬川合流点から南下直進した高瀬川は、現在でいう府道伏見向日線の下を潜《くぐ》り（ここが丹波橋）、すぐ真西に直角に曲がり、一二〇メートル西進して、再び直角に南へ進路をとっていた。この逆L型の水路の両端を結ぶ付け替え工事は昭和四七年に着手され、同四九年に竣工した。L型三五〇メートルの水路が二五〇メートルにかわり、洪水のウィークポイントが消えた。

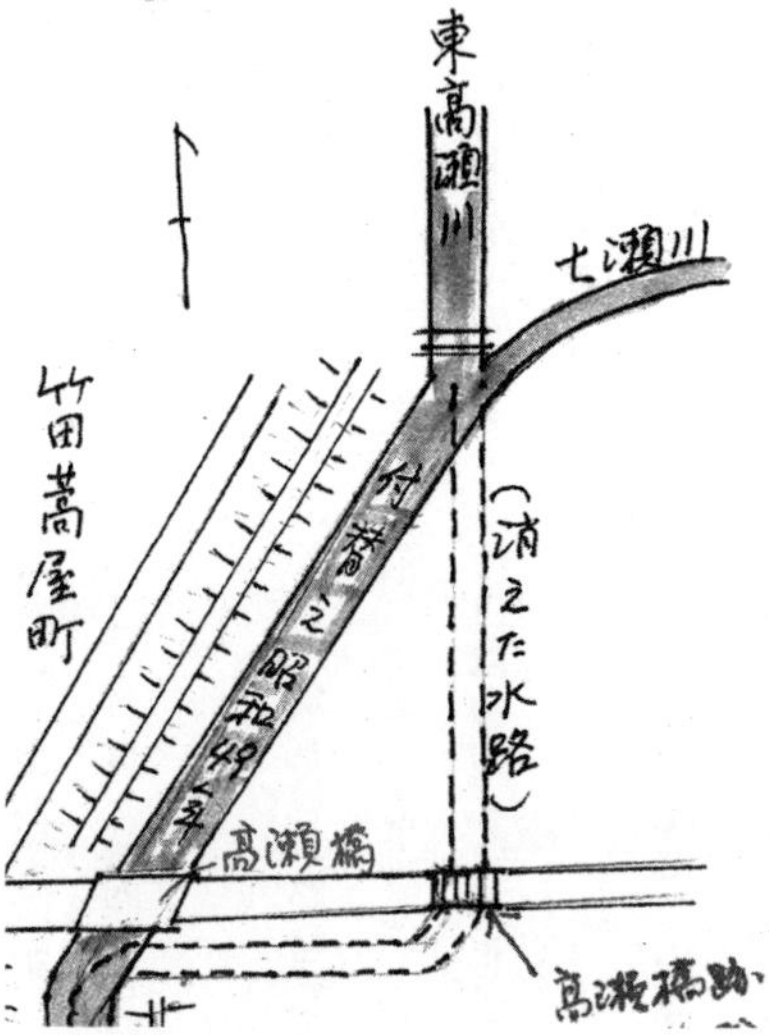

図104　七瀬川合流点以南の付け替え

消えた水路上の橋の名は高瀬橋であった。川がなくなった後も、道路両側に橋柱と銘板（一時銘板を失う）が残されており、平成八年に、橋柱と銘板が新造された（図104）。

新しい水路上の橋は、はるかに立派な高瀬橋となった（昭和六一年三月竣工、規模等未調査）。

『東高瀬全部実測図』によると、右の橋から二二九

間四尺(四五二メートル)のところにあるのが、

㊼久右衛門橋　　幅　四尺　　長　四間一尺(『高瀬覚書』)

である。

景勝町南端の、原状でいうと疏水放水路と新高瀬川の合流点の剣先の辺りで、昔の高瀬川はSカーブして、東へ振って、堤の東側に沿って南下直進していた。

この旧水路のSカーブの真ん中辺りに東北から西南へかけて架かっていたのが久右衛門橋である。今はない(旧水路もない)。

なお旧高瀬水路の西側の堤防は、北は先の高瀬橋(丹波橋)北側に始まり、三栖浜から宇治川派流が本流に入るところまで続いていた。

現在も築き直されたかたちでそのまま残っている。また、新高瀬川東堤防下の旧高瀬川の水路は、疏水合流点から西丹波橋にいたる三三〇メートルの区間、全くその痕跡を残していない。従って次の㊽用人橋の位置は確認できないが、昭和六三年までは、新高瀬川の用人橋が、西丹波橋の上手九〇メートルのところに架かっていたので、その東側にあったと推定できる。

『東高瀬全部実測図』上でみると、久右衛門橋の下手一四八間(二九一メートル)の地点に、

㊽用人橋　　幅　五尺五寸　　長　四間余(『高瀬覚書』)

があった。

用人橋下手に当る、新高瀬川に架かる西丹波橋は明治時代にはなかった(現在の橋は、昭和三六年五月竣工、長四〇メートル)。

疏水合流点以南、全く消えていた昔の高瀬川の流れも、西丹波橋の東南足下からみることができる。西丹波橋の東南側堤下に幅二メートルの箱形の溝川となって始まり、ほとんど水源らしきものもなく、細々と下流へ向かっている。

㊾三雲橋　幅　四尺二寸　長　四間余（『高瀬覚書』）

三雲橋は高瀬川が生きていた時代の名残りを残している。そして新生の高瀬川の細流も澱《よど》んだままその下をくぐっている。

㊿坪井橋　幅　三尺二寸　長　四間余（『高瀬覚書』）

この橋の跡はないが、三雲橋から二四一メートルとわかるので、三雲橋・大信寺橋間を三分の二ほどくだった、東側の人家の切れ目の道が見える辺りと考えられる。なお三雲橋・坪井橋間が一二二間半、坪井橋・大信寺橋間が七六間半、合計一九九間（三九二メートル）と『東高瀬全部実測図』に記すが、実測値は三六七

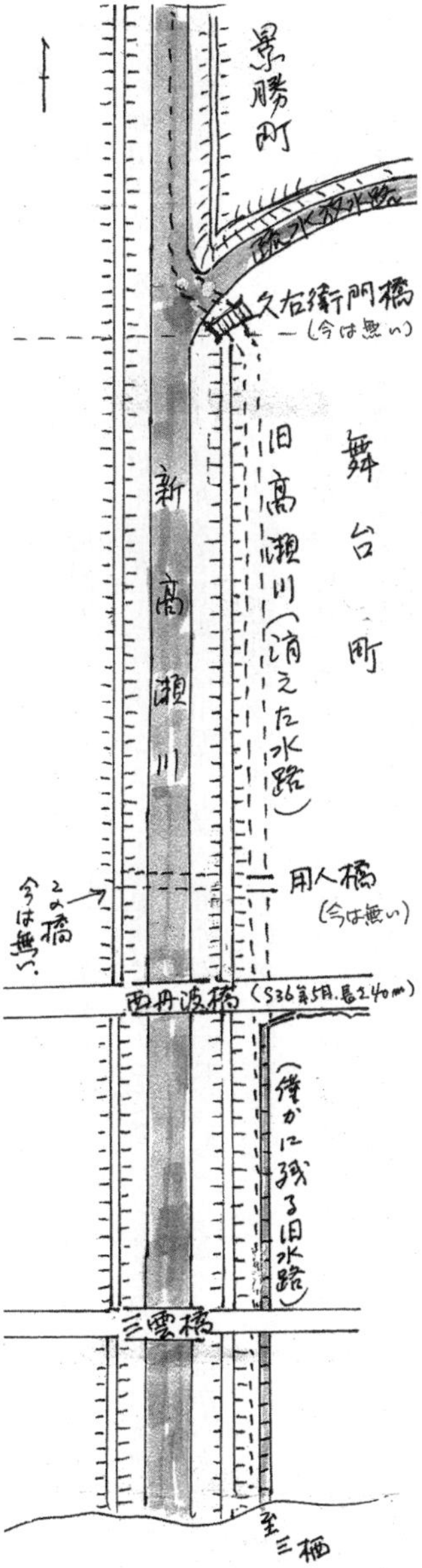

図105　消えた水路

メートルである。

㉛大信寺橋（西大文字町）　幅　四尺五寸　長　四間四尺（『高瀬覚書』）

新高瀬川に架かる大信寺橋（昭和五五年三月竣工）は両岸の堤防に架かって高い位置にあり、旧高瀬川の大信寺橋（幅二・〇三メートル、長九メートル）は川面《かわも》に近く、低く架けられている。そこで小橋から大橋へ行くには、土手の階段を昇るか、自転車は迂回路の坂道を上《のぼ》って行かねばならない。

東側にある大信寺は古くからある。付近の西大文字町には昔は、高瀬の船頭衆がたくさん住んでいたという。伏見の浜で前夜来、荷物を積み込んで出発準備を整えた高瀬舟は、その先頭が大信寺付近まで上ってきて、川辺の樹木に舫《もや》って夜を明かしたという。

大信寺橋の下手四六〇メートルの地点に、

㉜弥左衛門橋　　幅　一丈一尺　　長　四間余（『高瀬覚書』）

がある。

この橋は昔の面影を残している。現況は幅六・三メートル、長九・七メートル（昭和六年三月）と西北側の橋柱に刻まれている。この橋の位置は水面よりかなり高く、五メートルぐらいのところに橋面がある。

橋上を通る道路は府道伏見柳谷高槻線と称し、東は阿波橋から油掛町に通じ、西は八丁畷、横大路を経て羽束師《はづかし》橋にいたる。

弥左衛門橋の西、新高瀬川に架かる橋には「縄手橋・昭和六十一年四月補修」とある。縄手橋の南に接して歩道橋（昭和六三年三月）ができ、さらにすぐ南に、橋面を一メートル余も高くした新しい橋と、取付道路が工事中である（平成七年八月）。

弥左衛門橋下手四〇メートル地点で、高瀬川の旧水路は東へ九〇度方向を変え、一四〇メートルくだると最後の橋にいたる。

⑤③高瀬橋・高瀬川口橋（三栖半町）

現在、この橋は角倉橋という。伏見の町側から角倉橋へ行くには、阿波橋西詰すぐの道を南へ一一〇メートルくだり、西へ三〇メートルほど行き左折したところに架かっている（橋の規模は昔は不明、現況も未測量）。

近年、橋柱や欄干等の石材に、自動車による損傷の跡が残されている。

◎高瀬川の終点・三栖浜《みすはま》

高瀬川（旧路）は角倉橋をくぐって七〇メートルほど南下した地点で（三栖剣先《みすけんさき》）、宇治川派流にそそぐ。ここが京都の高瀬川の終点である。

現在、宇治川派流と高瀬川と濠川《ほりかわ》の三川合流点には、「伏見出会い橋」という三つ叉の橋が架かり（平成六年三月竣工）、三栖浜の三角洲は延長拡大されて、伏見港公園が設けられている。公園には三栖町の堤から、下り口と橋が架けられている。公園内には、記念碑などが移設されて、東屋《あずまや》もある。公園から濠川と宇治川の双方に跨がる「出会い橋」をわたれば、北方と南方の浜へ下りられる。

◎三栖浜の舟番所と紀功碑

昔は三栖浜の剣先に高瀬舟番所があった。明治三二年（一八九九）、高瀬川開削三百年記念として、番所跡に立てられた「角倉了以翁水利紀功碑」（図106）は、長い間倒れたままに放置されていたが、戦後、三栖浜の林田氏が自邸内に建て直して保管されていた。

これを平成六年七月、「同碑建設発起人名碑」とともに、府によって伏見港公園の中に、並べて再建されたが、建設当初の如く、基礎上に据えられてないので、ともに足元が埋っているのは惜しい。

三栖剣先は整備され、紀功碑は建て直されて面目は一新したが、公園西側に流入している旧高瀬川の姿は誠に哀れである。同情するように宇治川・濠川まで停滞して藻に埋まっている。

思うに高瀬川はすでに運河としての使命を終えて七八年経っている。また本来の田畑用水としての需要も、沿岸の農家の減少と、ポンプアップによる給水方式により、全くなくなった。

近年、プロムナードの点景として沿岸、道路、橋等が近代的に整備され、時折りは京都らしい行事の舞台となる市の中心部の高瀬川の今日の姿は、清流も絶えることなく、まだ喜べる。しかし水源のない、東高瀬川の上流や、西丹波橋以南の二キロにおよぶ旧水路の姿は見るに耐えない。単なる排水路としてでも、生きて流れ続ける川はまだましであろう。

図106　角倉了以水利紀功碑(大悲閣千光寺)

◎伏見方面の維新史跡

伏見の高瀬川近辺の史跡は少ない。わずかに戊辰戦争の始めの頃、高瀬川堤防が戦場となったくらいで、あとは町中に、諸藩邸の跡や、濠川、宇治川辺りの寺田屋、奉行所跡など十数か所数えられるが、

図107　伏見港公園全景（1995年撮影）

紙面の都合で省略する（『幕末維新京都史跡事典』を御参照下さい）。

（1）　三条大橋。

高瀬川に架かるのは三条小橋だが、一応、東海道の起点三条大橋の概要をみてみよう。

三条大橋が正史に残るのは、天正十八年（一五九〇）秀吉によって架けられて以来である。当時の規模は、長さ六一間（一二〇メートル）・幅四間五寸（八メートル）であり、河原の敷石の上に太い石柱を踏まえて頑丈に作られた。当初、一八個の欄干の擬宝珠には、それぞれに由来が刻み込まれた。去る昭和一〇年（一九三五）六月二九日の洪水で橋が流失し、東から五番目の橋脚上の勾欄の擬宝珠四個が流出し、今は一四個が残り、他には模造品が取りつけられているが、いずれも近年、酸性雨による腐食が著しいという。

橋梁の主体は昭和二五年に鋼芯コンクリートとなり、木造部も、そのときとさらに昭和四九年に新調された。昭和五一年以降、京阪電鉄の地下化、鴨東道路の新設などの大工事が完成し、三条大橋東側の景観も一新し、三条大橋も東端が短縮された。

（2）　寛文の新堤築造と新地造成。寛文九年（一六六九）、鴨川の新堤築造開始、翌年竣工、両岸の石垣ができた。そして高瀬川開削後六〇年目に、開発が着手された四条以南の新地を含めて、鴨川沿岸の新地については、『古地図研究』二〇〇号記念誌に「京都鴨川、二条五条間の新地形成」という一文を草したので、本文では、別の観点で考証を試みてみたい。

（3）松川町誕生の記録（『難波町儀録』より）。

一、辰四月松原通寺町より高瀬川迄の所少々隣町と申分公辺に被成候処、御見分御出被成其後蓮池町東側、清水町、難波町、植松町東側此四町被仰出、右の所新ン町壱町ニ被仰付候、（中略）

右の新ン丁、松川町と名き（ママ）申候、

とある（蓮池町＝寺町高辻下ル東・西とあり、明治二年に統合され京極町となる）。

（4）五条警察署の移転について。

五条警察署は明治三七年四月、仏光寺東前町北側（現・大行寺の東に接する地）に移り、さらに昭和一〇年（一九三五）三月一〇日、下京区烏丸高辻上ル大政所町西側に新築移転して現在にいたる（平成八年、同警察署は有隣小学校跡に臨時移転し、本署の建物の取り毀しと、新築工事が始まった。平成一六年完成移転）。

（5）六条河原で処刑された人々。木曽義仲に斬られた平家の人々。堀川館の夜討ちに失敗して、かえって源義経に斬られた土佐坊昌俊。関ケ原で敗れて当地で処刑された石田三成・小西行長など枚挙《まいきょ》にいとまがない。

（6）祇園社の犬神人《いぬじにん》。律令体制の崩壊、天皇家の権力低下とともに、刑罰の執行に刑期を終えた囚人（放免）が使われ始めた。延暦寺・興福寺・祇園社など領主として刑罰の執行をはじめた。祇園社の犬神人（つるめそ）はその中でも有名で祇園社の近隣の乞食が境内の動物の死骸を片付け、次で神事用の弓弦を製造・行商し、祇園会の神幸路や境内の清掃に従事していた。祇園社の勢力が強くなると、武力を提供し、ついに領内の犯罪人の逮捕や刑の執行などにもたずさわった。

（7）高瀬両岸の町（五条～七条）。

宝暦八年（一七五八）以降、高瀬川両岸の五条から七条までの町をみてみよう。

西岸、北は南橋詰町に発し、平居町、南京極町、聖真寺町（西部）、梅湊町、八王寺町、新日吉町と続き七条通南におよぶ。東岸は都市町《といち》、早尾町（北部）、岩滝町（北部）、聖真寺町《しょうしんじ》（東部）、岩滝町（南部）、富浜町、鍵屋町、山王町、十禅師町、大宮町となる。聖真寺町、岩滝町、早尾町などの錯雑な地形は、雑色領などの入り組んだ境界の名残りであろう。

（8）銭座について。

慶長九年以来、輸入生糸の独占販売に従事してきた京の糸割符仲間も、取引量の減少による窮状を打開すべく、鋳銭に手を染めた。幕府も財政再建の方針からこれを許し、七条高瀬川沿いの妙法院領六四〇〇坪の地で元禄一三年二月から新銭（萩原銭・寛永通宝）を宝永五年にいたる八年間鋳造し、また宝永五年からは、さらに品位の落ちる大銭（十文銭）を鋳造したが、これは不評判のため翌年正月に停止され、宝永六年五月に京糸割符仲間の鋳銭事業は終わり、正徳四年には土地も手放した（『京都の歴史』5参照）。

（9）稲荷・竹田辺で二筋ある二四号線。

市内烏丸五条に発し、七条から河原町を南へくだり十条河原町で東西に分かれ、東は奈良街道、西は竹田街道。西筋は勧進橋から竹田、棒鼻北方で東へ桃山に向かい、本町街道尻と合し南へ、御香宮・観月橋をへて小倉に入り奈良へ向う。東筋は深草の撞木町からくだり、疎水ダム西側で西からくる右の西筋に合流する。この地点以南の東筋の直進路は伏見の京町筋という。

（10）丹波橋の由来。

高瀬橋、旧名丹波橋はなにに由来するか、伏見の町の丹波橋は濠川に架かり、城下の桑山丹波守屋敷からきた名で、それに続く丹波橋通は明治の末まで高瀬川を越えてはいなかったし、高瀬橋の通りより六〇〇メートル余も南である。あるいは古くから西へ通じ、高瀬橋から久我橋をわたり、久我・向日町から山陰道へ抜けられるので「丹波橋」と呼んだのであろう。

第五章　高瀬舟

高瀬舟は、単に高瀬とも言い、急流の山川を航行する舟で、奈良時代からあり、平安時代には山城大堰《おおい》川を航行した。(1) 船体が小さく底の浅い舟で、のちには川瀬の浅いところも航行できるように底を平たくした。

古来の刳舟《くりふね》は舷《ふなばた》が浅かったので、箱のような構造の舷の深い、吃水《きっすい》の浅い舟が、代って山川の高瀬（浅瀬）で使われ始めた（図108上）。

なお吃水の浅い、箱のような舟は、宝暦一一年（一七六一）刊の『和漢船用集』の挿画に見られる（図108下）。

そしてその説明には（意訳）、

「高瀬川は所々《しょしょ》にあり、山城・河内・摂津・遠くは安房・上野《こうずけ》にもある。山城の高瀬舟は伏見より京都に入っている。

艒《みよし》（へさき）は高く、艫《とも》（船尾）は角形で、ひくく平らである。備前の舟も同種類である。また大井（堰）川・桂川の舟は別の特徴がある。播州滝野の舟も高瀬舟で、加古川・高砂に至るが、

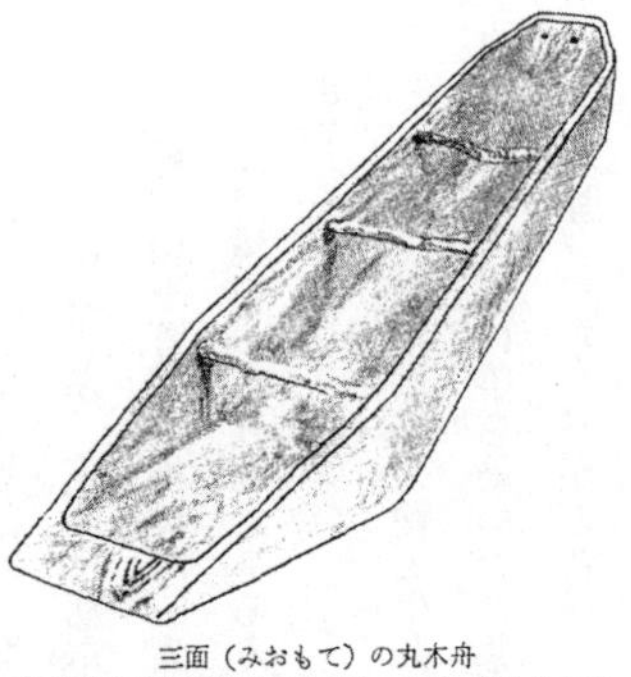

三面（みおもて）の丸木舟
新潟県岩船郡朝日町三面では，山村の暮らしをささえる刳舟造りの技術が，今でもむらの男たちに継承されている。

図108　刳舟（古代）と高瀬舟

構造が異なる。

上州の高瀬舟は長さ百四十五尋（二六メートル）、幅一丈二尺（三・六メートル）、高瀬舟で是より大きいのは無い。すべて山川で使われる」と。事実、利根川水運(2)に利用された高瀬舟は、米でも四〇〇～六〇〇俵も積んだという大きなものであった。

一　岡山県の高瀬舟

角倉了以は所用があって、岡山方面を通ったときに、和気川（吉井川上流）に高瀬舟の通うのを見て感じ入り、京都の大堰川・高瀬川の開削を計ったという。

「慶長九年甲辰、了以作州和計河ニ往キテ　艜船ヲ見テオモエラク、凡ソ百川皆以テ通ズ可シト」（大悲閣・了以翁碑）

吉井川・旭川・高梁《たかはし》川の三大河川をもつ、岡山県下（備前国・美作国）の高瀬舟は、歴史的には全国で最も早く出現したといわれるが、それを証する確たる記録はなく、また、鎌倉時代あるいは平安時代からともいうが、その確証もない。

戦国時代後期、宇喜多秀家（一五七二～一六五五）が備前・美作の領主として父の跡をつぎ、治政に励んだ。

その頃、吉井川・旭川を利用して、領土の確保・発展を計るために、大いに高瀬舟を活用したという。なお文禄の役（朝鮮征伐）のときには、特に領国内の山深く開拓を進め、戦争のための物資収集に当ったので、高瀬舟運は一気に進展をみたという。

その頃までの高瀬舟運は、吉井川と旭川が同時に発展して行ったようで(旭川がやや早い)、高梁川は正徳(一七一一)年代からの開発というから、だいぶ後のことである。

近世初頭、領主池田光政の重臣・津田永忠ら為政者の指揮で施工された、良質な石材と卓越した技術による石造工作物は、例えば、閑谷《しずたに》学校の石塀に見られる如く見事なものであるが、同様な構築物は、河川開発の面でも各所に残り、吉井川苦木《にがき》の一本堤、田原用水と流域の諸施設(石の県樋《かけひ》・水門)、吉井川と旭川を結ぶ倉安川の、庄内川や百間川との立体交叉など、各所に見る卓越した技術と豊富な石材による文化遺産も、二〇年ほど前には生きた状態で見られたが、味気ない近代施設にかわったところが多く、今やその面影を失なった。

当時、岡山県下の川筋を岡本明郎先生の御案内で、隈《くま》なく上流から下流まで幾度かたどったが、各所に残る渡船や、川遊び用の和船の姿に、京都の高瀬舟を彷彿させるものをしばしば発見して驚かされた。また若者のレジャー用の和船が、小型の高瀬舟そのままで、古電柱を材料に作られていると聞いて、その瀟洒な姿に、一隻欲しくなる思いであった。

かような伝統的な川舟が、文化遺産として、生きている地域も珍しい。

県下三大河川の舟運の詳細は、長くなるのでまたの機会に譲り、参考のために吉井川の舟について摘記して置こう。

○吉井川の高瀬舟の運航

幕政末期の吉井川の高瀬舟の様子は、次の如くであった。

舟は縦五〇尺（一五メートル）、横八尺と七尺（二・四～二・一メートル）、高さ三尺（九〇センチ）。

舟の操作は櫓一本（長さ六・三メートル）、櫂二本（三・七メートル）、梶一本と竹竿で行った。操作に当る船頭は舟上に二人ないし三人、小船頭は二人ないし三人、船の頭につけた曳き綱を肩にして、舟の先導をする役であった。帆は三反並びに八反帆を用いて航行し、曳き綱は五〇尋（九〇メートル）もあった（図109）。

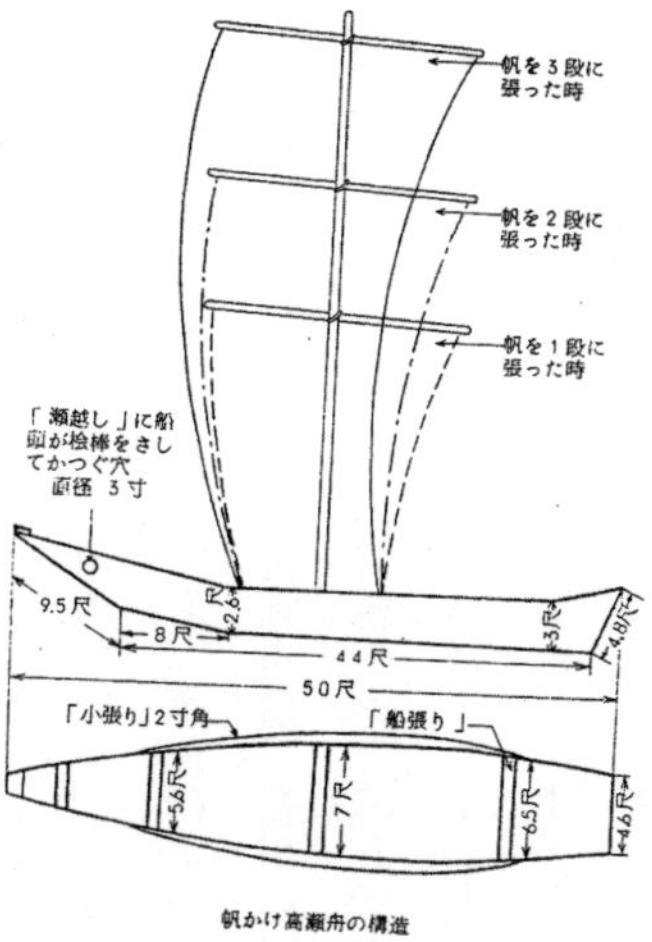

図109　岡山の高瀬舟

舟の積載量は、米穀で上流で三〇石積み、下流で五〇石積み。一般荷物では四〇駄とした。貫目に直して一二〇〇貫（四・五トン）であった。

舟の新造価格は、明治維新の頃で一隻につき二〇～三〇円であったが、明治の全盛期には一三〇～一六〇円となり、最後には二〇〇～三〇〇円になった。舟の耐用年数は二〇年間ほどであった。

また高瀬舟に座席を設けて、人だけを運ぶ舟を飛船（日船＝人舟）と称し、定員は八〇人で、運賃は一人分（津山～西大寺間）二五～四〇銭位。団体貸切で一隻二〇円であった。当時、中国鉄道の同区間（約六〇キロ）の汽車賃五二銭に比して安かったが、時間がかかるので遂に大正の初期には姿を消した。

津山～西大寺間の水上一四里（五六キロ）の船路は、下《くだ》りは流れにのって一日、上りは備前田原和気町上から先は、曳き船頭をつけて三日を要した。舟一隻の下り運賃は二〇円前後で、船頭の賃金は一日が二～三円位、小船頭が食事つきで三〇銭位であった。

津山高瀬舟の終末期（明治末）の状況は、舟の総数は二〇〇隻前後（津山四〇、礦石一三〇、その他三〇）であり、下り舟の荷物は木炭、材木、木板、割木、米、干草などであった。上《のぼ》り舟の荷物はセトモノ、砂糖、みかん、線香など。積載量は下りで三〇〇〇貫位、上りで三〇〇貫であった。

高瀬舟廃止となったあと、船頭は鉄道駅の仲仕とか、運搬人に転職したり、帰農したりした。

二　京都の高瀬舟

岡山県下の如く、京都の河川で働いた船を全て高瀬舟と呼ぶのならば、慶長八年（一六〇三）に徳川家康に許可された淀川の過書船（二十石船・三十石船）や、大堰川を通った嵯峨舟（丹波国世木より下り、保津をへて城州淀・鳥羽まで）、あるいは木津川（笠置・大河原から伊賀上野まで）の舟等をすべて含むことになる。しかし右の舟はそれぞれ川の状況や、用途により、構造や航法に違いがあった。

故にここでは、あくまでも、了以によって作られた「高瀬川」を上下した舟を対象として研究してみよう。今まで述べたように、高瀬川は、鴨川の水流を分けた運河で、全長一〇キロ余である。水流も途中の施設の調節で平均され、極めて穏やかな流れであって、激流はなく、上りも下りも波を被《かぶ》ることはなかった。そこで「高瀬舟」は、用途によって、大小の違いはあったが、基本的には同じ構造であった。

京都の高瀬舟は、上りの場合は必ず人力で曳航され、帆を用いることはなかった。

舟の先頭部分の両舷の丸い穴は、岡山の川や、木津川では、瀬越しのときに、木の棒を通して、船頭たちが両側から担げるためのものであるが、高瀬舟の瀬越し穴（瀬持ち穴）は、すでに単なる飾りであった。維新史研究の大先輩の話によると、汚れた荷物舟を禁裏御所へ向けて曳き上がるのは隈《おそ》れ多いから、舟を魚に譬《たと》えて、船首の穴は魚の眼であるとし、そして曳き子をうろこと称したという。

いずれにしても復元されたほかに、高瀬舟の現物はすでに失なわれて久しい。わずかに河中に放置された廃船も、先の大戦末期には、すべてが燃料として使いつくされた。幸いにも筆者の手許には下間家（一一九頁）の外塀の舟板を一枚頂いたのと、竹田の山内吉之助家の壁に塗り込められていた舟板二枚を、同家改築の時に頂いたのを、大切に保存している。

このように高瀬舟の全体像は、残された写真で想像するか、その他詳細は古文書によって知る他はない。

三　古文書に見る高瀬舟

京都の高瀬舟を記録した史書は残念ながらまだ見る機会を得ていない。そこで今日までに見ることができた古文書によって、その具体的な姿を描いてみよう。

(1)『高瀬覚書』

『高瀬覚書　舟寸法　淀川』と題した古文書がある（若林正治氏蔵・昭和五九年没、昭和五一年一〇月、氏より複写と利用を許可される）。一五センチ×二二センチ、和紙五六帖綴、墨書き、折たたみ挿入図（舟之図四、嵯峨舟小屋図二その他）を含むもので、高瀬川・嵯峨川に関する舟の仕様と、川の施設を船大工が具体的綿密に記録したもので、末尾には大仏殿の記録もある。巻末に、文化拾癸酉年（一八一三）秋之始とある。

船大工の名は喜左衛門である。

○『高瀬覚書』に見る高瀬舟の寸法(十五石舟)

一 舗《しき》 長 六間一尺 厚一寸四分

一 舗 幅

表 二尺七寸六分 ゴヲ《(ママ)》元五尺五寸余

中 六尺七寸八分 トモ舟梁下六尺五寸余

艫 五尺五寸(意味不明)

一 元木

高サ舗上ヨリ 厚 上一寸四分

下二寸四分

表船梁ニテ 中船梁ニテ

一尺四寸七分 一尺五寸

ツギテ 長 艫船梁ニテ

三尺八寸二分 一尺五寸

同コグチ

上一寸四分 下三寸

一 表竪《たて》板

長四尺四寸五分 幅上七寸

下二尺八寸五分
厚　上二寸
下三寸　ツラカキ四寸五分
一　艫竪板　長　一尺九寸　幅　五尺五寸
厚　二寸
一　五ヲ　長　一尺四寸　幅　六寸
厚　三寸　穴二寸三分
一　雨覆　長　五尺八寸余　幅　八寸
厚　一寸八分
一　覆持　長　五尺六寸　幅　四寸
厚　一寸四分
一　船梁　長　七尺余　幅　五寸
厚　二寸五分
釘之分
一　大縫
凡三百六十本ヨ但シ舗一通ニ五十本
鉄目一本ニ付廿七目ヨリ三十目マデ
合三百五十本ヨ

「高瀬舟設計図」(著者作図)

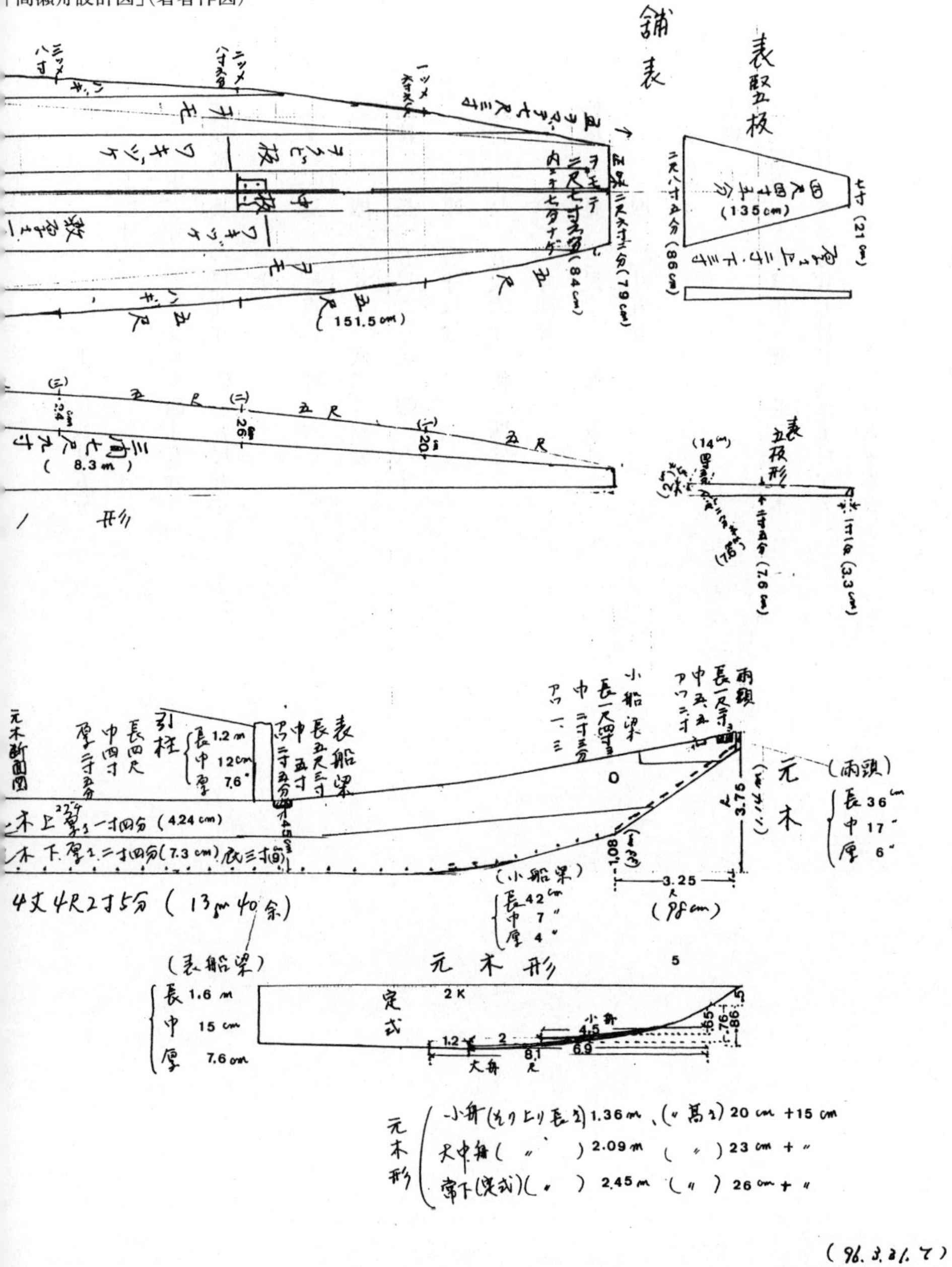
鋪表
表敷五枚
(135cm)
(21cm)
(86cm)
(79cm)
(84cm)
(151.5cm)
(8.3m)
表五枚形
元木断面図
引柱
長1.2m
中12cm
厚7.6"
表船梁
長五尺三寸
中五寸
アツ二寸五分
小船梁
雨頭
元木
3.75
3.25
(98cm)
(雨頭)
長36cm
中17"
厚6"
4丈4尺2寸5分(13m40余)
(小船梁)
長42cm
中7"
厚4"
(表船梁)
長1.6m
中15cm
厚7.6cm
元木形
定式
大舟
小舟
元木形
小舟(そり上り長さ)1.36m、(〃高さ)20cm +15cm
大中舟(〃)2.09m (〃)23cm +〃
常下(定式)(〃)2.45m (〃)26cm +〃
(96.3.31.て)

図110 『高瀬覚書』に基づく

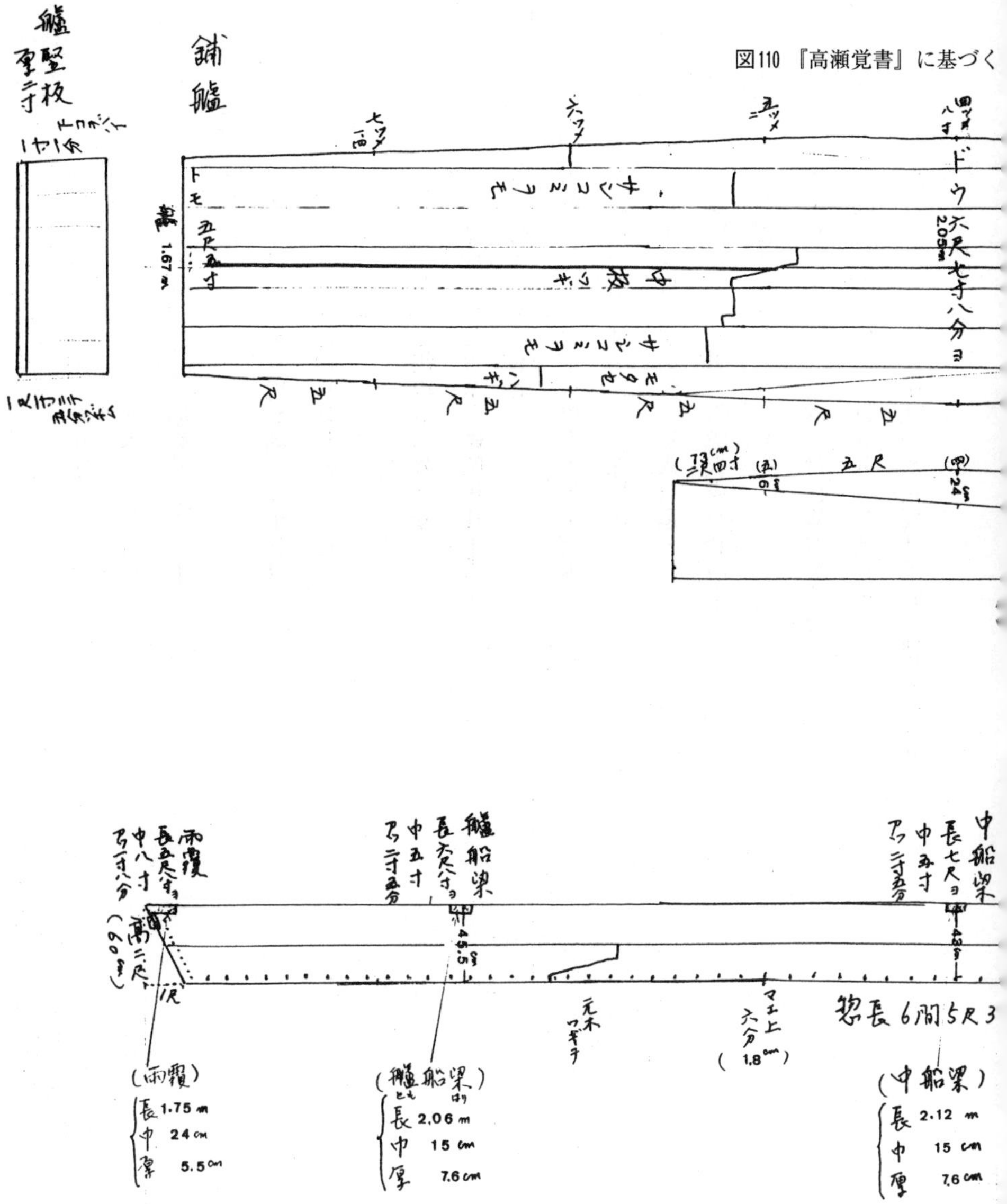

百本ニ付代銀廿三匁五分
元木ツギテ拾本
船梁三丁ニ六本

一　小縫
凡二百四十本ヨ但シ舗ニ九十本ヨ
鉄目一本ニ付拾目ヨリ拾三目迄
元木　拾四本
百本ニ付代銀拾二匁五分
表竪板　凡拾本余　艫竪板凡十六本
上廻り　凡百本余

一　頭附　凡百二拾本ヨ但表竪板十三本
鉄目一本ニ付三目ヨリ五目迄
百本ニ付代銀四匁ヨリ六匁迄
艫竪板三拾五本　但摸板成ハ廿四本
上廻り凡百本余

一　丁千葉　十八本　百本ニ付代銀四匁弐分
鉄目一本ニ付　三目五分ヨリ四目迄

一　槇皮縄　凡七把　槇縄時ニ相変リ不樹一把代三匁五

工数二拾一人　表竪板半人ヨ舗揃五人半
　解船　二人　上廻リ五人
　艫竪板一人同開立五人半
　槇皮　二人但横板ニテ半

次で「新造卸来口順番」として船頭名(平右衛門ほか略)一四九名を列記する。続いて「天明八申年京大火後度始増船名代」として「上組二拾六、中組二拾、下組拾九、京九、本願寺用船拾五、蔵九郎船三拾」の計一一〇名の船頭名を列記してある。これは焼土復興のための需要に応ずる、船の増加と船頭の増員手当の記録であろう。

○十石積舟の略図と明細(3)(図111)

拾石積
敷長五間五尺但し六尺五寸サオ
表　　二尺六寸
幅胴　　六尺五寸
アツ　　一寸三分
表竪板長四尺四寸五分
幅上　　六寸、下二尺七寸
アツ　　二寸三分
艫長　　五尺三寸

高　　　尺九寸
アツ　　　二寸
右入用
一　銀　八拾三匁六分　大工廿二人作料
一　同　百八十六匁五分五厘　釘代
一　同　六匁　槇縄代
一　同　五十六匁二分五厘　木挽賃
一　同　二百六十匁　　　惣板代
〆銀　五百九十二匁四分
右之通ニ付奉申上候　木材鉄物値段依高下積書ニ相違仕候儀可有御座候　此節之所之積立申上候段御断
奉申上候　以上
申七月（文政七）　喜兵衛　印
（下略）
○十五石積舟の略図と入用（図112）
一　敷長　六間壱尺　六尺五寸指
表　　二尺七寸五分
幅胴　　六尺八寸
艫　　五尺五寸

右入用
一銀八拾七匁四分大工廿三人作料
一同百九拾五匁七分五厘　釘代

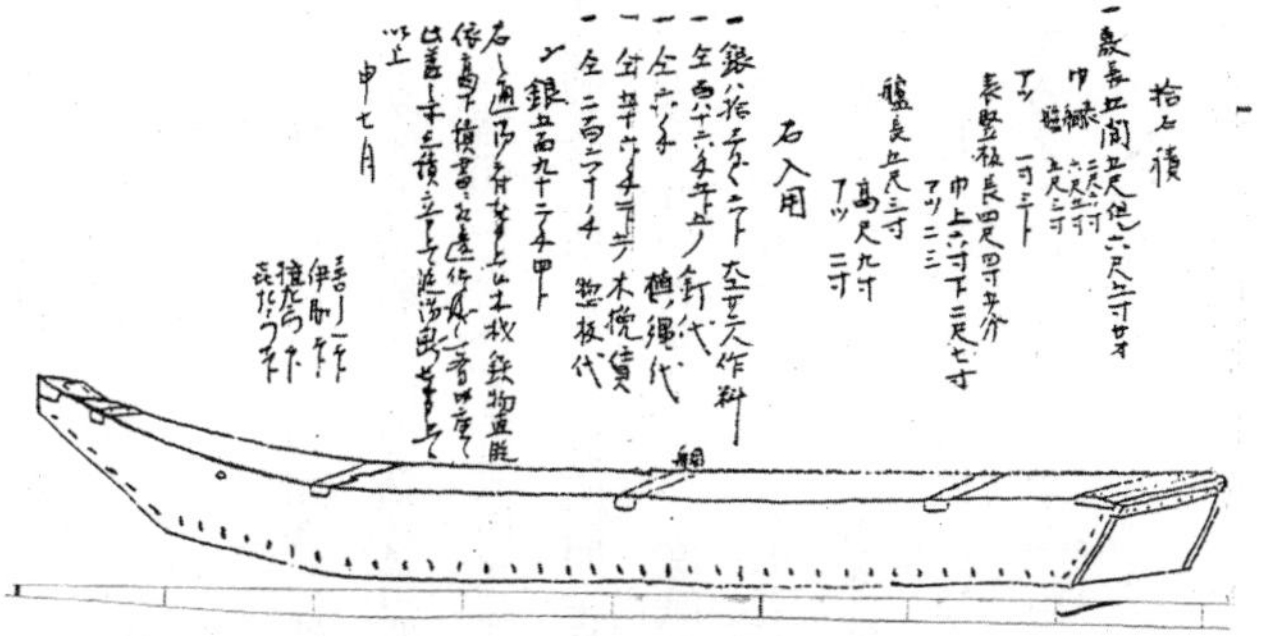

図111　十石舟の図

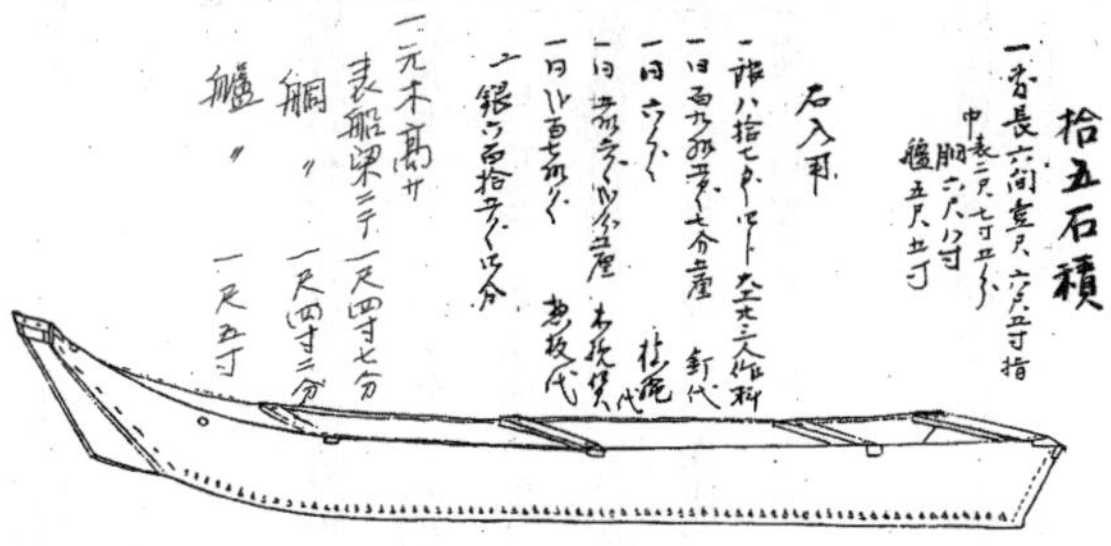

図112　十五石舟の図

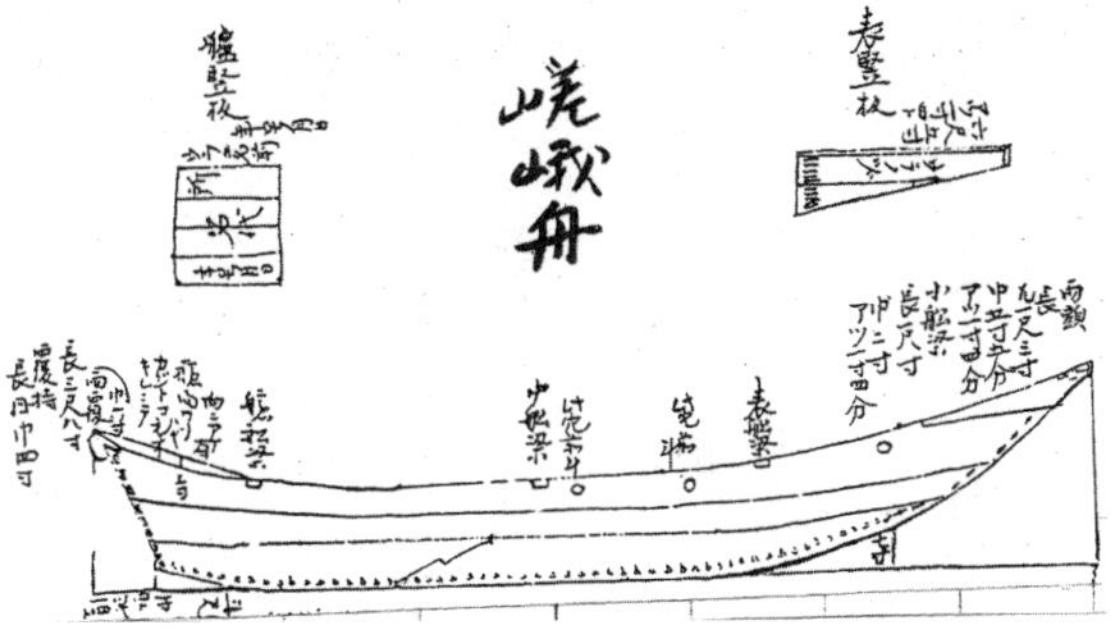

図113　嵯峨舟の図

一同　六匁　　　　　　　　　槇縄代
一同　五拾六匁二分五厘　木挽賃
一同　弐百七拾匁　　　　惣板代
〆銀六百拾五匁四分

と、十五石舟は当時の金で一〇両ほどかかっている。十石舟より四％高い。経費内訳では十石舟で材料費が七六・五％、人件費が二三・五％であるが、十五石舟では人件費（大工・木挽賃）二三％、材料費七七％となる。

右二種の他に、左の如き船種を記す。

二条領普請船、四条領普請船、竹田領普請船、伏見領普請船、同所屋形船など、やや小ぶりの（二間ほど短い）諸船の様式や御番所足見船（更に一間短い）、御泉水入小船（舗長二間、天明元年出来）、船小屋出水通船（舗長二間五尺）、御座船（表立板高く、屋形造、簀板敷き船寸法定寸、安永八・寛政九・文化一〇・文政六・天保五の各年造る）、嵯峨谷間船、嵯峨御召船などの記録がある。

かつて昭和五〇年（一九七五）七月から、一之舟入前に、保津川の舟（長一一・四メートル、幅二メートル）が寄贈されて、俵や薪・酒樽を積んで、復元高瀬舟として、一〇年間川中に置かれていた。現在はその後作られた舟が、引き続き置かれている。

参考までに、『高瀬覚書』中の嵯峨（保津川）舟の図を示す（図113）。波を被《かぶ》るので、へさきと舷側と艫《とも》が高くなっている。

○団平船（大型船）の建造

『高瀬覚書』には、さらに大型の高瀬舟（団平船）が、寛永八年（一六二八）から造られ、類似の八種が次々と現れ、文政一三年（一八三〇）当時も使用されている。

特殊の目的、事情によって使われた船として、その記録を摘記する。ただしこの分の絵図はないし、寸法・仕様などは省略する（大概の寸法は二二三頁の表3に示す）。

「団平船二艘形」（舗長六間四尺六寸）

右は寛永五年子（一六二八）夏九艘造る（同年、仙洞造営、上賀茂・下鴨社上棟。南禅寺山門完成等のためか）。

また、享保二〇年（一七三五）卯正月造る（その前年材木屋仲間株公認。二条新地造営）。そして、またまた、宝暦元年（一七五一）未、霜月造る。

「団平船　三艘形」（舗長七間二尺）

宝暦五年（一七五五）亥二月造る。

（前年より三条大橋、小橋の修覆。この年、二条大橋修覆）。

安永一〇年（天明元＝一七八一）丑三月造る。また天明八年（一七八八）申七月造る（一月三〇日、大火発生、三六、七九七軒焼失）。三艘形荷船造る。

同年七月七日卸、東本願寺用船、三艘形二艘造る。

天明九酉年（一七八九）二月より五月、一〇艘出来、禁裏御用木積（七月四日、内裏造営着手）。

寛政二年戌（一七九〇）二月、本願寺団平修覆。右は大石積に付（下略、補強策）。

寛政四年子二月、東本願寺舟造、長一〇尋。

「大団平船」（舗長七間四尺五寸）
右は寛政五年丑霜月、東本願寺用木積再度造る。
寛政八辰年九月、東本願寺古団平船を解き、その古木を用い、二八日卸、この造り直し団平船の寸法、舗長七間四尺五寸（以下略）。
「西本願寺修覆頼舟　団平三艘舟」（舗長七間二尺）
享和二年（一七一七）五月、造る。
文化八年（一八一一）九月、造る。
文政七年（一八二四）二月、右は東本願寺去冬（一一月）炎上に付再々建に就て頼み船也。
又同一艘造り掛分は、文政一〇年八月出来。
「内荷造　団平船三艘形」
文政一二年三月出来。
「大々団平船」寸法
一舗長五丈二尺五寸（一六メートル）
一船梁一一本、長九尺二寸五分、幅七寸四分、アツ四寸（下略）。
「同年九月十一日当三月ニ造大々団平船此度
大木ヲ積候ニ付、上置之上へ又四寸五分アツ三寸ノ上置ヲ付、尤表小船梁下ヨリ艫雨覆上迄付、又雨覆上エモ横ニ打付其外、幅壱尺ノ二重ノ小べリ打付所々槇皮打、同日夕方出来卸。（下略）」
○大々団平船による苦心の巨材運漕（読み下し意訳）

「九月十五日、右の団平船で一番大きな虹梁（そりのある化粧梁）松長さ拾三間（二五・六メートル）の内少々寸法を落し、根元径七尺五寸（二・三メートル）、先口四尺余（一・二メートル）あり、量目凡そ弐百石（五五・六立方メートル）のものを、昼より船積みに掛ったが船が傾き浸水してしまった。そこで右材木を足場を組んで釣り上げ、水をかい出し、十六日又々船表より艫まで五寸の上り置を付け、艫天覆の上へ壱尺上置したら、元木胴にて四尺壱寸あった。十五日昼より喜兵衛、伊之助、夜に伊助、九兵衛、岩松、徳三郎以上六人出向。今晩の酒手として六人へ全百疋（二五〇〇文）、来る十六日朝より九兵衛が行き、昼七つ時（夕暮四時頃）若手四人が出向、又、伊助も行き同夜九つ（十二時）迄居た。船小屋下役両人重役共出役、十七日朝より又若手四人出向き、十七日昼、高瀬川へ浮かべた。船足（吃水）二尺四寸余（七三センチ～）今晩四つ時（十時）より引き出し、竹田七つ井迄行き、十八日夕方九条領茶センが廻迄行き、十九日夕方七条木場引入（下略）」

と三日がかりで巨大な材木の運搬に苦心した様子がうかがい知れる。とくに吃水七三センチは驚異である。

「改正中団平船」

惣長六丈一四（一八・六メートル）

文政十三庚寅（一八三〇）二月造。

「改正大団平船」

惣長五丈八尺七寸五分又六丈六寸

文政十三年二月造。

(2)御香宮所蔵「高瀬舟図」

伏見の御香宮神社に所蔵される文書の中に高瀬舟の図がある(図114／高田正一氏提供、高瀬川保勝会会長、平成六年没)。

一番目の罫紙には次の如き上申書があり、

上伸書

本年四月乙第六拾参号ヲ以御達相成候内外船舶ノ図其他書類並現品所蔵之有無取調候処当聯合内ニ別紙図面之船所有致居候ニ付此段上伸仕候也

紀伊郡南浜町外三十一ヶ町聯合

戸長　岩村清兵衛

明治十五年七月四日

紀伊郡長　荒井公木殿

続いて川遊船、高瀬船、弐間船、三十石船、同船具、五間船、同船具の図などの全七葉で構成されているが、文書の右四分の一ほどが焼損されている。

高瀬舟の図は図114の通りで、書き込まれた寸法は次の通りである。

一　全長　七間二尺三寸(一四・五メートル)

一　敷板長サ　六間四尺(十三メートル)

一　敷板幅

前ニテ　二尺九寸(八八センチ)

胴ニテ　六尺八寸(二〇六センチ)

一 艫ニテ　五尺五寸(一六七センチ)
一 元木高サ
　表船梁ニテ　一尺六寸(四八センチ)
　中船梁ニテ　一尺五寸五分(四七センチ)
　艫船梁ニテ　一尺六寸(四八センチ)
一 表竪板長　四尺五寸(一・三六メートル)

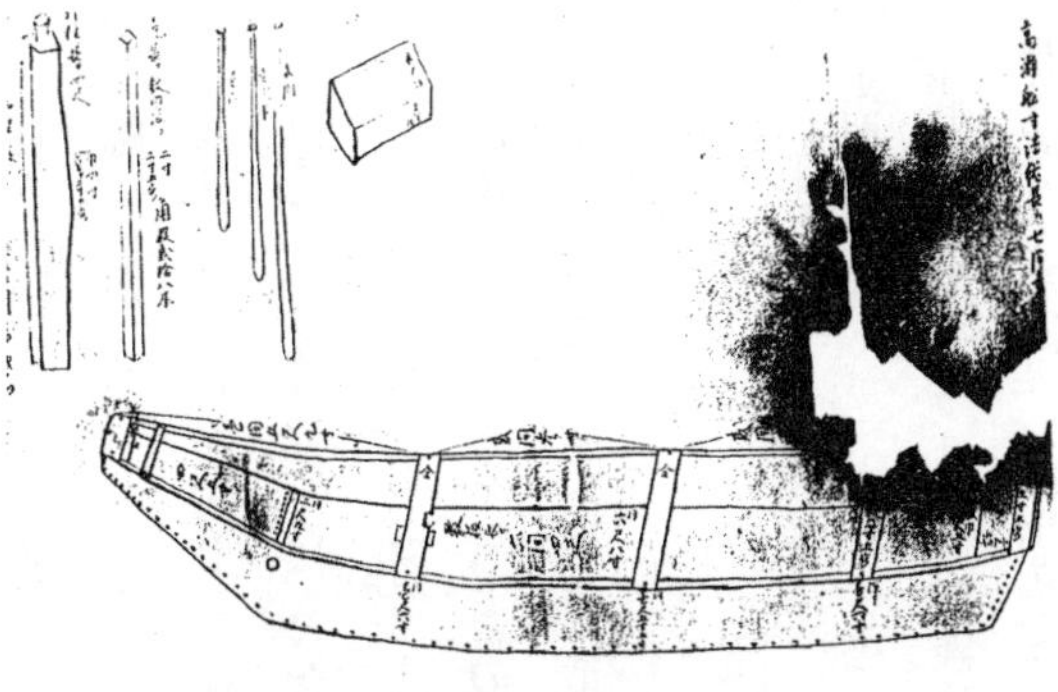

図114　高瀬舟の図(御香宮蔵)

一 艫竪板　二尺九寸五分(八九センチ)
一 船首ヨリ表船梁マデ　壱間五尺九寸(三・七六メートル)
一 表船梁ヨリ中船梁マデ　弐間三寸(四・〇三メートル)
一 中船梁ヨリ艫船梁マデ　二間五寸(四・〇九メートル)
一 艫船梁ヨリ船尾マデ　一間一尺六寸(二・二九メートル)

○他の備品図
物入箱　二尺×三尺、高さ□寸
櫂　三点(壱間、壱間半、弐間)
荷尻(船底に並べ置いて、荷物が水・アカに漬からぬように使われた)角材、二寸〜二寸五分角(六〜八センチ)、二八本、敷幅限り。
引柱(縄をかけて舟を曳行するための柱)

長さ　四尺（一・二メートル）
幅　　四寸（一二センチ）
厚さ　二寸五分（八センチ）

（引柱は『高瀬覚書』にも見当らぬが、表船梁に接して、敷板上の基板にその根元を挿して立てられた。二〇八～九頁の図110には記入してある）。

諸数値から推測すると、この高瀬舟は、十五石積（明治初期）である。『高瀬覚書』の舟（文政）と良く似ているが、表建板が頑丈になっている点と、全長が一・一メートル長い点が異なっている（二二二頁の表3参照）。

(3)史料『手扣』

『手扣（＝手控）』は、大塚隆氏所蔵文書である。和綴本一冊、六センチ×一六・五センチ・厚さ一センチ、仙花紙一三四枚、二折仕立て。細かい文字で毛筆書きされ、文中に記す年代は、弘治元年（一五五五）に始まり、嘉永七年（一八五四）に及ぶ。主たる筆者は、上田勘助他三代の人々により、一〇〇年余りの過書船、高瀬舟関係の諸記録が、主として享保以降文化・文政の頃（一七一六～一八二九）を反映して集約されており、当時の舟運を知る上で欠かせない史料である（大塚氏の御好意により、全体の複写・解読・使用の許可を頂き、昭和四九年から平成八年にいたり解読整理を終る）。

『手扣』の中にある高瀬舟は図115の如くで、他の史料にない説明は、後部雨覆と艫竪板（建板）の間の横桟が、負持（覆持）と表示されていることである。

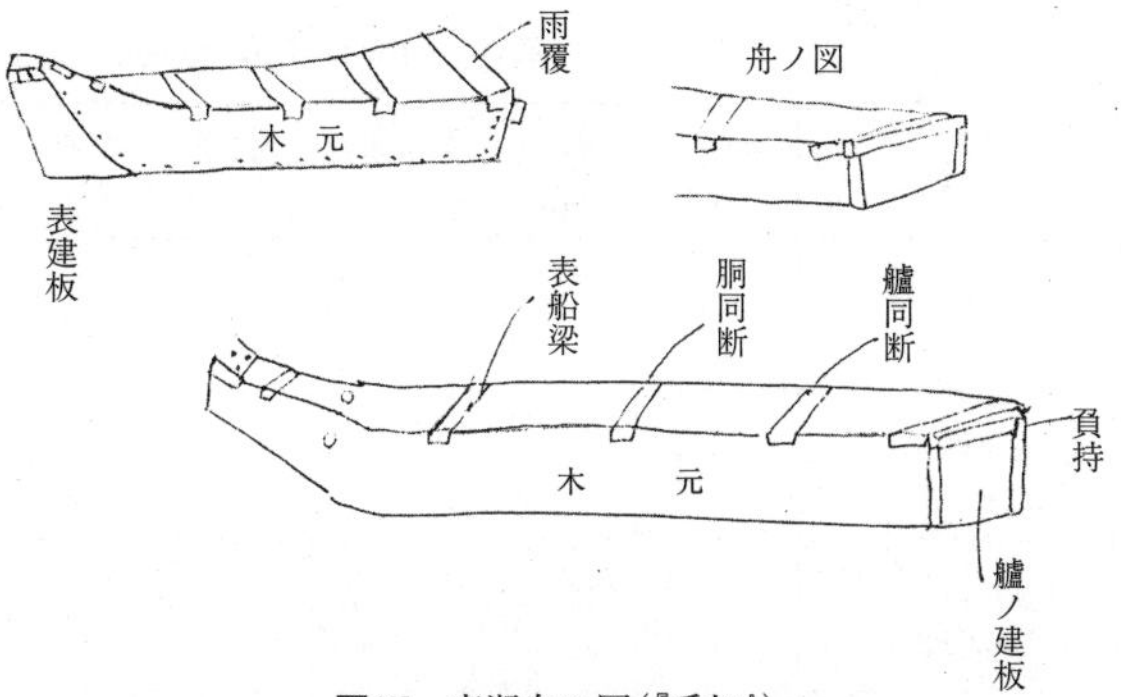

図115　高瀬舟の図（『手扣』）

船の寸法については、断片的な記述で、「高瀬船長六間半、幅六尺七寸」とか、

「文政七申年改（一八二四）高瀬船　惣丈六間一尺（四〇尺＝一二・一二メートル）

表二尺七寸五分（八三センチ）

胴六尺八寸（二・〇六メートル）

艫五尺五寸（一・六七メートル）

厚一寸三分（四センチ）

但六尺五寸棹　十五石積

高瀬船　惣丈五間五尺（三七・五尺＝一一・三六メートル）

表二尺六寸（七九センチ）

胴六尺五寸（一・九七メートル）

艫五尺三寸（一・六一メートル）

厚一寸三分（四センチ）

但六尺五寸棹　十石積」

とある。この数値は、先の『高瀬覚書』のものと同じである。

以上の如く各資料には、舟運の必要に応じて作られた各種高瀬舟が見られるが、これらを総括して「高瀬

表3　高瀬舟寸法一覧表　(1996.4.7)

種目	総長(m)	敷長(m)	船巾最大(m)	敷厚(cm)	元木高(cm)	元木厚(cm)	表建板高(m)	表建板厚(cm)
十五石舟 文政	13.4	12	2.1	4.2	60	4.2～9	1.35	3.3～7.6
御香宮 明治	14.5	13	2.1	4.2	60	4.2～9	1.36	6～9
十石舟 文政	—	11.4	2.05	4	—	—	1.05	—
団平二艘形 寛永	—	13.2	2.2	—	50	—	1.35	—
団平三艘形 宝暦	—	14.4	2.3	—	51	—	1.36	—
大団平船 寛政	16.6	15.2	2.65	—	53	—	1.5	—
大団平船 文政	—	16	2.8	—	56	—	1.5	—
改正中団平 文政	18.6	15	2.82	4.8	53	4.8～7.9	1.6	—
改正 大団平	17.9	16	2.6	—	70	5.5～8.2	1.91	—
御座船 屋形付		12	2.1	4.2	60	4.2～9	2.1	—
二条領 普請舟		9	1.6	—	40	—	1.2	—
御泉水入小船 天明元	—	3.9	1	—	52	—	0.9	—
嵯峨 谷間舟	—	11.5	1.7	3.3	63	3.3～7.8	1.97	4.2
6	3	3	5	3	4	5	5	5

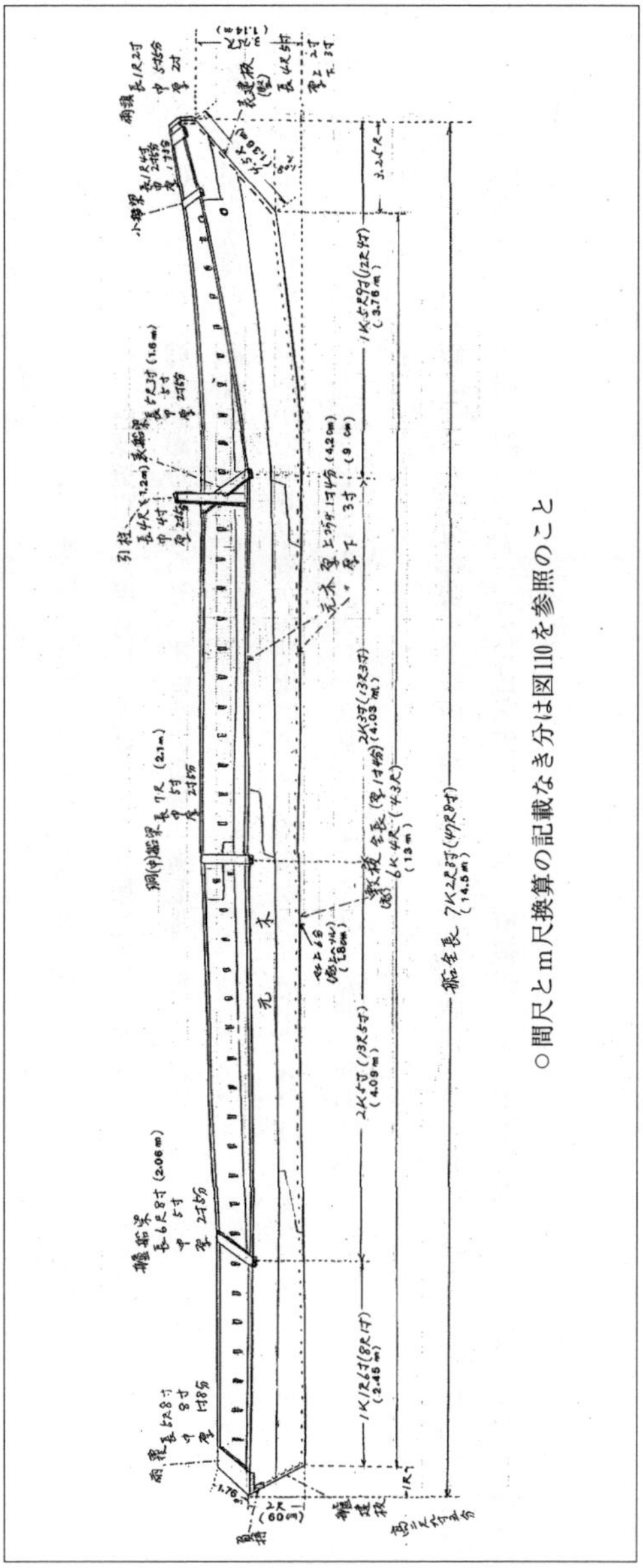

図116 高瀬舟概観図(御香宮図を参考)

○間尺とm尺換算の記載なき分は図110を参照のこと

舟寸法一覧表」を作ってみた(表3)。

さらに代表的な、十五石船の概観図も描いてみた(図116)。

この図の手前側、元木の右側面は、そのまま側面図となる。

だいたい高瀬舟の寸法は敷板(底板)で決まる。その前方は反《そ》り上り、表の竪(立)板に接続する。両舷の板は元木と称し、高さは近年に増している。その厚さは上端と下端では倍の開きがあり、これは表立板も同様である。

敷板の船中央辺りは少し(六分)上へ浮かす。敷板の前方部五分の一は上反《うわぞ》りさせ、表の立板と接続する。両側は元木、後艫は艫立板で囲い、これらは敷板に釘で固定される。上部は舟梁木等で固定強化される。表船梁には引柱が立てられる。敷板・立板などは一枚板でなく、板を継いで必要面積のものを造る。底(敷)板や元木などの、継目のすき間から入る水を防ぐには、槇皮縄をつめる。

舟の製作期間は、先の大団平船の記録では、一週間から半月余りとまちまちである。

(1)『三代実録』中の高瀬舟

『三代実録』(六国史の一つ。清和・陽成・光孝の三天皇の時代約三〇年のことを記した史書、五〇巻。九〇一年、藤原時平・菅原道真・大蔵善行らが勅命により撰進)に、元慶八年(八八四)九月、近江と丹波の二か国にそれぞれ三艘の高瀬舟を造らせ、平安京の貴族の遊宴地、神泉苑に送らせたとある。

(2)利根川水運の高瀬舟

銚子から利根川をさかのぼり、境から逆川に入り、関宿から江戸川に入り江戸にいたる、五〇里二〇〇キロのコース、順調に行って三日間、セジといって居間も備えた大きな舟が運行されていた。

(3)拾石舟入用の分析

当時、米一石が銀七〇~八〇匁の頃、金一両=銀六三~六五匁の時代。右〆銀は、金九両二分に相当する。諸費内訳は、大工手間一四%(一人三匁八分)、釘代三二%、槇縄代一%、木挽賃九・五%、板代四四%と材料費が七七%である。

第六章　高瀬舟運の推移

高瀬舟運の開始は慶長一六年(一六一一)であるが、高瀬川全線の完成は同一九年である。以来、三〇〇余年続いた高瀬舟運は、京都の発展に多大な貢献をしたが、その歴史は正確な系統的なものが残されていないという憾みがある。歴史研究という点では、全く恥かしい素人仕事の域を出ないが、とりあえず、今まで調べた手許の資料の限りで、高瀬川の舟運史を概観してみよう。多々不備な点および誤謬については、諸賢の御教示を乞う。

一　高瀬舟の稼動数

高瀬川を上下して働いた舟の数はおおよそ決められていた(明治三二年「角倉申請書」[1])。しかし諸事情によって変動があった。

寛文九年(一六六五)四月、高瀬舟運の発展と共に、鳥羽から洛中への運送に従事していた、車借・馬借と称する運送業者は、失業状態となり、角倉に対する抗議書を奉行所に提出した(「寛文九年四月伏見組車方物中口上書」、『京都の歴史5』他)。

これによると五〇年以前の元和五年に高瀬川舟運に、馬車の荷物が流れて困ったので、角倉に抗議したところ、高瀬舟も三六艘と決め、四条木屋町へ向けて、薪ばかり積んで上がると取り決めた。ところが近年は次第に舟数が増え、今や一七〇艘にもなり、米・大豆その他まで、舟で三条〜四条間の新問屋へ積み上がるようになり、車の荷物がなくなって、車方は飢えにおよび迷惑している、という訴えであった。このことは、高瀬創業九年目頃に三六艘の船数が、六八年目には一七〇艘になっていたという話である。諸記録によると、寛永一八年（一六四一）には一三〇艘であり、それ以前の寛永五年夏に団平二艘形を九艘造ったとある（二一五頁）。

○寛文九年（一六六九）〜天和元年（一六八一）の間は一六〇艘（伏見奉行仙石因幡守の定め）。
○延宝五年（一六七七）、一五〇艘（京四五・伏見一〇五）、この年、車方迷惑に付き掛船（『手扣』）。
○宝永五年（一七〇五）から享保八年（一七二三）三月までは、禁裏用に三〇艘造り増しし、同七年三月二九日、所司代松平紀伊守の許可で続いて使用した（宝永五年三月八日の大火後の内裏造営）。
○宝永七年の高瀬舟数は一八八艘（『京都御役所向大概覚書』）。
○安永九年（一七八〇）、高瀬舟四四艘（伏見三八・京六）。
○天明七年（一七八七）、高瀬舟合計一五〇艘（伏見一〇五・京四五）（『伏見町誌』）。
○天保一二年（一八四一）、高瀬舟通用、合一五〇艘、伏見一〇五艘、京四五艘（『天保増補泰平俯見御役鑑』）。
○文久元年（一八六一）、伏見に舟運を支配する役所を設け、堀の口に会所を置き、舟数は京都一四八艘、伏見一一〇艘あり、これらに従事する者およびその家族は、木挽町、三栖方面、竹田口の一帯に七〇〇余人いたという。『淀川両岸一覧』によると、この文久頃の高瀬舟の就航数は、おそらく一番多い時であったろう。(2)

なお宝永〜文政間の臨時造船と使用については『高瀬覚書』に詳しい（二一五〜七頁）。

また『手扣』の記すところでは（年代不詳）、その当初一五〇艘のうち京舟四五艘の中から九艘を伏見へ廻し、伏見一一四・京三六とした。そして伏見の上・中・下組ともに三八艘を所有したとある。されば本節初頭の車方に関する引用の三六艘は、右によるものかもしれぬ。

○文政五午年（一八二二）の記録には「高瀬登荷数五十八万五千三百十五石」（『手扣』）とあり、さらに、

十二万千百五十二石	二松分（二一％）
七万二千百二十四石	七分（一二％）
五万三千八十六石	材分（九・一％）
千百七十六石五斗	御城内（〇・二％）
廿六万六千九百四十七石五斗	貸出行（四五・六％）
七万八百二十九石	七条橋行（一二・一％）

と浜地仕分別の登り石数を示している（貸出行が不明、三郷組などへの分か）。

右、石数を仮りに年三〇〇日の稼動とすると、一日一九五一石の登り荷となる。一艘一五石積み（二・二五トン）として、毎日一三〇艘平均（二九三トン）が上《あ》がっていた勘定になる。実に四トン積みトラック七三台分となるわけである。

○明治維新以後の高瀬舟運

明治二年（一八六九）三月二四日、御一新により角倉与一の加茂川高瀬舟支配は被免され、同二七日再び船掛りを申付けられたが、同年八月、与一の高瀬川の主務は再び被免され、府土木課へ移管された。(3)

官営になってからも、高瀬舟は活躍している。

明治初年、水運は依然旺盛を示し、高瀬舟もまた京〜伏見間唯一の連絡機関として、大いに利用せられ、明治三年にいたり、「早船と称する旅客本位のものを設け、毎日時を定めて、京伏間を往復したるが、乗客常に満員を呈せり……」（『伏見町誌』）などとある。

明治五年三月、第一回京都博覧会が開催された（一三日から八〇日間、西本願寺・建仁寺・知恩院の三か所で開催、入場者三万人余、入場料二〇円。この時から鴨川をどり・都をどり始まる）。淀川・高瀬川に見物客のための早船が出現した。

○淀川早船

京都博覧会のため新造の西洋造り屋形船就航し、夕方七時伏見発、夜十二時大阪高麗橋着。また川蒸気船淀川丸は朝八時高麗橋発、午后三時伏見着、高瀬早船利用五時四条小橋着（京都府立総合資料館蔵『京都新聞』第二一号壬申三月）

○西洋造ガラス張、家形早舟

此舟ノ妙タルヤ深夜タリ共舟中ニ火ヲ灯シ杯ヲ回ラス事ヲ嫌ハズ、水主川堀ノ失弊モナク風花雪月ノ景色モ眺望シ、女子小人タリ共便所ノ設ケアレバ聊煩モナシ、其迅速ナル事火輪船ノ如シ、上下ノ諸君乗舟ヲ冀候ナリ。

淀川

上り一人前金三朱　　貸切　　上り金九両

下り　同　同二朱　　　　　　下り金六両

高瀬川
上り一人前金二朱　上り金二両一分
下り　同　同一朱　貸切　下り金一両二朱
舟乗場
伏見京橋南詰　大坂高麗橋半町角
亀甲善九郎　萬屋伊助
京四条小橋南詰　高瀬五条下ル
山崎幸吉　竹田屋浜
高瀬七条角
千丸屋浜
（『京都新聞』第二三号）

○明治一六年（一八八三）
「此年高瀬船の積荷一ケ月一万駄」（『菊浜誌』）とある。一駄は四〇貫（一五〇キロ）で、上り舟で一艘一五駄から二〇駄を積む。上り専用で二〇駄なら、計五〇〇艘で運べる。一日一七艘弱の運航となる。また仮りに、上り二〇駄、下り一〇駄の割で考えると、上下で三〇駄、計三三〇艘の運航となり、一か月三〇日として、一日一一艘の舟の上下で賄えることになる。
○明治一七年（一八八四）一二月
三十石船値下げ競争により、京都四条高瀬小橋から、大阪八軒家までの船賃は、一人八銭が四銭となった（『立憲政党新聞』）。

○明治二三年四月九日
琵琶湖疏水完成開通式。
○明治二四年(一八九一)九月二五日
鴨川(疏水)運河開通式の予告(『新京都』第一号、九・二二発行)。
○同年一一月、インクライン運転開始。蹴上発電所送電開始。
いよいよ高瀬運河の強敵、疏水運河の運航が開始された。近代設備の整った疏水に対し、永年旧制を保ってきた高瀬川は、以後、陸上交通との競合も加わり、衰退の一途をたどるばかりであった。
○明治二八年、高瀬舟、三条小橋より伏見にいたる運送舟、乗込一人三銭(明治二八・三『きやうと下巻』)。
この年一月三一日、七条~伏見油掛間に日本最初の電車が走った(二月一日営業開始、京都電気鉄道株式会社。伏見線全三区一区二銭、開業一週間は特別サービス五割引で、七条~伏見間三銭であった)。
○明治四〇年(一九〇七)
この年一か年の高瀬川の通船、九六一〇艘。貨物一七三、八〇〇駄、一艘が一八駄積んだ。この記録を分析すると、年間三〇〇日の運航日数なら、高瀬舟は一日三二艘強となる(『伏見町誌』)。
○明治四二年
高瀬舟、平均一日五〇隻の運航。一隻は二五駄積とし、一駄の運賃一五銭とすれば、一か年約六八、四〇〇円を得る。主なる荷物は米、醤油、材木、石材、綿、木炭、薪、雑貨(伏見商業会議所調べ――『菊浜誌』)。
○明治四五年五月
第二疎水完成。正面閘門より伏見船溜まで延長二九三三間(五三三二メートル)、上方船溜より一一五間

(二〇九メートル)のインクラインにて下船溜へ下り、伏見市内七五八間七分(一三八〇メートル)の延長水路をたどり宇治川へ入る。

○大正三年(一九一四)

「高瀬舟三十七艘となり、日々従事船数五艘、一ケ年賃四千九百二十七円。

此の年疏水船は五〇艘、日々従事船数二〇艘、一カ年通計二万一千九百円」(『伏見町誌』)

○大正七年

「高瀬舟数十五艘となり、休船多し。疏水船数三〇艘、全部運漕に従事す」(『伏見町誌』)

○大正九年(一九二〇)六月

慶長一九年(一六一四)竣工以来、三〇七年にわたり京都の繁栄に貢献してきた高瀬の曳き舟もついにその歴史を閉じた。

「有名なホイホイの声も絶えた高瀬川……語るも憂き秋や船夫の今昔(営業者は疏水へ転住)、角倉了以翁が高瀬川を開通して以来此川に依つて生活せる運送業者及船夫仲仕など通算すると実に五千余名の多きに達し、殊に伏見町や木挽町一帯は高瀬川舟夫のみに限られてあつた。交通機関は大なる発展を見ると共に、明治二十四年疏水が開通されて以来、さしも全盛を極めた五千有余の人達は、日を重ね月を経て世の進化に追われ減退し、川路は各所に破損を生じ、加ふるに昨年末の財界の動揺は遂に回漕を断つに至り、営業者は疏水に便を移して、今は其影を認めず。高瀬の老川は忽ち終つて、京伏三里が間両岸唯生茂る草は茫々として足跡を絶え、竹田附近は各友仙工場の洗水場となりて、三栖の畔に建つ了以翁の記念碑にも悄然たるのみ。然して目下伏見より京都へ、京都より伏見へと行き往ふ疏水の舟は僅かに五十艘に過ぎずして、昨年来の不況は甚しく打撃を与え、遂に回復の途は絶えた三千余名の高瀬の船夫は、毎年路芝に霜置く秋の暮れより、陽春の花の頃までは、最も多く回漕を取扱われた当時、伏見より京都に上り行く数百艘の舟は、長い綱に引かれて、威勢のよいホイホイの合声は随分有名であつたが、遂に絶え終ると共に、三千の舟夫は宇治川より淀川へと、次第次第に流れ込み、今日多方は大坂伏見間の回漕を専門とする様になつたが、古い歴史の高瀬川は本年六月を以つて終つたのである」(『日出新聞』大正九年十月二五日)

と高瀬川の歴史を回顧し、その終末へのレクイエムを巧みに綴っている。

二　高瀬舟の船頭

高瀬舟の船頭は、大堰川開削のときに、備前国牛窓から、角倉了以が連れてきて、小屋町(のちの角倉町)に住まわせた嵯峨船の船頭に始まったと思われる。(4・5)

そして嵯峨船の船頭の分派か仲間が、高瀬川の方へ呼び寄せられたのであろう。

大坂落語「三十石船」の咄《はなし》の中で、淀川を下りながら、船頭が唄う舟歌のメロディーは、音戸の瀬戸の舟歌(民謡)と全く同じである。

戦国時代に瀬戸内海で名をあげた、海賊や水軍の強者たちが、平和の到来とともに、舟運にその技術を生かして、各地に転進したということは、充分考えられる。

高瀬舟の船頭は、初め備前島町に住み、のちには四条下ル船頭町に多く住んだ。また、伏見が荷物の中継点であり、高瀬舟の出発点なので、三栖浜、南浜、木挽町通(阿波橋通の八幡町以北丹波橋通まで)一帯にも多く住んだ。

三　高瀬舟で運ばれたもの

鴨川運河を最初にさかのぼったのは大仏殿の用材であった。続いて御所の用材が運ばれ、これらのいわば、官営事業の資材運搬が終った段階で登場するのが民間の生活必需品である(『駿府記』慶長一六年一一月二九日条)。この年三月には、後水尾天皇(一〇八代)の即位があり、幕府によって禁裏修造の工事が始められた。

「之によって京都自由にして米薪已下下値なり、京都町人之を悦ぶ」(『当代記』)

本格的な高瀬川の出現を見る前に、物資は都を目指し、やがて高瀬川の完成とともに、諸物資は水の流れと反対に、続々と人の住む京の都へと、高瀬舟によって運び込まれてきた。

舟荷の積卸場としては、川沿いの二条から五条までの両岸に、多くの角倉の占有する浜があり、また舟入や舟廻し沿いの浜も港の役目を果たした。そこで高瀬川沿岸の発展は三条を中心とする二条～四条間がまず開け、次いで松原通を中心とする五条まで、そして正面の米浜を中心に五条～七条間の新地ができ、内浜も現れた。

そして木屋町沿いの薪炭業者は三郷仲間という今の組合(カルテル)を作って互いに、取引の合理化、経済力の強化、信用の維持につとめていた(二条郷・松原郷・七条郷)。川筋の業者は右の三郷仲間二〇〇軒余、揚荷業者二五軒、他国醤油(酒・醤油・塩・味噌)二一軒、屎問屋[6]三八軒とある(『手扣』文化末年)。

○内荷について

諸種積荷のうち薪木・材木・炭は「内荷」と称して、三十石船などで伏見へきたものを、浜へ上げて放置せずに、高瀬舟へ積み替えて、三日以内に京都へ運ぶことになっていた。

このしきたりは古く、所司代板倉伊賀守の発令以来おこなわれた(慶長以来、角倉の願いで実施、口銭諸掛りの節約と、輸送日数の短縮が目的であった。しばしば伏見の運送業者との紛糾の源となった)。

⑴高瀬川の登り荷物

「文化二(一八〇五)乙丑年九月　高瀬船登り荷物積方手控　小森成徳」(吉田周平家文書、縦九・七センチ×横二〇・五センチ、三六帖綴)より仕分けしてみよう。なお筆者の小森成徳については不明。

同書によれば、当時一八〇品目、二〇〇種のものが、登り荷物として京都へ入っている。

○主食としての米

庄内・紀州・中国・土佐・広島・加賀・柴田(新発田)・米子・築(筑)前・伊予・長州・肥後から入る。地域によって一俵が三斗三升(石三俵)から五斗(石二俵)入りなので、高瀬舟(一五石積)には、三〇俵から四五俵を積んだ。

○酒・醤油・油

酒と醤油は五斗七升七分入の樽、または二斗入樽。大樽二六積、小樽四二積。また醤油八升入の樽で一〇五挺積。

油は二斗入小樽で四二積、一斗入で六〇積。油荷桶入は七五積。

またものの入っていない空樽もよく積んだ。

○塩
灘・嶋(不明)・阿こ(赤穂)・さいた(不明)・伊予津た産。俵の大きさで四五から一五俵つむ。
○大豆・伊予大豆・岡大豆、三八〜五〇積。
○白砂糖　箱入りで三七箱積。
○素面(麺)　籠入り、九〇積。
(嗜好品)
○茶・阿波茶　六〇本、石《こく》に四本。
○たばこ　五〇積。
(海産物)
○にしん・ぼうだら・ざこ・塩物・鰹節・蛤・昆布・刻《きざみ》あらめ。
(果物)
○みかん　籠入一三〇〜一五〇積。
(その他、食品・薬品・工業原料)
○葛(食品・薬品)、いわうの花(硫黄華)、引粉、桃かわ(楊梅皮。薬用、染料)、苧之実(麻、苧麻の実。薬用・食用)、木ぶし(貴婦人のおはぐろ用、生倍子)、ろう(蠟、大樽入、石に三つ)、ウルシ樽(十五積)、にかわ(六〇積、主として接着剤)、ふのり、ごふん(胡粉)、松の芯(松明用か)、松の粉(叺入、用途不明)、松の皮(用途不明)、木の皮、引こ(ひきくず、大鋸屑)、明礬(媒染材)、きら(雲母)、貝から、トリモチ(鳥黐、捕虫、捕鳥用)、阿い玉、葉あい(染料)、ビイドロ樽、こんにゃく玉(食用・洗濯用)、せん香、あら石灰、木炭、牛皮。

なお判読できないものに「はし口物」、意味不明のものに「つくも、みかわり」などがある。

(住居関係)
○畳表(備後表・琉球表)、畳の床、莚(がま・竹・藁)、とま(苫)、かや(茅)、原料藁、伊予葭ず、まこもむしろ(真菰莚)、こまめ莚(?)など。
(生活用具)
○鍋、釜、かなごき(鉄五器、鉄御器=仏具または食器)、瀬戸(陶磁器)、すり鉢、備前水こぼし(翻・茶わんをすすいだ水を捨てる器)、瓦の類。
木綿、青苧、古手(衣)、御蔵半紙(?)、紙、半紙、紙くず、古帳。

砥石、銭叺入、薪(三貫束、二〇〇束積)、大柴(一六五束積)、切竹(莚入六〇積)、

(工業材料、金属類)
○鉄、平鉄、長もの、づく(銑、和鉄の原料)、銅、長銅、とたん、銀座灰。
(材木類)
○松板(一寸~四分)、杉板(五分~三分)、槇、榧、桧、槻、栂等の板。
○貫木、木舞、矢倉板などの小材。
○木地、車の矢、車の輪、かせ、護摩木、弓竹など半製品。
(註:これらの品々の記載は右「積方手控」では順不同であるが、筆者の任意で系統別にしたものである。なおこれらの他、明治以後は石炭・石油・煉瓦・セメントなど近代産業の製品も入ってきている)

(2) 御所御用木の運送

近世を通じて禁裏御所の修築・再建等のさいに、その用材運漕に働いた高瀬舟の記録は多い。しかしそのさいに高瀬川が北に延長されて、荒神橋まで運航したという記録は珍しく、高瀬川の一般的考察の上からは漏れている。

従って上《のぼ》り荷物研究の補遺として、本項にその概観を記す[7]。

『手扣』に「御所御用木運送御褒美」として次のような記録がある。

「延宝三卯年、同四辰年（一六七五・六）禁裏御所、新院御所、本院
　同五年巳六月被下　拾五貫目。
一同五巳年　法皇御所、女院
　同巳十二月被下　弐貫目。
一貞享元子年（一六八四）春宮御所
　同弐丑年被下　壱貫目。
一正徳五年未（一七一五）　女院御所
　享保元申年被下　七貫目。
一享保元申年（一七一六）　八十宮御所
　同二酉年被下　壱貫目。
一寛文二寅年（一六六二）禁中北御所
　御褒美寛文七巳年九月　百五貫目被下。

一寛文二寅三月禁裏、本院御用木
船数千弐百六艘右足二万八千百五十石也
一延宝元丑年（一六七三）法皇、女院御所
同三年卯年被下　拾六貫目。
仙洞、女院御用木船数千百八十弐艘
右足拾壱万二千二百三十石也。新院同断船数三百四十七艘、三万八千百十石也」

また宝永年中（一七〇四～一〇）に、禁裏院中御用に付き舟三〇艘造り増した（二二六頁）。

宝永七寅年（一七一〇）四月に、
「一、三貫七百六拾目、右は御用木運送に付　被下候事」

なお『手扣』中、寛政五年（一七九三）に、舟が荒神口まで上《のぼ》るものが出てくる。そして舟賃が二倍余り取られる団平船の名が現れる。

団平船は（二一五頁～）古くから航行するが、その頃と文化年間（一八〇四～一七）にも荒神行の記録はない。嘉永年間にいたり、また荒神行の記録（運賃）がある。

○高瀬川延長の記録

角倉家の子孫のところに左のような文書がある、
「安政元寅年、御所御造営に付、家領高瀬川より、加茂川荒神口迄新川の堀割を造り、御用材運搬致せり、禁裏普請御用材等は、毎年京都所司代より拝命する」（角倉隆嗣家文書）

『手扣』にも

「安永八年（一七七九）

一、加茂川筋夷川上ル河原表、高瀬川江水分致候ニ付、水堰ノ儀ニ付、近衛殿より町奉行所江被仰達御調一件」

とある。

木屋町二条が一応高瀬川の起点であり、登りの終点である。ここから上流は樋の口屋敷へ東折し、樋の口（水門）を経て鴨川右岸の水流に合し（今のみそそぎ川の旧形）、荒神口辺りまでの延長路線が、高瀬川への導入水路として、早くからあったのであろう。

そして先の寛政までと、嘉永・安政の溯上記録を見ると、江戸時代を通じてしばしば高瀬川は、二条樋の口から荒神口までの約一キロが延長され、平船はもとより団平船と称する大船も上《のぼ》った。そして荒神行の登り運賃が記録されているから、御所用材ばかりでなく、一般貨物も運ばれていたということになる。

なお安政元年（一一月改元）四月六日に皇居が炎上し、七月の御所造営の資材運搬に関しての御触れでは、二条樋の口からさかのぼって荒神口から、さらに上流の清和院口（荒神口の上流二〇〇メートル）まで高瀬川が延長された。

「一、此度御所炎上跡御造営被仰出候得者、御用木高瀬川より加茂川筋運送ニ付、二条樋口より荒神口・清和院口迄掘割并浚方等被仰付候間、右受負入札申付候間、望之者ハ来ル三日より五日迄日数三日之内、西御役所へ家持受人召連、根帳ニ付、仕様帳受取、値段相考、同十日右同所ニ而披札候間、其旨可相触者也　寅七月」（『京都町触集成』一二―五〇七、岩波書店）

(3) 高瀬川の下《くだ》り荷物

大きなものは、大八車から大長持、小さなものは、筆の軸から銭にいたるまで、多種の品々を運んだ下り舟もまた、連日大忙しであったろう。これらを知る古文書は、大塚隆氏蔵本で、『下り荷物積方帳』(縦二八・五センチ×横二一センチ、二一丁、表裏表紙付和綴、筆記本)である。裏に京都市・若山用助の印。中紙終りに、高瀬川筋、荷物運送問屋、坪倉屋弥三郎の印あり。本文末尾に寛政五年(一七九三)とある。右文書から品目を抽出する。

(生活用具及び移出生産品)

○大八車、大戸棚、大長持、大箪笥(以上は一つ六荷、五つ積、一つ八分四厘)、長持、たんす、持仏堂(一つ一駄、八つ積、一つ五分三厘)、据風呂桶、屛風箱、明戸棚、明長持(一つ三荷、一〇積、一つ四分二厘)、明櫃、駕籠(一つ二荷、十五積、一つ二分八厘)、

挟箱、酒桶、木臼、杵、油臼、うるしおけ、酒粕叺入、味噌樽入、葛桶、梅干桶入、羽子板、みの杼(?)、杓子、判木板、弓竹、筆の軸、大竹皮、竹、檜皮、杉皮、竹皮、柄竹、藤、畳表、たたみ、藁ずさ(壁土用きざみ割)、布、合羽、羽二重、刈安(染物)、毛房、ぢがみ(扇子紙)、かみくず(以上品により積方いろいろ)

(主として肥料)

○酒粕、干粕、醬油粕、油粕、糠、灰屎、鳩の屎、小便田子(田子=肥桶)、小田子、中田子

(商品)

○大瀬戸、瀬戸、平瓦、丸瓦、ちぎの重り(秤の分銅)、穂先(槍)、てっぽう玉、銭

（鉱工商品）

○とたん、金のるい、古鉄、銀座灰、砥石、砥の粉、胡粉、雲母、にべ（鰾膠＝食用、薬用、工業用）、葉あい、石灰、あら石灰、カイロ灰、ふけ石灰。

（農産物）

○米、大むぎ、わた、慈姑、ねいも、大こん、午房、九条芋、梨、茶、松たけ

（不明の品）

○せん房、すづくり、布立

以上九〇品目の下り荷物があげられる。

なおこの積方帳の末尾には、九条村以南の各村の「無上米小便切手名前」として、各村庄屋への小便配分の割合を記してあるのと、冬川・夏川の一三石から七石までの、水位に応じた積載量が記されている。

右に記載はないが、伏見人形も、阪神間の社寺の縁起ものとして、毀れぬように包装されて、大きな竹籠に詰められて、高瀬舟に乗せられて下ったという（稲荷・「丹嘉」にて聞く）。さらに追記すると、舟運の末期には、他の陸上輸送機関の嫌う、石炭、木炭、下肥などは専ら高瀬舟の扱うところとなったようである。

四　高瀬舟賃について

一艘一回、二貫五百文を徴し

内　一貫文は幕府へ納め

二百五十文は舟代加工

一貫二百五十文は角倉へ

と記されたものが、従来私たちの知る唯一の高瀬舟賃の内容であった（『京都の歴史4』ほか。「国有地下戻申請書中」の文言、角倉家提出、明治三二〜五年）。

しかし右の収入と配分内訳では、高瀬舟運経済の実態を把握することは不可能である。

その理由の第一は、右の内訳では、舟運の実務に従事した船頭、曳き子の収入がわからない。第二は、舟を所有していた各権益者への配分が不明である。第三は上り便と下り便の収入の区別が明確でない。第四は創始以来、明治にいたる二五〇余年の貨幣価値の変動を全く反映していない。

子細に見ると、このポピュラーな舟賃は、幕末期に近い舟賃を貫文に換算して示したようでもあるが、この数値は、右に述べた理由から、根本的に考え直す必要があろう。もっとも江戸時代の貨幣価値の変動要素をすべて採り入れるのは不可能である。(8)

(1)諸資料に見る高瀬舟賃

○延宝八年（一六八〇）

京より伏見迄三里、高瀬舟かりきり代五匁同のりかけ一駄人共に代壱匁、同のりあい代十文づつ（『西国船路道中記』）

〔註〕当時、切米一〇〇俵（俵三斗五升入）金四四両（小身旗本、御家人の収入）。飢饉による高値相場であった。翌天和元年に米一石＝銀七〇匁と前代未聞の高値となる。

○元禄二年（一六八九）十五石積

伏見より京七条迄　七匁五分
伏見より京二条迄　八匁五分（『伏見町誌』『京羽二重』）
○宝永七年（一七一〇）登り舟十五石一艘
伏見より京七条迄　十三匁八分
伏見より京二条迄　十四匁八分
○下り舟七石五斗積一艘ニ付
京二条より伏見迄　銀七匁（『京都御役所向大概覚書』）
〔註〕前年に大銭停止（一九九頁の注8）と永字銀発行があり、宝永七年には三つ宝銀が発行された。順次品位の落ちた貨幣の発行は、インフレを招き、舟賃も元禄より八四％上昇となる。右文書は下り舟の積載量と運賃がほぼ二分の一であることを示している。
○正徳～享保（一七一一～二〇）
一、高瀬舟増綱別登御定
拾三匁五分外、五匁七分増
此訳加子三人、一人賃壱匁九分
一、干水の節減石ニ付船賃減（『手扣』）

⑵舟賃の変動と内容分析
○元文五年（一七四〇）

一、大団平船賃（登り二条迄）

五拾五匁　内　二四・五匁　上　米

三・九匁　床　銀

一・二匁　諸費用

二五・四匁船頭四人

引加子九人

（一人分一匁九分九厘余）

〔註〕『手扣』のこの記録により、初めて船賃の内訳がわかる。但し一般船でなく大団平船で、積荷も運送人も四倍である。内訳の上米は角倉の収入（四四・五％）、床銀は船の損料（七・一％）であろう。諸入用は雑費で船頭の分（二・二％）、残り（四六・二％）は船頭・加子一三人の取り分。一人一匁九分五厘（二八〇文）は当時の普通の職人並である。

ちなみに当時の米価一石は銀七八・一匁（一・三両、大坂）である。四倍以上の運賃と労働力で動く大団平船は、七〇石以上は積み上がったであろう。しからば、九一両の米に対して〇・九二両の経費である（一％）。

○元文五年

一、中団平船賃（登り二条迄）

四拾五匁　内二一匁　御上米（四七％）

三匁四分

床銀(七・五%)
一匁　諸入用(二%)
一九匁六分
船頭三人(四三・五%)
引加子七人
壱人分壱匁九分六厘(『吉田文書』)
○安永八年(一七七九)十五石積登り
伏見から京七条迄　十一匁五分
伏見から京二条迄　十二匁五分(『伏見町誌』)
○天明八年(一七八八)十五石積登り
京七条迄　十一匁五分　上米五匁五分
京二条迄　十二匁五分　上米五匁八分(『紀伊郡誌』)
〔註〕両誌の右数値はポピュラーであるが、費用の内訳が不明である。但し後者の上米の高(四六〜五〇%)が知れる。
○右同年(一七八八)団平七条行
三十四匁　内訳　拾六匁八分　上米
二匁五分　床
八分　船頭前

（二人分）

拾三匁八分

船頭加子七人割り一人一匁九分七厘（『手扣』）

〔註〕（上米四九・四％、床銀七％、船頭前二・三五％、加子《かこ》七人分四〇・六％）。当時の貨幣価値は、金一両は銀相場六一・四〜六五・一匁。米一石の銀値段は、八九〜九三・四匁。米一斗が約九匁である。従って加子一人分の収入は米二升二合分であり、船頭にしても一人当り米三升余の収入となる（ちなみに平成八年六月現在の自主流通米、中程度の小売価格、一〇キロで五三〇〇円、即ち一斗で七四二〇円、一升七四二円とすると、加子の収入は一六五三円、船頭で二二二六円と米価換算では安い報酬である）。

○寛政度（初年頃／一七八九〜）登十五石（『手扣』）

七条迄

一銀十二匁五分内

五匁二分　上米　（四一・六％）

三分　銀　（諸費用二・四％）

壱匁三分　床　（一〇・四％）

四分　船頭　（三・二％）

五匁三分五厘　割加子（三人分四二・八％）

○右同年　小揚ケ（短距離輸送）

一、釜ケ淵より二条迄

四匁五分内
壱匁五分　上米（三三・三％）
三匁　　船頭（六六・七％）
一、同下り
三匁五分内
壱匁五分　上米（四三％）
二匁　　船頭（五七％）
一、西加茂川落合之辺小廻し（伏見〜釜ケ淵間ヵ）
高瀬往返　拾九匁五分
○寛政五年（一七九三）
上下船賃
銀二十九匁七分内訳登船賃十六匁五分（増加子二人共）
下り船賃　七匁
乗り前　一匁四分
屋形　四匁八分
○寛政五年正月二十一日
上り小上げ壱艘　四五〇文内壱匁五分　御上米
下り　　壱艘　三〇〇文

〔註〕この分は、前々項の「小揚ケ」と同じか。

○寛政頃(『手扣』)

平船　登り荒神行

一八匁　九匁八分引賃(五四・四%)

一匁六分床　(九%)

四分乗前　(二・二%)

六匁二分上米(三四・四%)

○右同

団平船　二条行

三十六匁

一八匁　上米　(五〇%)

三分　乗前(〇・〇一%)

七匁四分六厘六毛

船頭二人(二〇・七%)

九匁七分三厘四毛五分

加子五人(二七%)

団平船　荒神行

四十二匁

十八匁　上米（四三％）
十五匁四分
加子引賃八人（三七％）
八匁一分
船頭二人（一九％）
五分　乗前諸費用（一％）

○御用木運賃
二条揚十五匁
六匁三分　御上米（四二％）
四分　乗前（二・七％）
一匁三分　船床（八・七％）
七匁　船頭加子（四六・六％）

○寛政末年頃（一八〇〇）
高瀬上下船賃
銀三十五匁七分
登り　十三匁五分
下り　七匁五分
屋形料　四匁八分

艫当（船頭）　一匁四分
賃増し　八匁五分
（一・四二五匁×六人）

○登り　二条迄
十三匁五分
上米　五匁八分（四三％）
銀（諸入用）　三分
床（屋形）　一匁三分
船頭前　四分
加子　五匁七分
（一・四二五匁×四人）

〔註〕『手扣』、右二項の記入頁に朱文字で註記あり、「登り二五・五、下り十三・七、計卅九・二、文化」とある。これについては、後記の如く、文化八年（一八一一）頃より、運賃高騰の気配を見せるが、同一三年頃には鎮静化に向い、嘉永年間にいたり、寛政頃の相場にもどったようである。
○文化二年（一八〇五）九月（以下にあげる五項目は、いずれも吉田文書「高瀬舟登り荷物積方手控」による）。
平船二条行
銀十三匁五分内
六匁一分　上米　（四五・二％）

一匁三分　床銀　（九・六％）
四分　乗前（船頭）　（三％）
五匁七分　引賃　（四二・二％）
（三ツ割、一人前ニ付壱匁九分ツツ）

○同年同月
平船七条行
銀十二匁五分内
五匁五分　上米　（四四％）
一匁三分　床銀　（一〇・四％）
四分　乗前　（三・二％）
五匁三分　引賃　（四二・四％）
（三ツ割、但し壱人前ニ付一匁七分七厘ツツ）

○同年同月
団平二条行
銀三十六匁
十八匁　上米　（五〇％）
二匁六分　床銀　（七・二％）
八分　諸入用　（二・二％）

十四匁六分　引賃　（四〇・六％）
（右六ツ割、但し壱人前ニ付弐匁四分三厘ツツ）

○同年同月
団平七条行
銀三十四匁
十六匁八分　上米　（四九・四％）
二匁六分　床　（七・六％）
八分　諸入用　（二・三％）
十三匁八分　引賃　（三九・四％）
（六ツ割、壱人ニ付二匁二分三厘）

○同年同月
下り壱艘船賃
銀七匁五分
四匁五分　上米　（六〇％）
三匁　船頭前　（四〇％）
〆屋形代　四匁八分つつ

〔註〕右項の末尾の屋形代は、突如独立して表われるが、寛政頃の船賃内訳によれば（上下分――二四六頁〜）、正規の船賃の他に「屋形料四匁八分、船頭分一匁四分」等は、それぞれ、船の持主と船頭への固定報

酬として、一往復ごとに計上されたものであろう。これによって当時の船頭の収入は「固定分一匁四分、乗り前四分、曳き賃二匁弱、下り割前三匁」の合計六匁八分となり、加子《かこ》よりだいぶましになる。

なお文化二年九月の右文書の末尾に、高瀬船賃の補足として、減石の場合の上り船賃が記入されている。

高瀬船賃　本石（十五石）

上行（二条迄）　十三匁五分

下（七条）　十二匁五分

○七石　上行（二条）船賃拾弐匁五分

但し七石より壱匁下り

七石　七条行船賃　拾壱匁五分

○六石　上行　船賃　拾壱匁五分

六石　七条行　〃　拾匁五分

○五石　上行　〃　拾匁五分

五石　七条行　〃　九匁五分

五　高瀬舟に人を乗せた話

(1)伏見稲荷の初午詣《はしうまもう》で

伏見稲荷の初午詣で（二月初旬、前日とその当日）に高瀬舟が利用された話は有名で、古老の昔語りにも多い。

ふだんの薄汚れた舟を洗い清め、毛氈《もうせん》を敷いて粧《よそお》い、足弱の老幼男女をのせて運ぶ高瀬船。そして荒くれ船頭が、この日はどんな顔をして、舟を操って下っていったか。舟は三条・四条・五条・上ノ口・七条の各所で客待ちしている。やがて下ってゆく船中の客と、沿岸を歩む人たちの交す口喧嘩は、上方落語の「野崎詣《まい》り」そのままであり、また河中や淵で乗客に小銭をねだる人たちの姿は、伊勢神宮の五十鈴《いすず》川で橋上の参宮の人々に銭をねだる姿を思い出させたという。心よく銭を放らぬ船客には、高瀬川に架かる橋の上から土砂を蹴おとす嫌がらせもあった。

稲荷新道で上陸して、田の畦道を行く参詣人の姿は、図98「稲荷初午詣高瀬舟行之図」（一八一頁）によく描かれている。

⑵西国航路の起点・高瀬川

延宝八年（一六八〇）刊行の『西国船路道中記』は、京都を出発して大坂に下り、さらに内海を航行して長崎にいたる道中名所の説明や、大坂から西国への里程なども書かれた道中案内記である。同記の冒頭に、

京より伏見迄三里

高瀬舟かりきり代　五匁

〃　のりかけ一駄人共に　壱匁

〃　のりあい代　十文づつ

京より伏見までの間に名所少々あり。五条の大ばしすぎて大仏、同三十三間堂、一二の橋、左のかたに泉涌寺、おなじく東福寺、同いなりの御社、ふか草藤の森のやしろ、すみそめの井、その外名所しるす

におよばず

とあたかも高瀬舟が遊覧船のように扱われている。

以後、貞享・元禄頃までの『舟路記』には、高瀬舟に人をのせる記録があり、西国航路の出発点としての高瀬川が記録されているが、その後の刊行物では、伏見以南の記録となる。

即ち元禄十五年(一七〇二)刊の『西国舟道中記』までが、前記の記事を含んでいて、その後のものにはないということである。

もっとも天保八年(一八三六)刊の『西陸海上記完』の序文には、「宮古路の高瀬を下りて浪花津の梅さき匂ふ春風につれて千船も百船も津々の湊につくし潟」とある(神戸商船大学教授松木哲先生講話、昭和五六・一〇)。

(3)高瀬舟と流人について

大正五年(一九一六)、森鷗外が『中央公論』に載せた戯曲「高瀬舟」は限りない人間の金銭欲について、知足という倫理的な課題と、安楽死(鷗外はユータナジイといっている)の問題を踏まえて、『翁草』の「流人《るにん》の話」からヒントを得て、西陣の高機《たかばた》の空引《そらびき》(ジャカート織機の原始的な役を働らく)という貧しい稼業に生きた男が、病身の兄の自殺に遭遇し、その苦痛を見かねて、首に斬り込む剃刀《かみそり》を取ってやり、安楽死を遂げさせた結果、罪を得て島流しになるが、この男が島送りにさいしてお上《かみ》から下される鳥目《ちょうもく》二〇〇文を、大変ありがたがって感謝したという話を構成し、高瀬舟でこの囚人を大坂まで送る同心の心理をも描いた。

以来、京都の高瀬舟と高瀬川が、一躍有名になったという。

この戯曲は、全くのフィクションであると論ずる向きもあるが、遠島の囚人を高瀬舟で送ったという記録はかなり多いし、また登場する同心の子孫が後年、京都大学の学長を勤めた(羽田亨氏)というエピソードもある。

鷗外の取材源の『翁草』も信憑性の高い随筆であるから、強《あなが》ちフィクションと決めつけることもできない。

今も高瀬川の四条木屋町下ル西岸に立つ地蔵尊は、囚人と家族の涙の別れ地蔵といわれている。

文献上も、『月堂見聞集』の中に、流人の話がいくつもでてくる。

「正徳三癸巳(一七一三)
○八月十二日、京都牢獄の者十八人隠岐国へ流罪、一人前に金子一分、布子一つ、帯一筋、下帯一筋、渋紙一枚、細引一筋、竹子笠一がい、杖一本づつを下され候」
「享保三戊戌(一七一八)
○八月廿一日、京都牢獄の者十一人隠岐国へ流刑」
「享保六年
○二月十五日夜、流罪者之れ在り
賀茂神主森飛彈守、梅辻備後守、烏大路左京、右三人去る年より新宮禰宜と相論の事あり、違勅の科に依て六月の比閉門、今日流罪、小袖五つ、新銀五百目づつ下さる
同富野治部、伏見迄送り是より追放、同富野大蔵事浄久治部悴、大津迄送り追放、同森式部森飛彈守悴、四塚迄送り追放、同松下式部、桂迄送り追放、右四人同断重き追放、此奥に流人船の書付あり、

此外に男十二人、博奕打、又は冨の興行仕候者共、女二人、内一人は捨子仕候者、一人は捨子出入に付夫は先年誅せらる、其後に殺害人を宿せし事露顕に付、
右十四人流罪、壱岐島隠岐島両所へ至る、賀茂神主同行惣十七人、三条通より川原町角倉屋敷前に至る、是より船に乗る、無紋の高挑灯提挑灯二行に立て、与力衆両人其外大勢警固す、追放四人惣人数二十一人、
○去る二月十五日、賀茂禰宜以下流人船、角倉申渡の覚
内船七艘、但日覆在之、五艘十七人、壱艘同荷物船、一艘与力肥後守組、棚橋八郎兵衛殿、東組、本多金五右衛門殿、同供者、右人数十人計、同心十人、此人数上下廿人計、小船一艘組頭　先乗り二艘余慶、悲田院の者五十人程、右昼七ツ過之筈に候へども、取紛れて夜四つ半乗船也」

ちなみに、享保六年二月十五日は、新暦に直すと一七二一年三月一三日である。そして、乗船予定は、昼の七つ過ぎ(午後四時過ぎ)であったが、何やかやで遅れて、夜中の四つ半(十一時頃)になったとある。

右の他にも『月堂見聞集』には、

「○享保十一丙午(一七二六)、三月廿一日、壱岐島へ流罪者六人、牢屋より四条通へ出、高瀬舟にて大坂へ至る、同廿六日、土手にて斬罪一人、
○享保十五庚戌歳(一七三〇)、六月六日、流罪人九人、高瀬舟三艘、壱岐島へ至る、
○享保十六辛亥歳、七月廿二日、壱岐島へ流罪者在之、
賀茂社家二人　鴨脚《いちょう》右京、御矢川主税、
右は神宝を盗み出し質に入候に付、

御所司代与力一人　柘植善左衛門
右は謀判事に付て、
夷川通柳馬場東へ入町　近江屋又兵衛
右は金子盗取之品紛敷在レ之候に付、
丹波国者一人
右はさして無事を、切々訴箱へ入候に付右五人、今度は高瀬筋水無之故、伏見迄送らる、以上、三人
駕籠、二人歩行」

と、この年は高瀬川の水不足のため陸上を伏見まで護送した様子を記している。

「〇享保十九甲寅、四月廿五日、隠岐国へ流罪三人、盗賊悪党の類……（下略）」（『月堂見聞集』より）

『雑色要録』の中に、牢屋敷・刑場の立会などに任じた、雑色の項目中に「御仕置物御入用」があり、流人に対して支給された品々の明細が記されている。

「一、流人壱人分被下物
一、鳥目　五百文
一、塵紙　五帖
一、草履　一足
一、渋紙　一枚
一、細引　一筋
一、差紙　一枚

一、藁縄　三把
〆　七点
一、半紙竪帳　弐冊　外に横帳一冊
一、半紙巻　弐巻　親類ふれや其外調もの
一、半折巻　壱巻　認候に付申立る
一、蝋燭　三十挺　御入用之内江
一、筆耕　壱人　一、墨一挺
一、下次桶　壱　一、筆一対
是は悲田院年寄へ被仰付候右近例申立在之
〆　六点御入用」

以上の如く、流人はものものしい警護の下、牢から二条または四条まで行き、高瀬舟に乗せられて伏見まで下った。

(4)武士・役人その他の乗船

慶長一九年秋、豊臣秀頼の誘いにのった長曽我部盛親は、当時、大岩祐夢と称して上立売柳が厨子《ずし》で寺子屋の師匠をしていた。彼は所司代板倉勝重に、徳川家へ帰参のとりなしをしてくれるようにと、偽りの依頼をし、その翌朝丑の刻(夜中二時)頃宿所を忍び出て、高瀬舟に乗って伏見にいたり、追い追い集る従者を引きつれて大坂城へ入った。一〇月七日のことで、そのときには、馬上・徒士《かち》合せて一〇〇余名になっていたという（『時慶卿記《ときよし》』）。

高瀬舟運創業の頃のエピソードである。

○享保九年（一七二四）

四月二十七日、河野豊前守殿（東町奉行）宇治へ見分、高瀬舟にて打越（『京都町触集成』）。

○元文四年（一七三九）

二月、御鉄炮奉行　沢平八郎右明廿六日、御用荷車弐輌并人数召連、従伏見高瀬川乗船、木屋町通樋口より二条城迄罷通候、此段為心得道筋之もの共へ可申聞置候事

未二月廿五日（同前）

○宝暦二年（一七五二）二月

明十四日御目付米倉采女殿、岡部弾正殿、爰元発足従三条、高瀬舟ニテ川筋御見分、従伏見御乗替八幡山崎御巡見之事ニ候、例之通先々可申通事（同前）

役人の舟利用の事例は数限りなくある。

その他、本願寺の坊さんが屋形舟で往来した記録もある。

また幕末の記録として次のようなものがある。

「従女院様有之候御使被遣候、上下五六人程乗候船、伏見迄御借可給候、恐惶」

右は大岡美濃守（不明）より一〇月二六日付の角倉与一への依頼状である（年号不詳）。

次いで、明治元年正月二八日、鳥羽・伏見から大坂に転戦し凱旋帰洛された、軍事総裁の征東将軍嘉彰親王（小松宮彰仁）の乗船で、

「征東将軍明廿八日、寅ノ上刻御乗船御凱旋被遊候間、村々綱引人足可指出者也、
正月廿七日、参謀役所」
という指令書が、角倉与一宛に出された。
○明治二年二月朔日には、大屋形船一艘の用意を命じた駅逓司からの指令が出された、
「右者今般長州迄、為勅使万里小路権中弁殿、明後三日発京ニ相成、伏見迄乗船候間其用意致置可申もの也、尤も伏見淀船方いづれにても無不都合様可被取斗候事」

(5)明治五年の「高瀬の早舟」

高瀬舟運のようやく盛んになりかけた頃に、乗船の記録が多いが、やがて終末期を迎えようという時期に、高瀬舟が話題になった。それは淀川の早舟と称した(二二八頁参照)。
当時の報道により、淀川の早船と高瀬の早舟の連絡状況をより詳しくみてみよう(京都府立総合資料館蔵『京都新聞』第二一号壬申三月)。

「淀川早船
此度当地博覧会(明治五年三月から西本願寺、建仁寺、知恩院を会場として、八十日間開催、第一回とす。都をどりを創始した。)に付、西洋造りの屋形船を新たに製したり。此舟の早きこと、夕七字(時)に伏見を発すれば、同夜十二字には大坂高麗橋に達す。斯く迅速なる船なれど、夜分の通行ゆへ乗込の人より外此妙を知る者なし。此三月廿六日大坂高麗橋より昼船を出して乗試みるに、朝第八字纜を解し頃は、川蒸気淀川丸よりは七、八丁程も後れてありしが、間もなく淀川丸に乗り勝ち、第三字伏見へ上陸

せしかば淀川丸は遥か後れて着岸したり。同刻伏水(見)より高瀬の早舟へ乗移りし処、第五字(時)に四条小橋に着舟せり。此を淀川通行無類の早舟と云う亦宜《むべ》ならずや。此淀川丸に乗込みたる京師の某、伏水にて高瀬早舟に乗移り、舟中にての雑話に曰く、今日淀川丸は水も多分にある時ながら、早船に乗り負けして残念なりとて十分石炭を焚き、一同骨折りたりと雖、遂に追付く事を得ず遥に乗り遅れたり云々。其船中に乗込の人の云う所なれば即ち疑いもなき早船の勝利名誉ゆえ聊か之を吹聴して上下の諸君に告げる事しかり」

とある。

なお博覧会としては、前年明治四年(一八七一)一〇月に一か月間、西本願寺において骨董品展覧会のようなものがおこなわれたが、明治五年の開催に際しては、市内の有力者を集めて、「博覧会社」を作り、役員を設けて積極的に開催した。三月一〇日開会、総入場者三一、〇〇〇人。また同一三日からは「都をどり」が始められ、七〇日間興行された。

(1) 角倉申請書

明治三二年九月二二日付の角倉よりの「高瀬川浜地等下戻申告書」の事実陳述の文中には「……然り而シテ壱百五十九艘(往古ハ百六十艘ノ極メナリシカ一艘破船シ以後許可セラレス、故ニ本数ノ極メ也)ノ船を製造シ、二条高瀬旧邸ヨリ船伏見ニ通航シ、其百五十九艘ハ日トシテ出切ラサルハナシ、毎年九月以後翌四月中、京阪間運送頻繁ニシテ(中略)、伏見二条間折リ返シ一日二回船ヲ行リ、尚船ノ不足ニシテ運送ノ速カナラサルヲ憾ム……」と一五九艘と決まっていた如く記されている。

（2）『淀川両岸一覧』より

伏見の舟場は京橋、阿波橋にあり淀川の通舟昼夜の別なく着あり出あって、その賑わいは筆舌に尽しがたい。岸には幾多の舟宿があって船宿の男女は軒に出でて、下りならばこれから出舟がございますよと、声やかましく客を招くかと思えば、裏手では上り舟の支度も整い客を迎えるもの荷物を運ぶもの、上り客も下り舟も、口々に御機嫌よう、と口をかわし云々。

（3）『法令全書』明治二年三月二十四日

「第三百十三。三月二十四日　角倉与一其方儀従来為知行代賀茂川高瀬舟支配致シ来ル処御一新之御政体ニ相触レ候廉有之ニ付右支配被免候条被仰出候事」

「第三百十四。三月二十四日　角倉伊織其方儀従来為知行代嵯峨川高瀬船（以下略）」

と同日に他にも木村宗右衛門の淀川過書船木津川上荷船入り木山支配等が罷免された（『府史工業類府庁文書』より）。

（4）備前牛窓から来た船頭。『手扣』にはこのことについて左の如く記す

一嵯峨小屋町買得地ハ、嵯峨様御抱地。

サガ川開発ノ砌《みぎり》、備前国牛窓ヨリ船頭数拾人御呼移サセ、小屋町ニ差置カレ、明和八（一七七一）寅年迄建家修復成シ置カレ、同年残ラズ類焼之折西ヨリ御手当下サレ、船頭共手ブシンニ成。

右地面ニテノ故障其外品替御届、嵯峨ニ申上ゲ、当分御同所ヨリ公辺へ御届。

右之儀寛政三亥年（一七九一）六月御書上ゲ

（5）牛窓港（岡山県邑久郡牛窓町）

瀬戸内海の各所に風待ち・潮待ちの港がある。中でも備前紺浦の牛窓は古代からの港で、元禄八年（一六九五）津田永忠による石積の百間波止（一文字波止）が作られて以来東南の風にも強くなった。ここに参勤交代の西国

大名の御座船が旗印を翻《ひるがえ》し、朝鮮使節の船も寄港した。港に臨む本蓮寺がその宿所にあてられた。今も「唐子踊り」が残る。

(6) 屎問屋・屎小便問屋

屎尿業者に高瀬舟で運搬が許されたのは元禄三年(一六九一)で、高瀬川竣工から七三年目であった(武藤家の記録)。高瀬川下流の郊外の農家が使う肥料として、人口の多い都会から出る屎尿は貴重なものであった。このことは享保八年(一七二三)に起きた。下流一一か村の屎尿取り合いの訴訟事件に、生々しい実情が見られる(『正行院文書』中の「用助日記」、小便舟一件)。

(7) 近世以降の御所について

・永禄一二年(一五六九) 織田信長が修理
・天正一八年(一五七〇) 豊臣秀吉内裏を新造
・慶長一八年(一六一三) 徳川家康 造営拡大
・寛永一八年(一六四一) 新造
・承応二年・万治四年・宝永五年・天明八年 炎上
・寛政二年(一七九〇) 古式に則り復興
・安政元年(一八五四) 炎上
・安政二年 徳川家定により復興、今日にいたる

(8) 江戸初期の貨幣通用

家光の頃、寛永一三年(一六三六)に寛永通宝(新銭)が鋳られ、金一両につき新銭四貫文と定められた(明和年間＝五貫文、慶応末＝一〇貫文)。上方(関西)では銀建てで一両は六〇匁であった。当時、米一石が銀二二匁(宝永・正徳とする)。

本文二四二頁以降にみる舟賃の五〇％は角倉へ、四〇％は幕府へ、一〇％が船加工代となっている。二五〇文は銀三・七五匁で、当時の京の大工・左官の手間賃一日分（一・八～二匁）の二倍に当る。

おわりに

高瀬川開削いらい、今年(平成一七年)は三九四年目になる。そしてその舟運は、すでに八六年前に跡絶えたが、川は今でも二条~九条間は、清流を堪えて、静かに京の町中を流れ下って、訪れる人々の眼を楽しませている。近年は、京都府による鴨川河畔の整備事業(平成四年九月以降、東山区三条~七条間の「花の回廊」建設整備)も始まり、これは平成一一年五月で完成した。

右の事業と歩調を合せる如く、市の道路課による、高瀬川の(みそそぎ川開口部以南)橋や沿岸、道路、河中、並木などの改修が上流から南へ向って実施され、一一年二月現在(二月)四条以南、仏光寺通辺りまで工事が進んでいる。

これによって、高瀬川沿岸の景観は、見違えるほど一変して近代化された。

高瀬川沿いや木屋町通に面する建物も、次々と高層ビルにかわり、旧い史跡や由緒深い建造物も変貌を遂げたものが多い。

四条以南も徐々に変りつつあるし、特に七条以南は、京都市域の南部への発展とともに、明治以降に始まった変化は、昭和二〇年以後は飛躍的に表われ、川筋の付け替え、周辺地域の開発とともに、往時のおもかげは全く偲ばれなくなった。

明治維新以後の角倉家や高瀬川舟運の話、そして流路の変換等、現在も続いているこの川の生態等について、語り残したことは多々あるが、予定の紙数は尽きた。

また、機会があれば、川の開削その他のエピソードや古老の思い出話等を含めて遺聞を記してみたい。

冬枯れの木立の見透しが良い頃をねらって、二条から伏見まで、何度も写真をとって歩いた。雪が降れば川べりへ行き、桜が咲けば流れを覗きして、三八年近くをすごした。

鴨川は勿論であるが、幸いにして高瀬川も上流は生きた清流を流し続けている。そして相変らず、両川とも私に無言の謎を投げかけているようである。

■著者略歴■

石田孝喜（いしだ　たかよし）

1924年東京都生まれ．早稲田実業学校・早稲田大学専門学校卒業．

1945年以降京都市に在住．角倉同族会所属．趣味は高瀬川の研究．

著書『幕末維新京都史跡事典』『京都史跡事典』，共著『新選組大事典 コンパクト版』『龍馬暗殺の謎を解く』『新選組大人名事典』（いずれも新人物往来社）

〒600-8147　京都市下京区間之町通七条上ル堀詰町

京都《きょうと》 高瀬川《たかせがわ》 ――角倉了以《すみのくらりょうい》・素庵《そあん》の遺産《いさん》――

2005（平成17）年8月10日発行

定価：本体2,200円（税別）

著　者　石田孝喜
発行者　田中周二
発行所　株式会社　思文閣出版
〒606-8203 京都市左京区田中関田町2-7
電話 075-751-1781（代表）

印　刷
製　本　株式会社 図書印刷 同朋舎

ISBN4-7842-1253-1 C1024

索　引

【人　名】

〈あ〉

足利尊氏(あしかが・たかうじ)　129
足利義政(あしかが・よしまさ)　15

〈い〉

幾松(いくまつ)　84, 94
池大雅(いけのたいが)　88
石田三成(いしだ・みつなり)　106, 198
池田光政(いけだ・みつまさ)　203
板倉伊賀守勝重(いたくらいがのかみかつしげ)
　　　　　　　　　　　　15, 25, 80, 236
一遍上人(いっぺんしょうにん)　156
岩崎弥太郎(いわさき・やたろう)　133

〈う〉

宇喜田秀家(うきた・ひでいえ)　202

〈お〉

正親町上皇(おおぎまちじょうこう)　106
大高又次郎(おおたかまたじろう)　136
大西友三郎(おおにしともさぶろう)　68, 75, 155
大庭恭平(おおばきょうへい)　131
大村益次郎(おおむらますじろう)　90, 94
岡本明郎(おかもとあきお)　202
岡本健三郎(おかもとけんさぶろう)　138
織田信長(おだのぶなが)　120

〈か〉

片桐且元(かたぎりかつもと)　25
桂小五郎(かつらこごろう)　64, 84, 94
鹿野安兵衛(かのやすべい)　134

〈き〉

菊屋峯吉(きくやみねきち)　138
木曽義仲(きそよしなか)　198
北添佶摩(きたぞえきつま)　133
北村善吉(きたむらぜんきち)　56
京極備中守(きょうごくびっちゅうのかみ)　114

木戸孝允(きどたかよし)→桂小五郎

〈け〉

源三位頼政(げんざんみよりまさ)　94, 120

〈こ〉

神山左多衛郡廉(こうやまさたえくにきよ)　93
後藤象二郎(ごとうしょうじろう)　132, 133
古東領左衛門(ことうりょうざえもん)　103
小西行長(こにしゆきなが)　198
後水尾天皇(ごみずのおてんのう)　25, 233
後陽成天皇(ごようぜいてんのう)　105

〈さ〉

嵯峨天皇(さがてんのう)　160
坂本龍馬(さかもとりょうま)　133, 134
策彦(元)(さくげん)　16
佐久間象山(さくましょうざん)
　　　　　　　　　90, 94, 100, 102, 105
佐々木巌秀(ささきかねひで)　15

〈し〉

柴田勝家(しばたかついえ)　105
島津源蔵(しまづげんぞう)　88
島津久光(しまづひさみつ)　137
島田左近(しまださこん)　93
定朝(じょうちょう)　106, 107
下浦康邦(しもうらやすくに)　19
下間仲能(しもずまなかよし)　59, 120, 122
白河法皇(しらかわほうおう)　13, 190

〈す〉

角倉市之丞(すみのくらいちのじょう)　97
角倉与一玄之・素庵(すみのくらよいちはるゆき・
　そあん)＝吉田素庵　17, 21
角倉与一玄匡・譲庵(すみのくらよいちはるただ・
　じょうあん)　22, 23
角倉与一玄紀・甫庵(すみのくらよいちはるのり・
　ほあん)　108
角倉与七光好・了以(すみのくらよしみつよし・
　りょうい)
　　　9, 15, 17, 18, 20, 24, 26, 29, 32, 33, 108,
　　　122, 232

〈た〉
滝川一益(たきがわかずます) 105
武市半平太(瑞山)(たけちはんぺいた) 103, 133
伊達宗城(だてむねなり) 132
田中新兵衛(たなかしんべい) 133
谷守部・干城(たにもりべ・かんじょう) 136
〈ち〉
茶屋四郎次郎(ちゃやしろうじろう) 20
〈つ〉
鶴沢探山(つるさわたんざん) 86
津田永忠(つだえいちゅう) 203
〈と〉
徳川家康(東照宮)(とくがわいえやす) 18, 21, 22, 49, 205
徳川秀忠(台徳院)(とくがわひでただ) 22
徳川慶喜(とくがわよしのぶ) 122
戸田大和守(とだやまとのかみ) 136
豊臣秀次(とよとみひでつぐ) 18, 105, 108
豊臣秀吉(とよとみひでよし) 18, 81, 105, 171
豊臣秀頼(とよとみひでより) 106, 259
〈な〉
中井弘(なかいひろむ) 132
中岡慎太郎(なかおかしんたろう) 134, 137
中村半次郎(桐野利秋)(なかむらはんじろう) 137
夏目漱石(なつめそうせき) 91
〈は〉
林道春(はやしどうしゅん) 21
〈ひ〉
土方久元(ひじかたひさもと) 137
左甚五郎(ひだりじんごろう) 86
平野国臣(ひらのくにおみ) 94, 103
〈ふ〉
福岡孝弟(ふくおかこうてい) 133
福島正則(ふくしままさのり) 106
藤原惺窩(ふじわらせいか) 19
古高俊太郎(ふるたかしゅんたろう) 136
〈ほ〉
本間精一郎(ほんませいいちろう) 134
〈ま〉
前田玄以(まえだげんい) 34
前田利家(まえだとしいえ) 81
槇村正直(まきむらまさただ) 84, 86
(桝喜)湯浅喜右衛門(ますき・ゆあさきえもん) →古高俊太郎
〈み〉
三岡八郎(みおかはちろう) 138
源融(みなもとのとおる) 160
源義経(みなもとのよしつね) 198
宮川助五郎(みやがわすけごろう) 134
宮部鼎蔵(みやべていぞう) 136
〈む〉
村井貞勝(むらいさだかつ) 130
〈め〉
明治天皇(めいじてんのう) 84
〈や〉
山内吉之助(やまのうちきちのすけ) 5, 188, 205
山内容堂(豊範)(やまのうちようどう) 132, 133, 137
〈ゆ〉
ユンケル Junker 91
〈よ〉
吉田巌秀(よしだかねひで) 15, 17
吉田栄可(よしだえいか) 20, 34
吉田久庵(七兵衛)(よしだきゅうあん) 17
吉田素庵・玄之・与一(よしだそあん・はるゆき) 17, 21, 25, 49, 88, 97
吉田宗桂(意庵)(よしだそうけい) 16〜8
吉田宗恂(よしだそうじゅん) 17〜9, 24
吉田宗忠(よしだそうちゅう) 16, 17
吉田宗臨(林)(よしだそうりん) 16, 17
吉田道宇(よしだどうう) 17
吉田東洋(よしだとうよう) 103, 132
吉田徳春(よしだとくはる) 16, 17
吉田稔麿(よしだとしまろ) 136
吉田侶庵(よしだりょあん) 17, 18
吉村寅太郎(よしむらとらたろう) 103
淀君(よどぎみ) 106
〈ら〉
頼三樹三郎(らいみきさぶろう) 104
〈り〉
立空桂叔(りっくうけいしゅく) 108

【事　項】

〈あ〉
藍染川(あいぞめがわ)　162
間之町通(あいのまちどおり)　63, 65
悪水抜(あくすおいぬき)　30
旭川(あさひがわ)　201, 202
朝日ビル(会館)(あさひかいかん)　55, 99
足利木像梟首の跡(あしかがもくぞうきょうしゅのあと)　131
足半(草鞋)(あしなか)　7
吾妻橋(あずまばし)(六条上ノ橋)　42, 73, 171
綾小路橋(あやのこうじばし)(鳥羽屋橋)　42, 72, 77, 144, 145
嵐山・大悲閣千光寺(あらしやま・だいひかくせんこうじ)　21, 24, 78, 79, 235
阿波橋(あわばし)　195
〈い〉
池亀料理屋(いけかめりょうりや)　98, 99
生洲(いけす)　27, 97, 98
生洲橋(いけすばし)(姉小路橋・蓬萊橋)　41, 97, 98
池田屋事変(いけだやじへん)　56, 105, 136
石屋町(いしやちょう)　57, 108, 119
維新史跡(いしんしせき)　93～5, 102～5, 131～8
和泉屋町(いずみやちょう)　138, 140, 148
市之町(いちのちょう)　138, 140
一の舟入(いちのふないり)　3, 51, 53
一の舟入橋(いちのふないりばし)(十軒町橋・扇橋)　63, 72, 105
井出橋(いでばし)　43, 73
一本橋(いっぽんばし)(竹田・高橋)　70, 73
稲荷神社(いなりじんじゃ)　182
稲荷新道(いなりしんみち)　182, 254
稲荷初午詣高瀬舟行之図(いなりはつうまもうでたかせしゅうこうのず)　181, 254
岩国藩邸(いわくみはんてい)　56, 97
岩淵(いわぶち)　21
引導地蔵尊(いんどうじぞうそん)　107
〈う〉
宇治川派流(うじがわはりゅう)　13, 45, 192
牛窓(うしまど)　263
内浜(うちはま)　63, 65～7, 160
内荷(うちに)　223, 234
梅湊町(うめみなとちょう)　63
〈え〉
江戸城(えどじょう)　116, 117
恵比須橋(えびすばし)(納屋橋)　41, 55, 72, 76, 77
〈お〉
御池通(おいけどおり)　90, 95
御池橋(おいけばし)(塗師屋橋)　41, 76
応仁の乱(おうにんのらん)　16
近江屋(おうみや)　132, 133
大堰川(おおいがわ)　21, 33, 200, 201, 232
大坂夏の陣(おおさかなつのじん)　49
大手筋橋(おおてすじばし)　43
翁草(おきなぐさ)　107, 255
隠岐国(おきのくに)　256
押小路橋(おしこうじばし)(長門橋)　41, 72, 76, 89, 90
おせき橋(善四郎橋)　42, 72, 77, 141, 143
お土居(おどい)　26, 28, 32, 40, 66, 157, 164
阿蘭陀屋敷(おらんだやしき)　114
〈か〉
海援隊(かいえんたい)　132
加賀藩邸(かがはんてい)　54, 74, 95, 96
掛(懸)塚(かけづか)　22
加子(かこ)→曳き子
鰍沢(かじかざわ)　21
河川奉行(かせんぶぎょう)　80
首途八幡宮(かどではちまんぐう)　156
釜ケ淵(かまがふち)　178
上車屋橋(かみくるまやばし)(鍋屋橋・鍋屋町橋・丸屋橋・新溜池南側橋・北車屋町橋・車屋町橋・車屋橋)　54, 72, 96, 97, 116
上樵木町(かみこりきちょう)　85, 93, 95
上高松橋(かみたかまつばし)　179
上の口橋(かみのくちばし)(六条上の口橋)　42, 73, 163
上之町橋(かみのちょうばし)(久作橋)　42
賀茂大橋(かもおおはし)　10, 41

鴨川運河(かもがわうんが) 25, 33
鴨川横断点(合流)(かもがわおうだんてん)
32, 43, 44, 178
河原院(かわらのいん) 160
寛政重修諸系譜(かんせいちょうしゅうしょけいふ)
18
観音橋(かんのんばし)(九条橋) 43, 73, 177

〈き〉

紀伊郡誌(きいぐんし) 245
祇園橋(ぎおんばし) 129
菊浜小学校(きくはましょうがっこう)
66, 163, 164
枳殻邸(きこくてい) 40, 66, 142
北野松梅院(きたのしょうばいいん) 108
擬宝珠(ぎほうしゅ) 29, 80
木屋町線(きやまちせん)(電車) 74, 87
久右衛門橋(きゅうえもんばし) 73, 192
久作橋(きゅうさくばし) 73, 172
九の舟入(きゅうのふないり) 62
京都古銘聚記(きょうとこめいしゅうき) 80
京都市建設局道路維持課(きょうとしけんせつきょくどうろいじか) 89, 109, 170
京都市薪炭商三郷組合(きょうとししんたんしょうさんごうくみあい) 67
京都電気鉄道(株)(きょうとでんきてつどう)
74, 184, 189
京都電燈(株)(きょうとでんとう) 60, 61
京都府立医科大学病院(きょうとふりついかだいがくびょういん) 91
京都坊目誌(きょうとぼうもくし)
140, 154, 168, 170
共楽館橋(きょうらくかんばし)(備前島橋)
77, 123
清水寺(きよみずでら) 150
禁門の変(きんもんのへん) 95

〈く〉

水鶏橋(くいなばし) 185
九条南橋(くじょうみなみばし) 177
下り荷物積方帳(くだりにもつつみかたちょう)
240
蔵前(くらまえ) 21
車道(くるまみち) 36, 56, 70, 87, 99, 108, 149
車屋町橋(くるまやちょうばし)(上車屋町橋)
41, 76, 77
黒鉄橋(くろかねばし)(四条鉄橋)(銭取り橋)(明治6) 130

〈け〉

京阪電鉄(けいはんでんてつ) 170, 183
月堂見聞集(げつどうけんもんしゅう) 140, 256

〈こ〉

高札場(こうさつば) 131
荒神口(こうじんぐち) 49, 84
閘門(こうもん) 24, 26, 30
小枝川(こえだがわ)＝鴨川 6
国道24号線(こくどう24ごうせん) 179, 200
御香宮(ごこうのみや) 219
五条大橋(ごじょうおおはし)
12, 72, 152, 154, 157
五条警察署(ごじょうけいさつしょ) 153, 198
五条小橋(ごじょうこばし) 155
御所御用木(ごしょごようぼく) 237
小塚原(こづかっぱら) 104
五の舟入(ごのふないり) 56, 110, 114
米市場(こめいちば) 167
樵木町通(こりきちょうどおり) 85
金光寺(こんこうじ) 157
権左衛門橋(ごんざえもんばし) 43, 73, 176

〈さ〉

西国船路道中記(さいこくふなじどうちゅうき)
242, 254
西石垣通(さいせきどおり) 142, 144
斎藤町(さいとうちょう) 140, 144
材木町橋(ざいもくちょうばし)(材木橋)(古溜池橋)(虎屋前橋) 41, 72, 76, 112
嵯峨角倉家(さがすみのくらけ) 15, 18
嵯峨舟(さがぶね) 204, 213, 214, 232
佐々木旅館(ささきりょかん) 105
笹舟(ささぶね) 22
三郷薪屋仲間(さんごうたきぎやなかま) 67, 233
山紫水明処(さんしすいめいしょ) 13, 84
三十石船(さんじゅっこくぶね)
2, 36, 229, 232, 234
三条大橋(さんじょうおおはし)
29, 56, 76, 109, 131, 198
三条小橋(さんじょうこばし)
29, 41, 56, 76, 101, 105

三川合流点(さんせんごうりゅうてん) 13
三の舟入(さんのふないり) 54, 72
〈し〉
塩釜(しおがま) 160
塩小路橋(しおこうじばし) 42
子元行状記(しげんぎょうじょうき) 24, 80
四条大橋(しじょうおおはし) 129, 130
四条小橋(しじょうこばし)
42, 72, 77, 126, 129, 145
閑谷学校(しずたにがっこう) 202
七条大橋(しちじょうおおはし) 176
七条新地(しちじょうしんち) 63, 157, 233
七条郷(しちじょうごう) 67
七条小橋(しちじょうこばし)(下ノ口橋)
42, 73, 169, 170, 235
七の舟入(しちのふないり) 59
市電(しでん) 69, 70
島津製作所(しまずせいさくしょ) 88
下鴨神社(しもがもじんじゃ) 10
下車屋町橋(しもくるまやちょうばし)(南車屋橋・南車屋町橋) 76, 117
下間邸(しもづまてい) 59, 120
下の口(しものくち)=(七条) 164
下平田橋(しもひらたばし)(旧稲荷橋) 183
朱印船(しゅいんせん) 20
朱印船貿易(しゅいんせんぼうえき) 34
十五石舟(じゅうごこくぶね) 213, 214
宿門樋橋(しゅくもんびばし) 73, 180
取水点(しゅすいてん) 84
十軒町(じゅっけんちょう) 126
十軒町橋(じゅっけんちょうばし)(一ノ舟入橋・扇橋・南紙屋橋) 41, 62, 77, 125, 126
聚楽第(じゅらくだい) 105
松竹橋(しょうちくばし)(南大黒橋) 41, 57, 111
城南宮橋(じょうなんぐうばし) 189
小の舟入(しょうのふないり) 63
正面橋(しょうめんばし)(小)(中ノ口橋)
42, 165～7
正面橋(鴨川)(しょうめんばし) 167～8
昭和橋(しょうわばし) 168
新稲荷橋(しんいなりばし) 39, 43, 73, 182
新京極(しんきょうごく) 61, 87, 114
新選組(しんせんぐみ) 84, 103, 131, 135
新高瀬川(しんたかせがわ) 190, 192
新竹田出橋(しんたけだいでばし) 185, 186
新竹田街道(しんたけだかいどう)(府道伏見港京都停車場線) 89
新溜池橋(しんためいけばし)(山崎町橋・山崎橋) 72, 114
真橋(しんばし) 41
〈す〉
瑞泉寺(ずいせんじ) 25
角蔵川(すみのくらがわ) 80
角倉地蔵(すみのくらじぞう) 159
角倉邸(すみのくらてい) 15, 51, 89
角倉町(すみのくらちょう) 88
角倉橋(すみのくらばし)(高瀬川口橋) 43, 195
角蔵文書(すみのくらもんじょ) 35, 82
角倉別邸(すみのくらべってい)(樋の口屋敷)
85
角倉了以翁顕彰碑(すみのくらりょういおうけんしょうひ) 122
角倉了以翁水利紀功碑(すみのくらりょういおうすいりきこうひ) 196
諏訪湖(すわこ) 22
〈せ〉
舎密局(せいみきょく) 84, 87, 88
堰止めのいし(せきどめのいし) 96
瀬持ちの穴(せもちのあな) 206
銭座跡村(ぜにざあとむら) 172, 173
善四郎橋(ぜんしろうばし)→おせき橋
船頭(せんどう) 5～7, 9, 142, 194, 203, 232
善導寺(ぜんどうじ) 86, 87
船頭町(せんどうちょう)
8, 64, 119, 139, 140, 232
船頭道(せんどうみち)(綱曳き道) 34, 70, 153
〈そ〉
雑色要録(ぞうしきようろく) 258
疏水運河(そすいうんが) 230
〈た〉
大黒町通(だいこくちょうどおり)(竜馬通)
70, 110
大黒橋(だいこくばし)(車橋) 41, 56, 76, 108
対州藩宗氏邸(たいしゅうはんそうしてい) 56, 97
大信寺橋(だいしんじばし) 43, 73, 194
大政奉還(たいせいほうかん) 132, 133

大の舟入(だいのふないり) 63
大悲閣千光寺(だいひかくせんこうじ)→嵐山・大悲閣千光寺
大仏殿(だいぶつでん) 23, 24, 33, 79, 233
松明殿(たいまつでん) 170
高瀬覚書(たかせおぼえがき) 175, 183, 186, 188, 192～4
高瀬川絵図(たかせがわえず)『東高瀬全部実測図』 折込, 30, 37, 74, 171
高瀬沿革図標(たかせえんかくずひょう) 122
高瀬川口橋(たかせがわぐちばし) 86
高瀬舟運(たかせしゅううん) 4, 110, 178, 203, 263
高瀬橋(たかせばし) 191
高瀬舟登り荷物積方手控(たかせぶねのぼりにもつつみかたてびかえ) 236
高瀬舟舟番所(たかせぶねふなばんしょ)(舟番所) 4, 5, 37, 196
高辻橋(たかつじばし)(藪の下橋) 42, 72, 148
高野川(たかのがわ) 10
高橋(たかばし)(竹田街道上) 43, 73, 184
高梁川(たかはしがわ) 201, 202
竹田出橋(たけだいでばし) 185, 186
竹田街道(たけだかいどう) 66, 70, 184, 189
蛸薬師橋(たこやくしばし)(土佐橋) 41, 59, 76, 77, 122
田中健家文書(たなかけんけもんじょ) 33, 34
溜池屋敷(ためいけやしき) 162
丹波橋(たんばばし) 73, 191
団平船(だんぺいぶね) 214, 238

〈ち〉

中書島(ちゅうしょじま) 184
長左衛門橋(ちょうざえもんばし) 5, 43, 73, 188, 191
長州藩邸(ちょうしゅうはんてい) 54, 89

〈つ〉

対馬藩邸(つしまはんてい)(対州藩宗邸)
坪井橋(つぼいばし) 72, 193
壺屋(つぼや) 132

〈て〉

手扣(てびかえ)(手控) 37, 64, 74, 220, 227, 237～9, 244, 246
出町(でまち) 87
電気鉄道発祥の碑(でんきてつどうはっしょうのひ) 74
天明の大火(てんめいのたいか) 120
天竜川(てんりゅうがわ) 22, 23
天竜寺(てんりゅうじ) 16

〈と〉

都市橋(といちばし)(門樋橋) 42
陶化橋(とうかばし) 179
銅駝美術工芸高等学校(どうだびじゅつこうとうがっこう) 84, 87
土佐橋(とさばし)(蛸薬師橋) 41, 72, 118
土倉業(どそうぎょう) 20
鳥羽街道駅(とばかいどうえき) 179
鳥羽天皇陵(とばてんのうりょう) 189
鳥羽屋橋(とばやばし)→綾小路橋
団栗橋(どんぐりばし) 12, 143, 147
トンド(土止め) 13

〈な〉

内国勧業博覧会(ないこくかんぎょうはくらんかい) 74
中川原橋(なかがわらばし) 186
中島村(なかじまむら) 157
長門橋(ながとばし)(押小路橋) 89
中ノ口橋(なかのくちばし)→正面橋
七瀬川(ななせがわ) 190, 191
鍋屋橋(なべやばし)(丸屋橋・上車屋橋) 41, 72, 96
涙の別れ地蔵(なみだのわかれじぞう) 145, 256
納屋橋(なやばし)(恵比須橋) 41, 72, 96
縄手橋(なわてばし) 195
南蛮貿易(なんばんぼうえき) 20

〈に〉

仁王門通(におうもんどおり) 87
西生洲町(にしいけすちょう) 86, 88
西高瀬川(にしたかせがわ) 179
西丹波橋(にしたんばばし) 43, 192, 196
西本願寺(にしほんがんじ) 228, 262
二条苑(にじょうえん) 11
二条大橋(にじょうおおはし) 11, 42, 82, 83
二条郷(にじょうごう) 67
二の舟入(にのふないり) 54
二の舟入橋(にのふないりばし)(相生橋・紙屋橋・二の舟入北側橋)

41, 62, 72, 77, 124, 134
日本海海戦(にほんかいかいせん) 88
日本金石史(にほんきんせきし) 80
女紅場(にょこうば) 87
〈ぬ〉
塗師屋町(ぬしやちょう) 90
塗師屋橋(ぬしやばし) 41, 72, 76, 95
〈の〉
野田橋(のだばし)(枝橋) 73, 191
上り舟(のぼりぶね) 4
〈は〉
白梅町(はくばいちょう) 10
羽束師橋(はすかしばし) 194
八の舟入(はちのふないり) 60～62, 124
早瀬橋(はやせばし)(六軒町橋) 161
馬場屋敷(ばんばやしき)(角倉) 84
〈ひ〉
比叡山(ひえいざん) 106
東生洲町(ひがしいけすちょう) 86
東本願寺寺内町(ひがしほんがんじじないちょう)
40, 66
東本願寺新屋敷(ひがしほんがんじしんやしき)
157
曳き子(ひきこ)(加子) 5, 7
曳き綱(ひきづな) 56, 203
彦根藩邸(ひこねはんてい) 58, 114
菱橋(ひしばし) 144
飛船(ひせん)(日船) 203
備前島橋(びぜんじまばし)(共楽館橋) 41, 123
悲田院(ひでんいん) 100
樋の口橋(ひのくちばし) 85, 87
樋の口屋敷(ひのくちやしき) 11, 85, 239
日出新聞(ひのでしんぶん) 232
瓢簞路地(ひょうたんろじ) 134
〈ふ〉
復元高瀬舟(ふくげんたかせぶね) 3, 4
富士川舟運(ふじがわしゅううん) 21
伏見稲荷(ふしみいなり) 181, 253
伏見城(ふしみじょう) 32
伏見町誌(ふしみちょうし) 233
伏見港公園(ふしみみなとこうえん) 195
伏見人形(ふしみにんぎょう) 241
普請小屋(ふしんごや) 159
仏光寺橋(ぶっこうじばし)(仏光寺通橋・谷屋辻橋) 42, 72, 146, 147
舟入(ふないり) 36, 45～63, 90, 100, 113
舟番所(ふなばんしょ)→高瀬舟番所
舟廻し(ふなまわし) 3, 8, 36, 63, 140, 151, 164
船八幡(ふなはちまん) 158
府立総合資料館(ふりつそうごうしりょうかん)
37, 68
古高俊太郎邸址(ふるたかしゅんたろうていあと)
136
古溜池橋(ふるためいけばし)(材木町橋) 114
〈へ〉
平安京(へいあんきょう) 10
塀露地(へいろじ) 92
〈ほ〉
防鴨河使(ほうがし) 13
蓬萊橋(ほうらいばし)(生洲橋) 97
保津川(ほづがわ) 33
ホテルフジタ 84
濠川(ほりかわ) 45, 195, 196
先斗町(ぽんとちょう)
61, 92, 110, 112, 117, 119, 134
先斗町歌舞練場(ぽんとちょうかぶれんじょう)
110, 112
〈ま〉
籬の島(まがきのしま) 160
松平加賀守屋敷(まつだいらかがのかみやしき)
加賀藩邸 95
松原郷(まつばらごう) 67
松原小橋(まつばらこばし) 42
松原大橋(鴨川) 150, 154
丸亀藩邸(まるがめはんてい) 114
丸太町橋(まるたまちばし) 41
丸屋橋(まるやばし)(鍋屋橋・上車屋橋)
41, 54, 72, 76, 77, 96
万寿寺通橋(まんじゅじどおりばし)
41, 65, 72, 77, 151, 152
〈み〉
三雲橋(みくもばし) 43, 73, 193
三栖(浜)(みす) 4, 13, 32, 45, 195, 196, 232
みそそぎ川 41, 83, 146, 153, 154, 266
三杭橋(みつくいばし) 186
南車屋橋(みなみくるまやばし)(下車屋町橋) 117

南大黒橋(みなみだいこくばし)＝松竹橋 111
宮川町(みやがわちょう) 49
都の魁(みやこのさきがけ) 99
都名所図会(みやこめいしょづえ) 99
妙心寺(みょうしんじ) 16
妙法院(みょうほういん) 157
明治維新(めいじいしん) 93, 203
明治鉄橋(めいじてっきょう)(四条小橋) 128
明治村(めいじむら) 97

〈も〉

孟子(もうし) 16
門樋(もんぴ) 30, 45
門樋橋(もんぴばし) 73, 158

〈や〉

薬罐掘(やかんぼり) 54
八木家図(やぎけず) 27, 47, 48, 55
弥左衛門橋(やざえもんばし) 43, 73, 194, 195
柳原銀行とその時代(やなぎわらぎんこうとそのじだい) 176
柳原町(村・荘)(やなぎわらちょう) 64, 162, 172
山川(やまかわ) 186
山崎町橋(やまざきちょうばし)(新溜池橋) 41, 57, 72, 76, 114
大和屋旅館(やまとやりょかん) 84

〈ゆ〉

遊廓(ゆうかく) 113, 161
百合橋(ゆりばし)(十条橋) 39, 73, 180

〈よ〉

(農業)用水路(ようすいろ) 26, 30
用助橋(ようすけばし) 42, 73, 176
用人橋(ようにんばし) 43, 73, 192
吉田周平文書(よしだしゅうへいもんじょ) 22, 236
吉田称意館蔵書(よしだしょういかんぞうしょ) 19
吉田氏了以翁碑(よしだしりょういおうひ) 21
淀川早船(よどがわはやぶね) 228, 261
淀川両岸一覧(よどがわりょうがんいちらん) 263
四の舟入(よんのふないり) 55, 97

〈ら〉

洛中図屛風(らくちゅうずびょうぶ) 25

〈り〉

陸援隊長(りくえんたいちょう) 133
立誠小学校(りっせいしょうがっこう)(三川小) 60, 121
立誠校運動場橋(りっせいこううんどうじょうばし)(共楽館橋／備前島橋) 41
立誠校正門橋(りっせいこうせいもんばし)(土佐橋の次) 41
立誠高瀬川保勝会(りっせいたかせがわほしょうかい) 122
竜車(りゅうしゃ) 24～6
龍馬通り(りょうまどおり)(大黒町通)
了以翁記念碑(りょういおうきねんひ) 79

〈る〉

流人(るにん) 257

〈ろ〉

ロイヤルホテル 97
六軒町橋(ろっけんちょうばし)(早瀬橋) 42, 73, 161
60サイクル 61
六条院小学校(ろくじょういんしょうがっこう)(旧稚松小) 163
六条上ノ橋(ろくじょうかみのはし)(吾妻橋) 42, 73, 171
六条河原(ろくじょうがわら) 156
六条新地(ろくじょうしんち) 157, 165
六条中ノ口(ろくじょうなかのくち) 65
六条村村史(ろくじょうむらそんし) 176
六角獄(牢)(ろっかくろう) 103, 136
六の舟入(ろくのふないり) 58, 114
六波羅探題(ろくはらたんだい) 156
轆轤(ろくろ) 23～6

〈わ〉

若草児童公園(わかくさじどうこうえん) 179
若菜橋(わかなばし) 185
和漢船用集(わかんせんようしゅう) 200
和気川(わけがわ) 201
鷲家(わしか) 103
輪中(わぢゅう) 28

参考文献及び関係古地図古文書類

「維新後の角倉家について」(経済経営論叢13-1)　寺尾宏二　昭和53年6月

『江戸物価辞典』(江戸風俗史6)　小野武雄　昭和57年12月　展望社

『お金の百科事典』(歴史読本)　1974年6月　新人物往来社

『鴨川未曾有の大洪水と旧都復興計画』　昭和10年6月29日　京都府

『川方勤書』(古文書コピー)　山下文書(15丁)

『京都市水害史』　昭和11年3月30日　京都市役所

『京都史跡辞典』　石田孝喜　1994年11月15日　新人物往来社

「京都東高瀬川と角倉氏(1)・(2)」(法律1975)　牧英正

『京都停車場改良工事紀要』『同図譜』　大正13年　国鉄

『京都電気鉄道伏見線』　大西友三郎　昭和47年4月30日　鉄道友の会京都支部

『京都市都市計画小誌』　昭和4年6月　京都市土木局

『京都の市電』　1978年2月10日　立風書房

『京都の部落史』2・前近代　京都市部落研究所　1995年12月　阿吽社

『京都の歴史』1～10　京都市　1968～96年　学芸書林

『京都府立医科大学八十年史』　昭和30年8月　同校

『近世河川絵図の研究』　小野寺淳　1991年　古今書院

『御府内備考』(大日本地誌大系・1)　大日本地誌大系刊行会　大正3年9月

『史料京都の歴史』1～16　京都市　平成3年1月10日　平凡社

『資料国文図録』　1964年　全国教育図書

『新日本風土紀・道』1　昭和62年7月16日　京都新聞社

『大日本金石史(三)』　木崎愛吉　昭和47年9月1日　歴史図書社

『高瀬川(上・下)』(緑紅叢書)　田中緑紅　昭和35年

「高瀬川浜地等下戻申請一件」(経済経営論叢13-2)　寺尾宏二　昭和53年

『高瀬舟』　今井三郎　昭和44年10月1日　美作出版社

『高瀬舟の研究』　落合高校郷土研究部　昭和45年9月23日

『岡山県高梁川の舟運習俗—高瀬舟の船頭』　湯浅照弘　昭和41年2月20日

『チンチン電車物語』　大西友三郎
『毎日新聞』連載(昭和49年8月1日～11月21日/17回)

『文久秘録』(天誅の部　乾・坤)　写本

『明治百話』(角川選書)　篠田鑛造　昭和44年8月

『柳原銀行とその時代』　1991年6月30日　崇仁地区の文化遺産を守る会

『富士川水運史』　青山靖・鰍沢町役場　昭和34年6月1日　又新社

「賀茂川筋絵図」19.4cm×262cm　30折着色　大塚文書

「鴨川平面図」三条～七条(1/500)　平成3年10月測図

「京都市開発局昭和59年3月測図」(1/2500)　京都府土木課(三条大橋・五条大橋・京都駅・勧進橋・竹田・下鳥羽・丹波橋・城南宮・横大路・中書島)
「高瀬、新川付換、諸記録」第一号 深草村　明治11年12月惣代小西氏　12丁
「高瀬、竹田中川原地区工事概要」　昭和57年　京都府土木課
「府土木事務所管内図」(1/50,000)　平成2年1月刊　京都府土木事務所

高瀬川略年表

1554(天文23)	角倉了以　生れる
1568(永禄11)	織田信長入洛す(9月26日)
1571(元亀3)	了以の長子生れる、初名玄之、後名与一、剃髪後素庵
1582(天正10)	織田信長、本能寺に死す(6月2日)
1585(天正13)	秀吉、関白となり(7月)豊臣を称す
1586(天正14)	秀吉、方広寺を東山に建て、大仏殿を建立
1590(天正18)	三条大橋を作る、長さ101m、幅7m
1591(天正19)	閏正月～2月、お土居を作る、11月、三条小橋架かる
1595(文禄4)	秀次、高野山で自害(7月)、その妻妾子女三条河原で斬られる(8月)
1596(慶長1)	閏7月12日、大地震、伏見城(指月)や大仏殿の巨像殿舎破壊
1597(慶長2)	2月、角倉より東九条村へ高瀬川開発の約定書提出す、5月、伏見城(木幡山)再建成り秀吉入城す
1598(慶長3)	3月、醍醐の花見、8月18日、秀吉、伏見城に死す
1599(慶長4)	3月、家康、伏見城に入る
1600(慶長5)	秀頼、東山大仏木像により再建、講堂・回廊を建設、8月、関が原の役、西軍伏見城を包囲炎上
1601(慶長6)	了以、家康に対面す
1602(慶長7)	5月、二条城造営、8月、伏見城再建、12月4日失火により大仏殿焼失
1603(慶長8)	2月、家康、将軍となり幕府を開く、3月、家康、二条城に入る、12月、淀川過書船通行始む
1604(慶長9)	了以(51歳)、和気川に遊び高瀬舟を見る
1606(慶長11)	了以、嵯峨大井川を開削、舟運を通じる
1607(慶長12)	了以、幕府の命により富士川の水路を開く
1608(慶長13)	6月、了以、幕府の命により天龍川の水路を開く
1609(慶長14)	正月、方広寺大仏殿の再建工事始まる、了以、その資材を鴨川によって運ばんとする

1611(慶長16)	大仏殿完成、禁裏修造工事始まる、11月、与一、家康を訪れ報告、了以、運河開削を願う
1612(慶長17)	高瀬川の開削始まる
1613(慶長18)	10月、竹田方面の高瀬川開削
1614(慶長19)	3月、富士川閉塞し鈞命により治水す、7月12日了以没す(61歳)、鐘銘事件、秋に高瀬川竣工、12月、大坂冬の陣、与一従軍
1615(元和1)	4月、大坂夏の陣
1616(元和2)	与一、大坂の陣の功により淀川転運使となる(淀川過書船支配)
1623(元和9)	伏見城廃城となる
1632(寛永9)	6月22日、素庵没す(62歳)
1668(寛文8)	鴨川東西岸石垣できる(10年に完成)
1674(延宝2)	鴨川と高瀬の中の島に建屋許可され、5軒建つ
1680(延宝8)	高瀬東岸、先斗町辺りの建家軒をつらね始める
1705(宝永2)	七条新地(五条橋下)辺りに、煮売屋が許可される
1712(正徳2)	高瀬東岸の町筋に茶屋株等が認められ花街化す
1869(明治2)	御一新により、角倉与一玄寧の高瀬舟支配被免、府土木課へ移管する
1870(明治3)	京～伏見をむすぶ旅客用高瀬早舟が生れる
1890(明治23)	疏水完成す(4月9日開通式)
1895(明治28)	市電伏見線(1月)につづき、高瀬川沿いの木屋町二条線できる(4月)
1920(大正9)	6月、高瀬の曳き舟の歴史終る
1975(昭和50)	一の舟入辺りに高瀬舟を形どり舟が復活(7月15日)
1981(昭和56)	立誠校入口玄関左側に「高瀬川沿革図標」建つ(1月8日)
1984(昭和59)	10月、御池橋拡張、7月10日、二代目復原高瀬舟できる(長さ11.2m、幅2.3m)
1985(昭和60)	3月30日、立誠校前で了以碑の除幕式
1988(昭和63)	竹田辺り、高瀬川付け替え工事始まる
1998(平成10)	年初より三条以北、5月より四条以南の河岸歩道、車道、橋梁工事始まる
2001(平成13)	3月末、木屋町通の五条にいたるコミュニティ道路と旧橋梁架け替え工事を終了

図表一覧

度量衡について

江戸時代の慣行に準じて示す。

①長さについて

道路や道程の長さの表示法

1里＝36町をもって1里とする(3.9273km)

1町＝60間をもって1町とする(約109m強)

1間＝6尺(1.818m)

江戸初期には、例えば、京間の建物の柱と柱の間を基準にして、6尺5寸(京間、または6尺3寸)をもって1間として、土地の面積(1間四方＝1坪)を計るなどの影響から、1間を6尺5寸で測って描いた図なども混在するので注意する必要がある。ただしこの場合は、6尺5寸竿で図るという注記があるものが多い。

1丈＝10尺

1尺＝10寸(30.3cm)

1寸＝10分(3.03cm)

1分＝10厘(0.3cm)

1間＝6尺(1.82m)

1間＝6尺3寸(1.909m)

1間＝6尺5寸(1.97m)

②重さについて

1貫＝1000匁(3.75kg)

1匁＝貫の千分の1(3.75g)

③舟・車馬の運搬に当っての基準

1石＝10立方尺(0.278㎥)＝10斗

和船の15石積み高瀬舟は、一般に2.25トン積みとしているが、15石を水の重さで換算すると0.303×0.303×0.303×10×15＝4.173(トン)となる。木材なども10立方尺(0.8㎥)のものを1石と称した。

1駄＝36貫(馬1頭に負わす分)＝135kg

米1斗＝14Kg

1俵(3斗3升入り)＝46Kg(舟に45俵で2,070Kg)

1俵(5斗入り)＝70Kg(舟に30表積んで2,100Kg)

④貨幣について

1両＝4分

1分＝4朱

1朱＝銀目で3匁7分5厘

1両＝銀目で60匁＝4貫文

1貫＝1000文(銭貨)、江戸時代には960文で1貫に通用した。明治以降、10銭を1貫といった。15銭を1貫5百といった。

疋＝銭を数える語で古くは(中世)10文、後は25文をいう。

⑤時刻について

江戸時代には定時法でなく、昼の12時と、夜中の12時だけが、今と同じく正12時を表し、子(夜)・午(昼)の刻とし、あとは12子の順に12刻に分かち、子と午を九ツとし、順に八ツ、七ツ、六ツ、五ツ、四ツと減らして刻を数えた。それも日の出30分程度前を明け六ツ、日没30分後を暮れ六ツとし昼夜とも平均して6刻に割ったので、夏は昼が長く、夜が短い。冬はその反対という不思議な時間制をとっていた(不定時法)。現代感覚では全く想像もできないぐらい不便なものであり、物慣れした人々は、和時計のテンプの重りを自然の移りに適応して加減できたという。

古地図等に見る高瀬川の舟入・舟廻しの変遷(図14の詳細)

■…図上に舟入を確認できる
□…本来あるべき舟入が図上に見られない
▬…狭くなった舟入
■…舟廻しが図上に見られる
◖…舟入、舟廻しの縮小された形体を示す
├…図上に見る内浜の形と侵入路
└…図上に見る内浜の形と侵入路
├┼…内浜下流の旧流がある

開通後・年	刊年	AC	図名	寸法(cm)	所蔵	舟入 一	二	三	四	五	六	七	八	九	舟廻し 船	高	万	六	正	七上	七下	内浜 内浜	水路
−2	慶長17	1612	八木家図	15×20	八木氏				■														
10	寛永元	1624	京都図屏風	100×190	南波氏	■	■	■	■	■	■	■	■	■									
27	寛永18	1641	平安城東西南北町並の図	57×105	O氏	■							■										
28	寛永19	1642	寛永後万治前京都全図	600×500	京大	■		■	■	■		■	■	■									
39	承応2	1653	新改洛陽並洛外之図	73×117		■		■	■	■	■	□	■	■								├	
43	明暦3	1657	新板平安城東西南北並びに洛外の図		京を語る会	■		■	■	■	■	□	■	□									
54	寛文8	1668	洛中洛外之絵図	252×370	京大	■		■	■	■	■	■	■	■									
54～56	寛文8～10	1668～70	村上和光帝都図	183×296	総合資料館	■		■	■	■	■	■	■	■									
58	寛文12	1672	洛中洛外大図	510×290	同上	■		■	■	■	□	■	■	■		■						├	
72	貞享3	1686	増補再版京大絵図	126×93	京大	■		■	■		(南部なし)												
72～127	貞享3改 寛保元	1686～741	増補再版京大絵図	93×123 2枚	総合資料館	■		■	■	■	■	■	□	■								├	
76	貞享4版 元禄3	1690	京都古図	130×105	同上	■		■	■	■	□	■	■	□		(五条で鴨川と合流)							
74	元禄元	1688	京絵図(林氏吉永)	167×125	T氏	■	■	□	■	□	□		■	■								└	
77	元禄4	1691	京絵図(林氏吉永)	167×125	総合資料館	■	■	□	■	□	□		■	■								└	
82	元禄9	1696	京絵図(林氏吉永)	167×125	同上	■	■	□	■	□	□		■	■								└	
87	元禄14	1701	京大図	306×201	慶大	■	■	■	■	■	■		■	■		■						├	
88～9	元禄15～6	1702～3	京大図	168×95	Y氏	■	■	■	■	■	■		■	■		■		(七条新地なし)				├	
91	宝永2 同5修正	1705～8	洛中洛外絵図(中井家)	200×300	総合資料館	■		■	■	■	■		■	■		■	(正面S字状)			(新地あり)		├	
100～107	正徳4～享保6	1714～21	京明細大地図	300×198	同上	■		■	■	■	■		■	■		■		■	(新地あり)		■		
111	享保10	1725	京絵図(Y氏より)	80×110	徳間氏	■		■	■	■	■		■	■		■	■	■	■	■	■	├	
124	元文3	1738	京都図			■		■	■	■	■		□	■			(新地あり、米市あり)					├	
128	寛保2	1742	新撰増補京大絵図	161×127	総合資料館	■	■	■	■	■	□		■	■		■	■	■	■			├	
122～128A	元文～寛保	1736～43	(仮)二条・五条間鴨川付近図	60×238	O氏	■	■	■	←不明→						■	■	■					(実測図)	
136	寛延3	1750	森幸安筆洛中洛東図(下図)	42×57	O氏	■		■	■	■	■		■	■	■	■						├	
140	宝暦 4	1754	京図鑑綱目(全)湖月堂画	92×60	O氏	■		■	■	■	■		■	■									
140	宝暦 4	1754	京古図(全)	90×62	京大	■		■	■	■	■		■	■									
141～2	宝暦5～6	1755～6	洛下東嬰子筆「京絵図」	45×63		■	■	■	■	■	□		■	■	■	■	■	■	■			├	
159	安永2	1773	二条五条間高瀬川絵図	60×372	総合資料館	■		■	■	■	■		■	■	■	■	■	(以下記載なし)					
172	天明6	1786	京都洛中洛外絵図(中井家)	293×206	京大	■		■	■	■	■		■	■									
187	寛政13	1801	東高瀬全部実測図	30(45)×635	総合資料館	■		■	■	■	■		■	■	■	■	■	■	■			├	
217	天保2	1831	改正京町御絵図細見大成	182×142	同上	■		■	■	■	■		□	■								├	

223	天保 8	1837	御蔵入城州愛宕郡四条〜五条川原一枚絵図	655×230	O氏	■		■	■	■	←不明→				▪	▪	▪	(A図と同目的ならん)					
251	明治 2	1869	改・東高瀬川筋二条樋の口より伏見三栖半町迄川添并川筋間数図	41×635	京大	■		■	■	■	■		■	■	▪	▪	▪	▪	▪			┣	
262	明治 9	1876	京都区分一覧図	89×121	総合資料館	■		■	■	■	■		■	■	▪							┣	
263	明治10	1877	色分町名京都名所順覧記全	一冊	O氏	■				■	□		■					▪				┣	
263	明治10	1877	(京都図)		総合資料館	■				■	■				◖	▪	▪	▪	◖	◖			
263	明治10	1877	京都図　神先宗八	42×60	一般	■		■														┏	
272	明治19	1886	京都市実測図(下京)	142×143	総合資料館	←不明→				■	■		荒蕪地□	◖	▪	▪	▪	▪	▪			┣	
274	明治21	1888	京都市上京区・坊目誌編纂室(鴨川以西)	120×76	同上	■		■	■	■	←　不　明　→												
275	明治22	1889	京都陸地測量部 1/2万	54×120	一般	■				■	■		空地□	空地□								┣┼	
281	明治28	1895	京都古今全図	36×25 見開12枚	O氏	□		■	□	■	■												
292	明治39	1906	測量図・京都数学校		瑞泉寺	■				■	■			◖	▪	▪	▪						
295	明治42	1909	高瀬川・二条五条間浜地帰属図・舟入及び浜	30×450	O氏	■				■	■			◖	▪								
298	明治末	1912	市電路線図		総合資料館	■		◖		■	■			◖									
298	大正元	1912	京都地籍図	全	同上	■				■	■			◖				◖	◖			┣┼	
299	大正 2	1913	京都市街全図(大毎)	108×79	同上	■				□	▬											─┼	
301	大正 4	1915	大典記念京都市街図	1/6300	O氏	■				□	▬												
301	大正 4	1915	京都市街図(日出)	1/2000	一般	■				■	▬												
306	大正 9	1920	京都府交通地図		同上	■				■	▬			(舟運終る)									
310	大正13	1924	京都衛戍地図一・二号	62×44		■				■	▬											┣	
311	大正14	1925	実地踏測・京都市街全図	1/1.5万		■				▬	▬											─┼	
312	大正15	1926	最新標準・京都市街図	1/1.7万		■						(塩小路〜東寺通新水路となる。旧水路も見ゆ)											
312	大正15	1926	京都都市計画地図二点	1/2万		■																	
314	昭和 3	1928	京都近郊東西南北地形図	1/1万		■																	
314	昭和 3	1928	土木局京都市街図(大毎)	1/2万		□								(塩小路以南新水路のみ)									
318	昭和 7	1932	最新京都市街全図(大毎)	1/3万		□			(鴨川・夷川橋あり)														
319	昭和 8	1933	大京都市街図	1/1万	107×76	■		(丸太町より取水、真町橋なし)															
322	昭和11	1936	京都都市計画基本図			■		(荒神口より取水)							▪		(川原町拡幅)						
326	昭和15	1940	京都市全図	1/4.5万		□									(鴨川横断なし)								
336	昭和25	1950	土木局計画課・京都市全図	1/3.5万		□		(昭和初年図と同じ)															
347	昭和36	1961	都局計画局・京都市街全図	1/3.5万		□		(七条以南の流路、平成14年迄同じ)															

その他の参考(古)地図類(各種古文書等、筆記本は省略します)

①洛中絵図(宮内庁本)寛永14年(1637)、5.06 × 2.36m(複製あり)

②高瀬川筋、五条門樋より八条領境迄絵図、正徳3年(1713)、28.5 × 300cm(京大)

③賀茂川筋絵図、19.4 × 262cm、30折、着彩、(年代不詳)O氏蔵

④京都市開発局図、各93.6 × 64.6cm(昭和46(1971)年以降)［御所・三条大橋・五条大橋・京都駅・勧進橋・竹田・下鳥羽・丹波橋・城南宮・横大路・中書島、各2500分の1］

⑤鴨川平面図「三条〜七条」500分の1(昭和59年3月測図)、府土木課